# EL ARTE DE
# LA COOPERACIÓN

## BENJAMIN CREME

*La pintura reproducida en la portada es de un cuadro de Benjamin Creme, titulado **Mandala IV** (1964).*

# Índice

# Segunda Parte
# El Problema del Espejismo

# Prólogo

*El Arte de la Cooperación* se presenta, como su predecesor, *El Gran Acercamiento – Nueva Luz y Vida para la Humanidad,* en tres partes independientes pero relacionadas. Cada parte contiene un potente y revelador artículo de mi Maestro seguido de una charla o comentario mío. Estos constituyeron las charlas temáticas en la conferencias de San Francisco, EEUU; Kerkrade, Holanda; y Shiga, Japón. A cada uno le sigue una amplia sección de diversas preguntas surgidas de estas charlas.

La primera parte, 'El Arte de la Cooperación', que da el título al libro, debate en profundidad las formas opuestas de abordar y tratar a la vida: cooperando y compitiendo. Encuentra el origen del espíritu competitivo en el reino animal y muestra su sustitución gradual por la cooperación mientras la humanidad avanza. Muchos de los problemas del mundo moderno se ven en este contexto y la cooperación se muestra como *el* sendero, en línea con nuestra intención del alma, para resolverlos.

La segunda parte, 'El Problema del Espejismo', aborda el problema siempre presente de la ilusión – el espejismo es ilusión en el plano astral/emocional. Se simboliza como una niebla que oculta la verdad de la realidad a la mayoría de la humanidad y causa el dolor y sufrimiento del mundo. Bajo el impacto de las nuevas y poderosas energías, estos espejismos están ahora enfocados como nunca antes, para producir con el tiempo un gran salto hacia adelante en la evolución humana cuando nos libremos de su antiguo control.

La tercera parte, 'Unidad', presenta la idea de la unidad desde un punto de vista totalmente nuevo: como el estado fundamental que todos nosotros, sabiéndolo o no, estamos buscando, ya que refleja la identidad e interrelación de todos los átomos en el cosmos. La cooperación se considera como un aspecto de la unidad, y esencial para su creación. La cooperación y la unidad se exhiben como cualidades del alma, cada vez más visiblemente mientras la humanidad comprende la realidad de la vida; y como requisitos previos para resolver los muchos problemas a los que nos enfrentamos actualmente. Con la enseñanza y el ejemplo de Maitreya y Su grupo de Maestros para inspirarnos, no nos cabrá duda de que superaremos estos problemas y continuaremos alegremente nuestro viaje evolutivo.

## Información básica

Estas conferencias y respuestas a preguntas fueron principalmente dirigidas a grupos familiarizados con mi información y con publicaciones anteriores. Por tanto yo hablo libremente sobre el Señor Maitreya y los Maestros de Sabiduría, sin la necesidad de explicar quiénes son, Su trabajo y relación con la humanidad. Para los nuevos lectores, no obstante, alguna explicación es esencial y ofrezco la siguiente explicación breve de Su trabajo y planes.

Los Maestros de Sabiduría son un grupo de hombres perfeccionados que nos han precedido en la evolución y realmente han alcanzado un punto donde ya no necesitan encarnarse más en nuestro planeta. No obstante, permanecen en el planeta Tierra para supervisar la evolución del resto de nosotros. Son los custodios del proceso evolutivo, los guías, los mentores, los protectores de la raza, y trabajan para cumplir el Plan de Evolución de nuestro Logos Planetario a través de la humanidad y los reinos inferiores. Durante muchos miles de años Ellos (y Sus predecesores) han vivido principalmente en las zonas remotas montañosas y desérticas del mundo –los Himalayas, Andes, Montañas Rocosas, Cascadas, Cárpatos, Atlas, Urales, y los desiertos de Gobi y otros más. Desde estos retiros montañosos y desérticos Ellos han supervisado y estimulado la evolución humana desde detrás de la escena.

Durante más de 500 años Ellos se han preparado para un regreso grupal al mundo cotidiano que, yo sostengo, está ahora en progreso. En julio de 1977, quién está a la cabeza y los dirige, el Señor Maitreya, que encarna el Principio Crístico (la energía del Amor) y ejerce el cargo de Instructor del Mundo, descendió de Su retiro en los Himalayas y llegó a Londres, Inglaterra. Su 'punto focal' en el mundo moderno. Maitreya vive en la comunidad asiática de Londres como un hombre 'normal y corriente', aguardando el momento apropiado para aparecer abiertamente ante el mundo. Él es esperado por los grupos religiosos bajo diferentes nombres: el Cristo; el Imán Mahdi; el Mesías; Krishna; Maitreya Buddha. Él no viene como un líder religioso sino como un educador en el sentido más amplio.

La presencia de Maitreya impulsará a la humanidad a realizar los cambios necesarios en nuestra vida política, económica y social que garantizará paz, justicia y libertad para toda la humanidad. Su principal preocupación es la desigualdad en los estándares de vida entre los mundos desarrollado y en vías de desarrollo, que, Él dice, amenaza al futuro de la raza. La reciente actividad terrorista es un síntoma de estas divisiones. Maitreya ve el principio de compartir como la clave para solucionar nuestros múltiples problemas, y los medios para conducir a la humanidad hacia correctas relaciones. Maitreya ha dicho: "Tomad la necesidad de vuestro hermano como la medida de vuestra acción y solucionad los problemas del mundo. No hay otro camino". Pronto Maitreya será visto en uno de los principales canales de televisión de EEUU (sin ser anunciado como Maitreya) y Su Misión abierta comenzará.

En enero de 1959 fui contactado por uno de los Maestros de los Himalayas y poco después por el propio Maitreya. Se me ofreció la labor de preparar el camino para Su emerger, creando el clima de esperanza y expectación, una labor a la que me he dedicado durante 28 años. En el curso del entrenamiento por parte de mi Maestro para prepararme para este trabajo, hemos establecido un lazo telepático de doble sentido a cada momento. Esto le permite comunicarse conmigo con el mínimo de Su atención y energía. Él fraguó un instrumento a través del cual podría trabajar, y responder a Su más leve impresión (por supuesto, con mi completa cooperación y sin el más mínimo infringir de mi libre albedrío). Los artículos del Maestro reproducidos en este libro fueron dictados por Él originalmente para la revista *Share International*.

Más información sobre Maitreya y los Maestros de Sabiduría pude encontrarse en mis libro y en la revista *Share International* y en la página web, detalles de los cuales se pueden encontrar al final del libro.

Me gustaría expresar mi gratitud a las muchas personas en Londres y San Francisco cuyo tiempo y esfuerzo han contribuido a este libro. Su devoción a las tareas de transcripción, corrección e indexación, llevadas a cabo con entusiasmo y eficientemente, han hecho posible su publicación. En particular, me gustaría expresar mi gratitud, una vez más, a Michiko Ishikawa por su trabajo invaluable en organizar el copioso material de una forma legible.

Londres, Junio de 2002

Benjamin Creme

## Notas del Editor:

(1) A lo largo de todo el libro encontraréis Mensajes seleccionados de Maitreya, el Instructor del Mundo. Durante los años de preparación para

Su emerger, Maitreya dio 140 Mensajes a través de Benjamin Creme durante conferencias públicas. Los Mensajes inspiran a los lectores a divulgar las noticias de Su reaparición y a trabajar urgentemente por el rescate de millones de personas que sufren de pobreza y hambre en un mundo de abundancia. Ver 'Otras publicaciones sobre el tema' para más información.

(2) La mayoría de los artículos, y preguntas y respuestas, contenidas en este libro fueron publicadas originalmente en la revista *Share International* durante el periodo entre Enero de 1998 y Enero de 2002. Las fechas de publicación se indican al final de los artículos y preguntas. Algunas preguntas son de charlas de Benjamin Creme en Japón que no han sido publicadas. Se las marca con 'CJ' (Conferencia Japonesa) antes de la fecha de cada charla.

~~~

Al pie de la montaña, hermanos Míos, la ascensión parece muy escarpada; pero cuando los primeros pasos han sido dados, el progreso es rápido; y cerca de la cima, vuestros pies tendrán alas; y desde esa altura veréis las glorias de Dios.
Así será, amigos y hermanos Míos.
Yo, Maitreya, lo prometo.

*Del Mensaje Nº 89 – 28 de noviembre de 1979*

~~~

# Primera Parte
# El Arte de la cooperación

## El arte de la cooperación

*Por el Maestro —, a través de Benjamin Creme*

Cada vez más, los hombres comienzan a comprender la severidad de los problemas a los que se enfrentan actualmente. En todos los frentes – político, económico y social, estos problemas se multiplican y causan mucha angustia y un triste gesto de desaprobación. Añadid los problemas medioambientales que ha engendrado la arrogante actitud del hombre hacia la naturaleza y sus recursos, y el futuro de la humanidad es aún más desolador. Está aflorando la realización de que la vida de la humanidad se encuentra en crisis y que algo radical debe llevarse a cabo antes de que sea demasiado tarde.

¿Qué, realmente, puede hacer el hombre para salvarse del desastre? ¿Qué pasos puede siquiera realizar para mitigar la amenaza a su bienestar?

La respuesta es relativamente simple pero, podría parecer, difícil de comprender, captar, para los hombres, tal como están, en las redes de su propio condicionamiento.

Los hombres deben liberarse del veneno de la competencia, deben entenderlo por el espejismo que es, y, viendo la Unidad de todos los hombres, abrazar la cooperación para el Bien General. Sólo la cooperación y la justicia salvarán a los hombres de un desastre de su propia creación; la sola cooperación y justicia garantizarán su futuro. Considerando que esto es así, los hombres tienen pocas opciones más que aceptar la cooperación como la clave para su salvación.

Cuando los hombres cooperen en lugar de competir, ellos descubrirán que una poción mágica entra en sus vidas. La facilidad con la cual problemas de larga duración serán resueltos asombrará, lo imposible cederá al toque más suave, y, a través de la sola cooperación, los hombres aprenderán el verdadero arte de vivir. Así será, y así los hombres aprenderán a apreciar la belleza de la relación que sólo la cooperación puede conferir. A través de la cooperación una nueva civilización será construida, la nueva ciencia revelada, la nueva comprensión manifestada. Así los hombres crecerán juntos en el descubrimiento de su divinidad. Así ellos conocerán la alegría y la felicidad de tal unión.

## Papel central

Los Maestros, vuestros Hermanos Mayores, no son extraños a la cooperación. En todo lo que hacen, la cooperación desempeña un papel central. No puede ser de otra manera en la Fraternidad manifiesta donde el cáncer de la competencia es desconocido.

Es Nuestro más ferviente deseo que los hombres aprendan el arte de la cooperación, y con este fin actuaremos como mentores, enseñando a través del ejemplo. Tan liberadora es la cooperación que es sorprendente, en verdad, que los hombres hayan sido tan lentos en comprender sus alegrías.

La era de la competencia está rápidamente llegando a su fin. Con su desaparición, la violencia y la guerra, el hambre en medio de la abundancia, la codicia y la separación, también se desvanecerán de la memoria. Para reemplazar estos pesares emergerá la bendecida cooperación, para garantizar a los hombres su divinidad esencial. Así será y así los hombres llegarán a comprender otra faceta en la naturaleza de Dios.

# Cooperación

*Por el Maestro —, a través de Benjamin Creme*

La humanidad hoy está preparada para un gran salto hacia el futuro, un futuro en el que se demostrará la naturaleza esencialmente divina del hombre. A pesar de lo poco que pueda saberlo, el hombre ha pasado y está pasando las pruebas que le permitirán, con plena madurez, convertirse en el receptor del conocimiento y las facultades con las cuales dará forma a ese futuro.

En la actualidad, sólo para la visión interna de los Guías de la Raza puede esta realidad ser clara, pero así es, y es un buen presagio para la época venidera. Dondequiera que se reúnan los hombres hoy en día, se puede ver y sentir una nueva urgencia, un nuevo sentido de compromiso con el bienestar del planeta y de sus reinos.

Sólo ahora, tras eones gastados en la lucha por la existencia y el progreso, puede decirse que el hombre ha alcanzado la madurez, una madurez discernible por Nosotros, aunque bien oculta para el hombre mismo.

## Importante avance

Surge ahora la oportunidad de un importante avance en el progreso humano, superando enormemente, en rapidez y logro, a todos los anteriores adelantos. Mientras que, hasta ahora, un progreso lento y constante ha sido deseable, e incluso preferible, se está creando un nuevo ritmo dinámico cuyo ímpetu impulsará a la humanidad hacia el futuro en una ola de cambio global. Tan grandes son las tensiones en el dividido mundo de hoy en día que sólo un rápido cambio de dirección evitará la catástrofe. Este rápido cambio, sin duda, presentará problemas de ajuste para muchos, pero, muchísimos más acogerán estos cambios como la oportunidad de una nueva vida.

Nosotros, los Trabajadores detrás de la escena, tenemos toda la confianza de que la humanidad pondrá en movimiento esta transformación radical de sus estructuras. Estas ya no sirven a las necesidades del hombre e impiden el emerger de lo nuevo. Nosotros observamos y guiamos, supervisando todo.

Poco a poco, una nueva conciencia está despertando a la humanidad a sus necesidades internas. El viejo espíritu competitivo tarda en morir, pero no obstante se puede apreciar igualmente un nuevo espíritu de cooperación. Esto es un buen augurio para el futuro, ya que sólo mediante la cooperación sobrevivirá la humanidad; sólo mediante la cooperación se construirá la nueva civilización; sólo mediante la cooperación los hombres pueden conocer y demostrar la verdad interna de su divinidad.

La cooperación es el resultado natural de la correcta relación. La correcta relación asimismo sigue la sabia cooperación. La cooperación es la clave de todo esfuerzo grupal exitoso, y es una manifestación de la buena voluntad divina. Sin la cooperación no se puede lograr nada duradero, pues la cooperación conduce a la síntesis de muchos puntos de vista diversos.

Cooperación es otra palabra para la Unidad. La unidad y la cooperación son los trampolines al futuro y la garantía de realización para todos los hombres. Grandes reservas de poder yacen inexplotadas en el interior de la humanidad, esperando a que se libere la magia de la cooperación.

La competencia fuerza el orden natural; la cooperación libera la buena voluntad en los hombres. La competencia sólo se interesa por el yo personal, mientras que la cooperación trabaja en favor del bien mayor de todos.

La competencia conduce a la separación, el origen de todo pecado; la cooperación busca mezclar y fusionar los hilos multicolores de la única vida divina.

La competencia ha conducido al hombre al borde del precipicio; sólo la cooperación le ayudará a encontrar el sendero.

Lo viejo y lo que mira hacia atrás aman la competencia; lo nuevo abraza con alegría la divina cooperación.

La gente del mundo puede ser dividida en dos tipos: aquellos que compiten, y aquellos que cooperan.

Limpiad el corazón de la mancha de la competencia; abrid el corazón a la alegre cooperación.

# La necesidad de cooperación

*[El siguiente artículo es una versión editada de la charla temática ofrecida por Benjamin Creme en la Conferencia de Meditación de Transmisión de 1997 celebrada en San Francisco, EEUU, y por tanto dirigida a un público norteamericano.]*

El mundo se encuentra dividido en dos grupos: los que se aferran a los viejos sistemas nacionalistas codiciosos y egoístas del pasado y que de este modo representan las fuerzas reaccionarias del mundo, y los que se abren a las nuevas y entrantes energías de Acuario, y que buscan un camino de fraternidad y cooperación, una comprensión de la interdependencia que se desprende del hecho de que somos una humanidad.

Como humanidad una, estamos elaborando nuestro destino mutuo y evolucionando para dar expresión – con nuestras distintas nacionalidades y talentos – a la extraordinaria variedad de vida divina pero en la forma de unidad. Esto constituye obviamente un enorme problema para la humanidad; actualmente el mundo está muy dividido, la competitividad muy generalizada. Es la naturaleza misma de nuestros sistemas políticos y económicos, basados como lo están ahora en las fuerzas del mercado, la comercialización, el engrandecimiento y el poder. Si queremos sobrevivir, esto debe cambiar. ¿Cómo derrocamos el tremendo poder de la competitividad que subyace a todos los aspectos de nuestra vida actual, y colocamos en su sitio no sólo la idea, sino la acción de la cooperación?

La competitividad, así lo entiendo, está basada en el temor. Si volvemos atrás en la historia, pensamos en la competitividad asociándola con el mundo animal. Es natural que los animales compitan por los alimentos en la lucha por la supervivencia. Se produce una continua competitividad entre los lobos y el caribú, entre los leones, tigres, pumas y leopardos y las distintas clases de antílopes y venado. Todos ellos están en competencia. Pero no la ven como tal. El león o el tigre nunca piensa: "Estoy compitiendo con mis hermanos y hermanas para conseguir ese antílope". Nunca les entra en su mente. Se trata de una reacción instintiva a la vida.

Si un león, tigre o leopardo tiene hambre, sale a buscar comida. Su comida siempre se trata de algo que camine a cuatro patas, así que cualquiera con cuatro patas es presa legítima para el león, el tigre o el leopardo. Es simplemente una cuestión de quién puede utilizar sus patas más rápido que el otro. Si el ciervo o el antílope corren más, como suele ocurrir, consiguen escabullirse del gran felino. Si, a través de la cooperación, los leones o los leopardos trabajan conjuntamente o, como hacen los lobos al cazar el caribú, cooperan y cazan juntos por un instinto mutuo e innato de cooperación, entonces pueden derribar su presa, que puede ser más veloz. La cooperación en el reino animal funciona, pero cazar es básicamente competitividad para la supervivencia.

Éste no es un relato histórico riguroso pero sirve para ilustrar mi argumento: en cierta época era perfectamente natural para el hombre primitivo, viviendo en condiciones de escasez de alimentos, competir por esos alimentos para su supervivencia. Luchaban por su supervivencia, también, durante los muchos siglos de competitividad entre el hombre primitivo y el reino animal. Los dinosaurios – o sus descendientes, que aunque fueran más pequeños y más rápidos seguían siendo dinosaurios, e igual de rapaces – diezmaron la humanidad. Su misma existencia era amenazada reiteradamente por el reino animal. El instinto de competir para la supervivencia es absolutamente básico en el animal.

Pero nosotros no somos simplemente animales. A pesar de que debemos nuestros cuerpos y algunos de nuestros instintos al reino animal, nosotros somos almas en encarnación. Como almas, algo distinto de la competitividad entra en juego en las relaciones de los hombres entre sí, entre los distintos grupos, entre naciones, etc. Nosotros no estamos siempre compitiendo, pero cuando lo hacemos, siempre acabamos destruyéndonos a nosotros mismos. La guerra es competitividad llevada al máximo, y es algo que la humanidad ha emprendido una y otra vez por varias razones: por engrandecimiento, por riquezas, botines, muy a menudo por placer, como en la Edad Media, para mantener el brazo que sostiene la espada fuerte y flexible, simplemente por el puro placer de lo que sustituye a la caza – la caza de nuestros hermanos y hermanas de distinto color, religión, tribu o raza.

Con la llegada de las civilizaciones agrícolas, la necesidad de competir disminuyó. La competitividad en términos de guerra todavía seguía ocurriendo muy a menudo, pero el mismo hecho de volverse hacia una cultura agraria sedentaria alejó al hombre de la necesidad de perseguirse unos a otros, o de perseguir animales para matarlos y luego meterlos en la olla. Se desarrolló un aspecto distinto: la cooperación. Las tribus crecieron en tamaño, se formaron pequeños mercados, el comercio tuvo lugar. Eso depende de la cooperación. No se puede construir una ciudad o un espacio de intercambio comercial sin cooperación. No se puede ampliar la variedad de actividades humanas y ser creativo sin la cooperación. Si unos están cavando la tierra, permite a otros construir casas.

Si unos están construyendo casas, permite que otros toquen el piano o el arpa. Estas diferenciaciones y especializaciones enriquecen a la sociedad humana, la civilización y la cultura. Sin el espíritu de cooperación, no puede promoverse esa riqueza. Requiere la percepción de uno mismo como parte de un grupo, una comunidad, hermanos y hermanas, compartiendo los recursos de un lugar en particular, y disfrutando, por tanto, de los frutos de esta interacción cooperativa.

## Sobreproducción

Actualmente hemos llegado a un punto en el que, en términos materiales y prácticos, el mundo es probablemente más rico que nunca. Hay más productos per capita en el mundo que en cualquier otro momento de la historia humana. Nunca se ha sentido la necesidad de tantas *cosas*. Nunca en la historia del mundo han estado los almacenes tan repletos de tantos productos. Hemos alcanzado un punto de sobreproducción masiva que requiere la cooperación para producir. Todo ello es el resultado de la cooperación, pero ha conducido a un ataque masivo de unos contra otros en una competencia para vendernos mutuamente estos bienes.

En cierto momento la gente comerciaba con lo que cada uno necesitaba. Si uno producía vino y aceitunas, lo cambiabas por oro, plata, estaño, lapislázuli, o algún producto natural de la tierra. Eso bastaba. Nadie pensaba en intentar competir con los demás en función de la naturaleza de las cosas con las que se comerciaba. Si eras fenicio, romano o griego, comerciabas con Gran Bretaña o Alemania por los artículos que Gran Bretaña y Alemania producían, no por lo que uno mismo producía. Tú les dabas vino, aceitunas y mármol, y ellos te daban estaño y cobre y lana y ámbar. Y de este modo se desarrolló una industria comercial natural, cooperativa, en esta cultura agraria por todo el mundo.

Actualmente, todas las naciones del mundo desarrollado, especialmente las naciones del G-7, están produciendo las mismas cosas. Todos nosotros producimos coches, máquinas de coser, neveras, calculadoras, ordenadores, y toda la parafernalia de nuestra moderna y sofisticada existencia en la ciudad – y todos intentamos vendernos estas cosas mutuamente. Nadie necesita lo que el otro tiene que vender. Sólo lo queremos si cuesta menos. Eso es lo estipulado. Si está mejor hecho y es más caro, no siempre lo queremos. Si está mejor hecho y es más barato, entonces seguro que lo queremos. Si no está tan bien hecho pero es bastante más barato, entonces seguro que nos apañaremos con él. Así es como comerciamos hoy en día. Estamos simplemente comerciando con cosas que perfectamente podemos producir nosotros fácilmente pero que nos resultan un poco más caras de hacer.

Hemos llegado a una especie de callejón sin salida en el comercio. ¿Cuál es el camino a seguir? Uno sería volver hacia atrás a una cultura agrícola en la que todo el mundo simplemente se produce sus propias cosas y lo cambia por lo que necesita. Eso sería razonable, pero el mundo de hoy en día es tan vasto, hay tantas personas, el sistema de intercambio que permitiría que eso tuviera lugar sería tan complicado, que nadie pensaría en hacerlo. Por supuesto sería tonto intentar volver hacia atrás. Tenemos que ir hacia otra dirección. No tenemos que volvernos competitivos, sino cooperativos. De lo contrario no avanzaremos hacia ninguna dirección en absoluto.

## Competitividad

La competencia, por otro lado, parece ser innata en la psique humana. Todo el mundo, en menor o mayor medida, es competitivo. Tenemos que comprender eso, reconocerlo, y tratar con ello. La mayoría de nuestros hermanos son competitivos. Compiten por el amor, la aprobación y la atención de sus padres. Si no la logran odian al otro hermano. Luego la toman con su hermano pequeño. En toda familia donde hay dos o tres hijos, el primero está bien hasta que cumple los dos años, cuando llega el siguiente hijo.

La responsabilidad de los padres es enorme. Ya que la competencia entre hermanos es casi inevitable (viene con la leche materna), tiene que ser controlada y sustituida por la cooperación que, creo, tiene que enseñarse.

Todo el mundo, en la muy imperfecta sociedad de hoy en día, está condicionado. Cada padre condiciona a sus hijos de la forma en que este fue condicionado. Nosotros transmitimos nuestro condicionamiento todo el tiempo. No podemos evitarlo. Tenemos que ser muy conscientes, muy sensibles, e inteligentes, para darnos cuenta de lo que estamos haciendo, y extremadamente pacientes y desapegados. Tenemos que crear las condiciones de cooperación a través de nuestros hijos desde la edad más temprana posible.

Las mejores guarderías y parvularios sí que intentan inculcar la cooperación. Cuando lo ves, es maravilloso, absolutamente encantador. Pero rápidamente se desmorona en el momento en que dos niños quieren el mismo juguete, o realizar la misma actividad, y entonces entra el viejo, primario y primitivo hombre con su instinto de competir y de conseguir, a través del principio del deseo que rige la personalidad. Todo niño es un pequeño salvaje hasta aproximadamente la edad de 14 años. Luego, si somos afortunados, pasa a ser de salvaje a algo entre un salvaje y una persona civilizada. La naturaleza astral domina al niño hasta ese momento. (No me refiero a los genios que vienen como iniciados y empiezan a pintar como Picasso.)

## Buena voluntad divina

El principio del deseo es muy potente, e instintivamente se expresa a través de la competitividad. Podría cooperar, pero agarrando, luchando por lo que siente que necesita, ciertamente por lo que quiere, compite, mata si es preciso, hiere, destruye. Esa es la historia de la vida de la humanidad hasta que alcanza el nivel en el cual el alma, el aspecto divino, cuya naturaleza es la buena voluntad, se manifiesta. Tal como el Maestro dice: *"La cooperación es la manifestación de la buena voluntad divina"*. Es el alma la que manifiesta la buena voluntad, la que nos hace querer cooperar.

Es muy difícil para los seres humanos en cuerpos físicos, con personalidades que están principalmente gobernadas por su naturaleza astral, ver claramente, entender, a excepción quizás intelectualmente, la naturaleza del alma. El alma tiene una amplia perspectiva; no tiene sentido de sí misma como separada.

El alma, trabajando mágicamente, produce a la persona en el plano físico. Lo hace creando la estructura de rayos y los cuerpos reales y un cierto nivel de vibración determinado por el punto alcanzado en la vida anterior. El alma trata de crear una réplica de sí misma en el plano físico y, sabe porque es inteligente, que esto costará varias encarnaciones. Tiene que dar a su reflejo los vehículos que se relacionen con las condiciones de vida en un tiempo determinado, la naturaleza de la familia y el entorno en el que va a situarse; un conjunto de vehículos, rayos, habilidades, y determinar qué habilidades serán las predominantes. Nosotros hemos tenido todos los rayos, más o menos, en incontables encarnaciones. Algunos de ellos están como en suspensión, no se están expresando con intensidad. Otros habrán sido utilizados hace poco, y se mostrarán fuertemente en nuestra composición. Nunca se pierde nada de eso.

El alma tiene una buena voluntad total, absoluta. Conoce sólo la inteligencia divina, el amor divino, y el propósito o voluntad divinos. La buena voluntad es un aspecto del amor. Es el propósito de Dios y el amor de Dios juntos, y es amor esencial. El alma intenta inculcar esto en su vehículo. Eso inevitablemente conduce a la cooperación. Cuando tu cooperas tiendes a expresar la cualidad de la buena voluntad. Funcionan conjuntamente. Cuanto más cooperativo te vuelves, más buena voluntad expresas. Cuanta más buena voluntad tienes, más querrás cooperar. Es fácil cooperar si tienes buena voluntad. Es muy difícil cooperar si estás trabajando bajo el principio del deseo, en vez de con el principio de buena voluntad del alma, queriendo lo que tu inteligencia te dice que necesitas, lo que tu inteligencia te dice que sería lo mejor para ti o tu grupo. La inteligencia a menudo está en desacuerdo con la percepción y la intuición procedentes del alma que siempre está encaminada hacia la buena voluntad, a la expresión de la correcta relación.

El alma sólo conoce la correcta relación. Eso es lo que quiere producir en el plano físico. Esto por supuesto es difícil ya que desde hace muchísimos siglos, y especialmente ahora a través de nuestras estructuras económicas y políticas actuales, hemos creado un mundo cuya naturaleza esencial es la competencia.

## El 'sueño americano'

Tomad como ejemplo a Estados Unidos. El mayor deseo en este lugar, el 'sueño americano', es la abundancia y la libertad. Dominado como está por el 6º rayo de idealismo, la naturaleza fundamental de la expresión de la personalidad de América es la competitividad. No puede evitarlo porque su idealismo, su sentido de individualidad, incrementa su espíritu competitivo.

Los primeros Padres Peregrinos vinieron a América para lograr una libertad de culto. Descubrieron que esta era una tierra "que rebosaba leche y miel". Era la respuesta al sueño de abundancia de riqueza material, engrandecimiento, poder, todo lo valioso que cabría enumerar en la vida física de la humanidad. Eso se convirtió en parte del sueño americano. En la construcción de esta nación los primeros pobladores tuvieron que competir por la tierra que pertenecía a las tribus nativas americanas; por tanto tuvieron que deshacerse de prácticamente todos los 'indios'. Introdujeron las armas y, naturalmente, un buen revólver es mejor que un buen arco y flecha. Es más rápido, más mortífero y, de estar en buenas manos, infalible. Este país arrancó por la competitividad, como lo son todas las actividades de colonización. Tienes que competir para colonizar y construir una nación. No obstante, ese espíritu competitivo ha perdurado hasta convertirse en la característica más potente de este país.

El 'regalo' de América a todo el mundo, a través de sus películas, el poder económico y político que ha tomado sobre sí, es la competitividad. Esa es la principal expresión de la vida americana hoy en día. No es la única expresión, pero es la principal.

Desde la infancia a los niños americanos se les enseña a competir. En realidad, están obligados a competir, condicionados para competir. No son los únicos, naturalmente. A los europeos y, sobretodo, a los japoneses, se les enseña igual de intensamente a competir, se les implora que compitan. Las madres sólo alaban a sus hijos si estos compiten bien en la clase. Se les enseña a acoger toda situación que mejore sus 'oportunidades' en la vida. Eso empieza a dominar nuestro sentido de la vida, y ahora se ha difundido por todo el mundo. Es un sueño americano que se ha convertido en un sueño mundial, un sueño de abundancia.

Este sueño se basa en la codicia que a su vez está basada en el temor. Se ha aliado con la competitividad, que está igualmente basada en el temor. Si no existe temor no hay competitividad. Si se descarta el temor tendremos su opuesto; tenemos amor, confianza, fe. Eso se elimina en perjuicio nuestro. Si nuestro padre y madre, al educarnos, eliminan esa fe básica en la vida, esa confianza básica, ese amor y espíritu cooperativo de buena voluntad con el que todos nacemos pero que puede ser o estimulado o sustituido por el temor y por tanto por la competitividad, entonces la técnica de la competitividad se instala en la conciencia.

Algunas naciones no pueden vivir sin la competitividad. Hoy en día, un gran problema para el mundo es el poder americano de influenciar la forma de vida del resto del planeta. Esto se realiza a través de la radio, la televisión y las películas. Las películas americanas son una de las mayores herramientas educativas del mundo. Se ven en todas partes, tanto en el mundo desarrollado como en el de vías de desarrollo. EEUU realiza películas buenas y malas, pero sobretodo películas que enseñan. Enseñan al mundo cómo vivir en el temor y cómo competir para superar ese temor: si tu puedes competir bien, puedes alzarte sobre el temor. Tú ganas, te engrandeces, te sumerges en la abundancia, para que puedas tener un cojín con el que mantener a raya las fuerzas de las que estás asustado.

Este es un país en el que se enseña que el sueño de todos es 'hacer una fortuna'. Yo sé que nadie en esta sala sueña con 'hacer una fortuna'. De todas formas, tampoco tendríais mucho éxito si intentarais hacerla, porque sois demasiado buenos en entender el significado y propósito de la vida. Esa es la razón por la cual estáis en esta clase de grupo. Pero millones de conciudadanos vuestros están embelesados con la idea de 'hacer una fortuna' – el primer millón, es lo más difícil. Cuando consigues esa cantidad, el resto viene solo. Inviertes y juegas en bolsa diseñada para proporcionar las mesas de juego donde ese millón pueda convertirse rápidamente en dos o tres y luego mil. Eso es parte del sueño americano.

Estas personas tienen que vivir entre rejas. Te registran al entrar y al salir. ¿A eso se le llama libertad? Estas personas nunca vienen a mis conferencias porque acaban su jornada a las 12 de la noche. Tienen miedo de volver a casa. Tienen miedo de ser asaltados, de que les vayan a robar su monedero. Ocurre igual en todo el mundo. Eso no es libertad, mi idea de lo que se trata la libertad.

Los americanos en particular (hablando en términos generales) han aceptado esta fantasía. Quieren libertad pero crean instituciones que les niegan la misma libertad que se supone que quieren y protegen. Construyen un enorme ejército para proteger el estilo de vida americano. A mí me gusta mucho América y los americanos. ¡Pero no se puede tener 'el estilo de vida americano'! No tiene nada que ver con la libertad; no tiene nada que ver con la justicia o la cooperación. Tiene que ver con la competitividad.

Los norteamericanos son muy buenos compitiendo, porque lo hacen todo el tiempo. Lo hacen en sus negocios, lo hacen en la guerra. Y si no lo pueden hacer abiertamente, lo hacen por debajo, con la CIA. ¿Para qué creéis que es la CIA? La CIA está para competir con las otras naciones del mundo sin parecer que esté compitiendo, porque no es muy fino deshacerse de gobiernos elegidos democráticamente. Así que tienes que involucrar a la CIA para que te haga el trabajo sucio por ti.

Estoy criticando a Estados Unidos, pero no es esa realmente mi intención. Estoy señalando la fuente principal de competitividad, pero se ha extendido por todo el mundo. Y actualmente amenaza la existencia misma del mundo.

## Interdependencia

Si no dejamos de competir, destruiremos el mundo. Es así de sencillo. La humanidad tiene que comprender que nosotros somos interdependientes, hermanos y hermanas de una humanidad; también que la humanidad es una fuerza en el mundo que tiene que obedecer ciertas normas. Estas normas son innatas en nosotros desde el nivel de alma. Cuando nos expresamos a nivel de alma, entonces obedecemos las normas.

Las normas son que cooperemos. Política y económicamente no hay ninguna nación en el mundo, ni siquiera la mayor, América, que no pueda depender de nadie. América cuenta con aproximadamente 30 billones de dólares de deuda nacional, el 25 por ciento de la cual la adquirió Japón. Si Japón retira su inversión en bonos del estado norteamericano, el 25 por ciento de esa deuda nacional se tambaleará en sus cimientos. Se tiene que conseguir el resto o caer. Caerá.

Este es el resultado de una interpretación completamente errónea de la naturaleza del mundo por parte de los gobiernos sucesivos de este país. El mundo es distinto de cómo las sucesivas administraciones norteamericanas lo han entendido. Realmente lo han visto como un juego de poder, y cuanto más grande y poderoso seas, más puedes controlar el juego. Durante siglos, el resto del mundo ha batido pequeños juegos de poder: en Europa durante muchos siglos, en el Lejano Oriente durante aún más tiempo. Durante miles de años, China se ha visto desgarrada por las luchas entre jefes militares, y lo mismo en Japón.

En Estados Unidos, al tratarse de un nuevo país, no han tenido ese tipo de luchas internas. Eso ya resulta del todo inusual por ser un país de ese tamaño. La tuvieron dos veces – la Guerra de la Independencia y la Guerra Civil entre norte y sur. Eso fue su rápido resumen (aunque no lo pareciera en su momento) de la historia de Europa y el Lejano Oriente, creando las condiciones de los tiempos modernos. Estoy seguro de que hay muchas personas en este país que todavía están sufriendo los efectos de la Guerra Civil pero que también hay personas de color que han sido liberadas a raíz de la Guerra Civil. Hay algo bueno y algo malo en las guerras. Hay guerras justas y guerras totalmente injustas.

Lo que estamos esperando, tal como el Maestro Djwhal Khul escribió a través de Alice Bailey, es la manifestación del 2º rayo de amor del alma de América. Cuando se manifieste el aspecto de alma de América, eliminará la competitividad del mundo. Hasta ahora ha sido el aspecto personalidad – que es codiciosa, presuntuosa y pesada, buena en dictar la ley, potentemente competitiva, y buena en ello debido a su energía de 6º rayo – lo que se ha manifestado en gran medida. El 6º rayo tiene una tremenda capacidad de impulsarse y conseguir lo que quiere. El principio de deseo trabaja a través suyo, y si no lo hiciera así, por supuesto, sería una gran pérdida para el mundo. Los últimos 2.000 años han constituido una época en la que ese rayo ha dominado a la humanidad. Es la herencia pisciana, y está enfocada en lo que constituye el aspecto más nuevo de la humanidad.

Estados Unidos encarna el aspecto de última hora del plan de evolución en el planeta. América es Europa traspasada al otro lado del océano – pequeños fragmentos de Europa: Alemania, Italia, Gran Bretaña, Polonia, Suecia, etc. Fueron llevados y trasplantados al otro lado del océano y luego se mezclaron. América es el resultado de ese experimento llevado a cabo por la Jerarquía. Los habitantes de Europa y América componen la quinta sub-raza de la quinta raza-raíz, la raza raíz Aria (que no tiene nada que ver con la noción de Hitler del hombre ario). Norteamérica ejemplifica la última fase, la última expresión de este desarrollo de la humanidad – desde la primera sub-raza de la primera raza, hasta ahora, la quinta sub-raza de la quinta raza. De esta quinta sub-raza están saliendo ahora, y a lo largo de un extenso periodo de tiempo en el futuro, personas que se convertirán en la sexta sub-raza de la quinta raza. Los encontrarás en América y Europa, principalmente en América. Un nuevo ser se está creando de esta mezcla. De las tensiones, surgen posibilidades para la entrada del factor intuición del alma.

## Consecución

El aspecto de alma de América, el 2º rayo de Amor/Sabiduría, se manifestó de forma más obvia con el Plan Marshall después de la guerra. El Plan Marshall es el mayor logro de América hasta la fecha en relación al resto del mundo. No son los regalos americanos de la competencia, la informática, haber llegado a la luna, y ahora intentar llegar a Marte. Todos lo hacen, más o menos. América lo hace a lo grande y mejor y más rápido porque es más grande y mejor en estos campos en particular. Pero esas no son las cosas importantes. Lo importante es la correcta relación humana que una nación crea. Idealísticamente, América cree en las correctas relaciones humanas siempre que estas estén dentro de la noción americana de lo que eso significa. Esa noción es el capitalismo y un tipo democrático de sistema político, pero no demasiado democrático.

Ahora que la Guerra Fría ha terminado (no por el triunfo del capitalismo sobre el comunismo sino porque el Sr. Gorbachov, inspirado por Maitreya, fue a América y habló de paz y de poner fin a la Guerra Fría), existe un grado de cooperación que tiene lugar por primera vez entre América y la antigua Unión Soviética. Rusia está igualmente dominada por el 6º rayo al nivel de personalidad. Hemos tenido pues dos gigantes políticos, económicos y militares enfrentados uno con otro, compitiendo entre sí, desde la Segunda Guerra Mundial hasta hace sólo unos pocos años. Ha existido una enorme presión, producida por la tensión, que estas dos superpotencias han impuesto sobre la humanidad. En estos momentos existe sólo una superpotencia, por ahora. (China aún no ha emergido como una superpotencia.) Ahora que América se ha quedado sola como superpotencia, tiene la responsabilidad de crear un mundo distinto. Sólo lo hará cuando el 2º rayo de amor, el aspecto de alma de la nación, se manifieste.

¿A través de quién puede manifestarse? Sólo puede manifestarse a través de los discípulos e iniciados de la nación, porque ellos son los que dan expresión al aspecto alma de una nación. Depende de los iniciados y discípulos ofrecer las ideas, la enseñanza, la forma mental inspiradora de cooperación a escala global, conforme a la globalización que América ha creado en términos económicos pero no políticos. No existe la suficiente buena voluntad entre las naciones para crear esa contraparte política, y por tanto el espíritu competitivo, a través de las fuerzas del mercado, la comercialización de toda vida que es parte de las fuerzas del mercado, domina.

Si las fuerzas del mercado van a dominar el estilo de vida de cualquier comunidad mundial, entonces debe estar basada en la competitividad porque el mercado establece la base competitiva. El más grande ganará inevitablemente. Sucede que el más grande es América, razón por la cual promueve las fuerzas del mercado. Nadie va a fomentar las fuerzas del mercado si se encuentran en una posición inferior. No cabe imaginar a Zaire o Uganda dando al mundo el 'regalo' de una economía de fuerzas del mercado. Tenía que salir de Estados Unidos. Ahora se ha extendido por todo el mundo porque la economía de este país se ha extendido por todo el mundo.

La crisis espiritual de la humanidad, conocer el significado y propósito de nuestras vidas, está enfocada actualmente a través del campo político y especialmente el económico, y tiene que resolverse ahí. Eso significa que el aspecto alma, el aspecto espiritual, tiene que entrar en juego.

Tenemos que observar lo que estamos haciendo y cambiarlo. La humanidad tiene que cambiar o morir. Eso es lo que el Maestro explica tan claramente. *"Cooperación es otra palabra para la Unidad. La unidad y la cooperación son los trampolines al futuro y la garantía de realización para todos los hombres. Grandes reservas de poder yacen inexplotadas en el interior de la humanidad, esperando a que se libere la magia de la cooperación."*

Viviendo en condiciones de competencia y temor, nosotros sólo utilizamos un fragmento de nuestro potencial. Existen miles de millones de personas, la mayoría de la población mundial, que no tienen nada que decir, ninguna parte a desempeñar en su propio destino. El mundo no los tiene en consideración. La vida no los tiene en consideración. Ellos sólo pueden mirar, abyectos, explotados, heridos, internamente furiosos; personas enojadas que miran lo que pasa en el mundo, ven cómo transcurre la vida, viéndola por la televisión y las películas. En lo que concierne a ellos, se levantan por la mañana y trabajan quizás 18 horas por día sólo para irse ganando la vida a duras penas. Duermen unas pocas horas, se levantan otra vez y hacen lo mismo, siete días a la semana. Así es la vida para millones de personas, y en condiciones un poco menos angustiosas, la vida de millones de personas más.

¿Qué ocurrirá cuando estas personas vean a Maitreya, escuchen la voz de Maitreya llamando a la justicia, el compartir y la correcta relación? Estas personas esperan venganza. Ellos han aplacado los fuegos de su vida natural para no explotar, no matarse a ellos mismos, no matar al 'jefe'. Toda esa energía vital reprimida, frustrada, no encuentra expresión ahora pero no será para siempre. Se empleará, creo, todo lo que Maitreya pueda hacer para asegurar esa situación, para mantener bajo control esos fuegos reprimidos. Habrá explosiones. Creo que muchas personas perderán la vida. Maitreya pedirá cambio pero, también, de eso podéis estar seguros, serenidad y perdón. Veremos, paso a paso, el impulso creciente del cambio, y perdonaremos y olvidaremos los antiguos males. Eso es una necesidad absoluta. De otro modo, tendríamos un baño de sangre.

La cooperación tiene que verse como el *único* camino hacia delante, y no simplemente como una desafortunada necesidad, porque de lo contrario tendríamos la revolución. Tenemos que *querer* los cambios por sí mismos. Tenemos que *querer* la cooperación. Tenemos que ver y aceptar los derechos de cada ser humano, desde el más joven y más bajo de la escala económica hasta los príncipes de poder en las mansiones del mundo desarrollado. Eso es esencial. La competitividad, tal como dice el Maestro, *"fuerza el orden natural; la cooperación libera la buena voluntad en los hombres"*

## Existencia sub-humana

Si la competitividad se basa en el temor, pues eso es lo que es, entonces estamos viviendo toda nuestra vida una existencia sub-humana. Aceptamos la competitividad como nuestro trabajo, no viéndola como tal. Implica sólo una parte del mecanismo de la competitividad: debemos crear bienes o servicios más baratos que cualquier otro. Ese es el objetivo. Si eso significa perder nuestro trabajo, eso es algo que tenemos que aceptar. Perderemos nuestro trabajo porque tenemos que reducir gastos para hacer posible vender este producto en particular más barato que en cualquier otro sitio. Si eres un auténtico americano, y crees en este mito de la competitividad, también debes aceptar la pérdida de tu trabajo, tu bienestar, tu forma de vida. Eso es parte natural de la economía de fuerzas del mercado.

¿Y qué ocurre si no la aceptas? ¿Qué ocurre si las tensiones son demasiado grandes? Las tensiones de las fuerzas del mercado están empezando a herir gravemente a todo el mundo desarrollado. Es casi imposible pasear por Nueva York, Londres, París, Tokio, Berlín, y en otros lugares, sin tropezarse con personas que duermen en la calle – los sin techo del mundo. Eso es creación de las fuerzas del mercado. Luego están las drogas, y la delincuencia que aumenta a raíz de las drogas. El ochenta y siete por ciento de toda la delincuencia norteamericana está relacionada con las drogas. Esta cifra es casi igual en Gran Bretaña y el resto de Europa. A medida que la delincuencia crece, lo hacen también las drogas, y al aumentar la cultura de drogas, lo hace también la delincuencia – todos estos factores interaccionan. Maitreya dice que las personas que sufren del abuso de drogas padecen de inanición espiritual. La inanición espiritual, resultado de la competitividad, conduce a la gente a las drogas. Naturalmente eso permite que los magnates de la droga amasen miles de millones de dólares. Proporcionan a millones de personas la forma de suicidarse lentamente.

¿Por cuánto tiempo podemos imaginar que esto seguirá así? Tenemos que cambiar el estilo de vida. Tenemos que eliminar de la conciencia de la humanidad el temor que se expresa a sí mismo en la competitividad. ¿Cómo lo hacemos? Tenemos que encontrar una salida. Podemos preguntar a Maitreya, y Él dirá: "Confiad en Mí, confiad en la vida, confiad en vosotros mismos, confiad en el Dios que mora en el interior, y compartid los recursos del mundo". Tan pronto como aceptemos el principio de compartir, y creamos por ello justicia en el mundo, creo que llegaremos al fin de la competitividad.

La plaga de la competitividad se basa en dos aspectos: la codicia y el temor. La codicia es el resultado del temor. El temor es la expresión básica y fundamental de lo que va en contra de la vida. Cuando te deshaces del temor, liberas la energía de la vida. Esa es la razón por la cual el sistema capitalista se basa en liberar a las personas para que éstas exploren su creatividad. No obstante, está noción es contemplada en términos puramente individualistas y materialistas; prescinde del aspecto alma que se expresa a sí mismo colectivamente. La individualidad de la que todo el mundo está tan orgulloso tiene que ponerse *al servicio del grupo*. Cuando la individualidad se pone al servicio del grupo, cambia su naturaleza. En vez de ser competitiva, se convierte en cooperativa. Expresa buena voluntad divina. Eso es lo que tenemos que hacer. Y todo grupo tiene que hacerlo igual.

## Inculcar cooperación en los grupos

Uno de los principales problemas de nuestros grupos hoy en día, en unos países más que en otros, es cómo las personas en los grupos, que todos creen en lo mismo, que todos esperan a Maitreya, que invierten tiempo y energía a abrir las mentes del público hacia la reaparición de Maitreya y los Maestros, contactan con los medios de comunicación y hacen que esto se de a conocer. Todo eso depende de la cooperación. La correcta cooperación conduce a una acción exterior correcta, y por tanto eficiente, al igual que la eficiencia empresarial enfocada lleva a una competitividad más efectiva.

Cuando sustituyes la competitividad por la cooperación, introduces las técnicas, la conciencia despierta, la creatividad, la imaginación de un mayor grupo de personas. Si trabajas de este modo, eres un grupo mucho más efectivo. Consigues más ideas y tienes que utilizar esas ideas. Tienes que comprender que todo el mundo tiene derecho a sus ideas. Las ideas no son todas de igual mérito, quizás, en relación al problema, pero por la cooperación, al ir probando las ideas y luego descartándolas, llegas a esas ideas que son las más efectivas. Toda esta cuestión de la competitividad y la cooperación es un tema grupal muy relevante que cada grupo debería tomarse muy en serio.

Algunas personas simplemente es que no pueden cooperar. Volviendo de nuevo al 6º rayo: el 6º rayo, de entre todos los rayos, tiene dificultades en cooperar por su marcada individualidad. El 6º rayo es el rayo del idealismo pero el idealismo es siempre expresado individualísticamente. En cada grupo se encontrarán personas, potentemente regidas por el 6º rayo, que están en estos grupos por su idealismo. Su motivo es totalmente bueno, idealista y digno, pero su forma de proceder, ya que su idealismo está enfocado en su propia individualidad, les impide cooperar con los otros miembros. Ellos pueden trabajar *para* el grupo, algunas veces de forma muy eficiente, pero no *con* el grupo. La cooperación significa trabajar con, trabajar juntos, encontrando un sabio compromiso. Los tipos de personas de 6º rayo encuentran muy difícil llegar a un compromiso porque siempre tienen la razón. ¿Cuál es el objeto, creen, de llegar a un compromiso con alguien que no tiene la razón? Ese es el enfoque del 6º rayo. Sería estúpido ceder mi visión correcta a la suya incorrecta. Sólo un tonto haría eso. La persona de 6º rayo no es un tonto. Puede estar ciega, ser intolerante y obstinada, pero eso es otra cosa.

## Madurez

El Maestro dice que sólo ahora – después de eones de tiempo invertidos en la lucha por la existencia mediante la competitividad, ya que la lucha para simplemente sobrevivir en el mundo ha requerido la competitividad, que es el aspecto animal del hombre – hemos llegado a un punto donde podemos crear los objetos, las necesidades de la vida, muy fácilmente. Lo podemos hacer con robots. Pronto lo haremos con super-robots, y con el tiempo incluso crearemos los robots mediante el pensamiento. Podemos hacerlo todos, no es un problema difícil. Tan sólo ahora hemos alcanzado la madurez – una madurez que Ellos perciben, aunque bien escondida de la humanidad misma. Los Maestros saben que la humanidad es lo suficientemente madura ahora para pensar, para medir, ver las posibilidades, los peligros, y las formas de acción necesarias para cambiar.

Aún no nos hemos destruido nunca. Estuvimos a punto de hacerlo en 1959, durante la crisis de Berlín, que nos habría llevado a la tercera guerra mundial. Esa guerra fue detenida, afortunadamente para nosotros, por la acción mutua de nuestra Jerarquía y los Hermanos del Espacio, a través de Sus representantes en el mundo. Se produjo otro sobresalto en 1962 con la crisis de los misiles cubanos, pero curiosamente, eso no fue de tan gran magnitud. La guerra contra la guerra se había ganado en 1959, y la tierra estaba a salvo.

Todavía podemos destruir. Tenemos libre albedrío; podemos rechazar a Maitreya. Podemos decir: "No, nos gusta tal como está. Estamos tan inmersos en la competitividad, que no sabemos de otro camino a seguir". Pero cuando los mercados de valores caigan, ¿entonces qué? ¿Seguirá funcionando ese sistema? ¿Cómo se puede seguir midiendo el éxito o el fracaso? Las grandes empresas globales han invertido fuertemente en bolsa, y no sólo eso, día a día, a todas horas, juegan en los mercados mundiales. Casi siempre se trata de especulación de divisas – el precio futuro del dólar, el yen, el marco, la libra esterlina. Todas las grandes empresas tienen una enorme cantidad de dinero implicado en este tipo de especulación. También hay bancos – como el Barings (en el Reino Unido) – y condados como el Orange County (en el sur de California) que llegaron a la quiebra hace dos o tres años debido a su involucración en derivados – especulación en el precio de cualquier divisa dada en el plazo de tres o seis meses o cualquier otro periodo de tiempo. Todo este gran edificio, construido a base de competitividad, puede caer de la noche a la mañana, y debe ser transformado. Si los Maestros tienen algo por seguro, es que nosotros estamos preparados, que somos los suficientemente maduros, para tomar las decisiones correctas.

El Maestro dice: *"La gente del mundo puede ser dividida en dos tipos: aquellos que compiten, y aquellos que cooperan"*. Esta es una afirmación extraordinaria. A mí me parece que es la afirmación crucial de este artículo, y una extraordinaria medida de la situación del mundo, la disposición del mundo al cambio. Existen dos grandes fuerzas hoy en día: las reaccionarias, que miran hacia atrás, porque aman el pasado, aferrándose firmemente a lo viejo, lo inútil, lo que se está desmoronando, cayendo; y los que ven que el único camino a seguir es a través de la cooperación, que se han encarnando preparados para cooperar porque son discípulos e iniciados. Es de las manos de estos discípulos e iniciados, que componen el Nuevo Grupo de Servidores del Mundo, que depende el futuro del mundo.


[Para información sobre estructuras de rayos de naciones e individuos, ver Benjamin Creme, *La Misión de Maitreya, Tomos I y II*]

~~~

Buenas noches, Mis queridos amigos.
Aprovecho, de nuevo, esta oportunidad para hablaros y para establecer firmemente en vuestras mentes las razones de Mi Regreso.

Hay muchas razones por las cuales debo descender y aparecer de nuevo entre vosotros. Principalmente son las siguientes:

Mis Hermanos, los Maestros de Sabiduría, tienen planeado realizar Su Regreso en grupo al mundo cotidiano.
Como Su Guía, Yo, como uno de Ellos, hago lo mismo.
Muchos hay, por todo el mundo, que Me llaman, que suplican Mi Regreso. Yo respondo a sus peticiones.
Muchos más sufren hambre y perecen innecesariamente, por carecer de alimentos que yacen pudriéndose en los almacenes del mundo.
Muchos necesitan Mi ayuda de otras maneras:
como Instructor, Protector; como Amigo y Guía.
Es de todas estas maneras que Yo vengo.

Para guiar a los hombres, si ellos Me aceptan, hacia el Nuevo Tiempo, la Tierra Nueva, el glorioso futuro que le espera a la humanidad en esta Era venidera,
por todo esto Yo vengo.

Vengo, también, para mostraros el camino hacia Dios, el regreso a vuestro Origen; para mostraros que el Camino hacia Dios es un sendero sencillo, que todos los hombres pueden hollar; para guiaros hacia lo alto, dentro de la luz de esa Nueva Verdad que es la Revelación que Yo traigo.
Por todo esto Yo vengo.

Dejadme llevaros de la mano y guiaros hacia esa tierra que llama, para mostraros las maravillas, las glorias de Dios, que son vuestras para contemplar.

La vanguardia de Mis Maestros de Sabiduría se halla ahora entre vosotros.
Pronto Los conoceréis.
Ayudadles en Su trabajo.
~~~

Sabed, también, que Ellos están construyendo la Nueva Era, a través
de vosotros.
Dejadles conduciros y guiaros, mostraros el camino; y haciendo esto,
habréis servido bien a vuestros hermanos y hermanas.

Tened valor, amigos Míos.
Todo irá bien.
Todas las cosas irán bien.

*Del Mensaje Nº 2 – 15 de septiembre de 1977*

~~~
~~~

# El arte de la cooperación: Preguntas y respuestas

*[Las preguntas sin fecha de publicación son de las conferencias de 1997 en EEUU y Holanda, y fueron publicadas en Share International, Enero/ Febrero 1998. La preguntas con la marca 'CJ' son de la conferencia japonesa en 1997 de Benjamin Creme que no han sido publicadas hasta la fecha.]*

## Cooperación desde la cuna en adelante

**La cooperación empieza como una idea en la mente. ¿Podría hablarnos sobre la inculcación de la cooperación como una actitud mental?**

La cooperación tiene que arrancar de alguna parte, y la mejor es en la infancia. Eso significa que los padres deben creer en la cooperación, deben estar orientados hacia el alma para que consideren la cooperación como la mejor forma de vida, no sólo en la familia, sino también fuera de ella.

La mayoría de familias descubrirán, cuando lleven a su pequeño William o a su pequeña Nancy a la guardería o parvulario, que su hijo/a o encaja o no. Si encaja, normalmente lo hace porque no es competitivo en exceso y ya ha aprendido, más o menos, a cooperar. Se da cuenta de que a la hora de comer se tiene que estar razonablemente callado y no ir tirando demasiado la comida por el comedor. Si jugáis juntos en la arena o el agua, podéis hacerlo competitivamente – se puede salpicar y tirar arena y pasarlo en grande al derribar a tu enemigo, o hacerlo cooperativamente y conseguir probablemente una diversión más duradera, si no igual de excitante, con el ejercicio.

La cooperación es algo que los padres tienen que inculcar. Con el primer hijo es fácil porque no hay competitividad, pero cuando viene el segundo se produce inmediatamente algo de competitividad. El primer hijo pensará: "Yo era la luz de los ojos de papá y mamá, y este pequeño mocoso ha venido y me ha robado el cariño, el tiempo y la atención, de mi papá y mamá. No es justo."

Los celos y la competitividad están basados en el temor. Son el resultado de una falta de total confianza en que tu padre y tu madre te aman igual que aman a los demás – y la capacidad de compartir ese amor. La mayoría de personas encuentran muy difícil compartir amor. Esa dificultad proviene de la infancia. Tienes que compartir el amor de tu padre y de tu madre con tus hermanos, y si eso es un problema, resulta muy difícil como adultos compartir amor con otras personas. Quieres que las personas a las que amas estén siempre por ti – que muestren un amor absoluto y total, fijado en ti. El hecho de que pudieran querer compartirlo con otras personas es terrible, es anatema. La mayoría de nosotros no fuimos lo suficientemente bien educados, tolerantes en ese sentido, cooperativos, para salir de ese ciclo competitivo que los padres ponen en funcionamiento. Está en todas partes. Lo ves por televisión y en las películas. Está en el aire que respiramos – la defensa competitiva y asegurarse que tenemos todo el amor y la atención, todas las cosas que deseamos y creemos que necesitamos.

Esa es la razón por la cual la competitividad abunda, y también el estrés. Las personas mueren mucho antes de lo que normalmente sería el caso por el estrés de la competencia que mata la espontaneidad de la vida. La mayoría de personas simplemente ven al mundo pasar; no están involucrados en la vida, no tienen parte a desempeñar en ella. Sólo pueden reaccionar, hacer su trabajo, y nunca crear espontáneamente nada, excepto, quizás, hijos.

Cooperar es extremadamente difícil. Los padres tienen que *decidir* educar a su familia en cooperación, de la forma en que comprendan esta. La cooperación es una cualidad de alma – la energía de buena voluntad expresándose en formato social. O la tienes o no la tienes.

Inculcar la cooperación es lo que más se necesita pero depende de los padres hacerlo; ahí es donde debería empezar. Naturalmente, cada grupo se debería ver a sí mismo como autodidacta, cada miembro del grupo siendo parte de un proceso autodidacta. Nadie en esta sala ha llegado al final de la fase educativa de su vida – debería tener lugar desde el nacimiento hasta la muerte – pero muchas personas dicen: "He ido a la escuela, estoy educado", y ahí me quedo. Nunca intentan educarse a sí mismos y expandir su conciencia. Una enorme oportunidad educacional se presentará a la humanidad tan pronto como tomemos los pasos para cambiar las estructuras políticas y especialmente las económicas. Entonces la cooperación será vista por todas partes porque los gobiernos cooperarán, las grandes instituciones, las naciones, como naciones, cooperarán. Será entonces mucho más fácil para las personas cooperar; nos parecerá que es lo normal.

## Correctas relaciones

**¿Cómo podemos crear un entorno, en esta sociedad tan competitiva, en el que las nuevas generaciones puedan desarrollar sus propias habilidades? ¿Cómo nos comunicamos con ellos? Esta pregunta surgió como resultado del pensamiento generalizado de que las nuevas generaciones nos inspirarán a cooperar.**

Si este es el caso, si vamos a confiar en las nuevas generaciones a que nos inspiren a cooperar, podéis estar seguros de que ya se ha creado el entorno en el que nos van a enseñar cómo cooperar. Como ya he dicho, los niños son normalmente competitivos por el amor y la atención de los padres. Indiqué que es necesario *enseñar* a los niños el arte de la cooperación. Creo que esto es cierto, pero no creo que la cooperación a nivel adulto pueda enseñarse. Yo creo que o compites o cooperas. No se trata de un movimiento de la competitividad hacia la cooperación, es un modo alternativo de enfoque a la vida; requiere un cambio de corazón.

La base fundamental de la competitividad es el temor. Nosotros vemos, a través del temor, a cada persona como un enemigo potencial – alguien que nos domina, nos hace tener miedo, alguien que nos recuerda a nuestro padre o abuelo, que no nos gustaban, y que nos amenaza de alguna manera. Allí donde existe una confianza total, una aceptación total de la vida tal como la hemos experimentado, y la estamos experimentando, la competitividad, y el temor que la impulsa, no levanta cabeza. Nosotros o estamos demostrando quién y lo que somos, o no lo estamos demostrando; es una cosa u otra. Si nosotros estamos constantemente demostrando quienes somos y lo que somos, que es una alma en encarnación, entonces inevitablemente, sea cual sea el punto de evolución al que nos encontremos, esa cualidad del alma se demostrará.

Esto es lo que vemos en el niño que aún no se ha tropezado con el espíritu competitivo en, quizás, un hermano mayor. Existe una total aceptación y una simple conciencia despierta a cada momento de estar en el mundo. Hay unos buenos y amorosos padres dispuestos a prestar atención. Se siente como una especie de estado de bendición.

O esa sensación del alma, sentido del Ser, está ahí, o no lo está. Y mientras esté ahí no surgirá la competitividad. La competitividad surge cuando entra el miedo – cuando hay temor de una pérdida, de alguien inmiscuyéndose en este sentido total, aceptante, de ser una unidad con todo lo que existe. Esta es una experiencia continua que, de vez en cuando, dependiendo del punto de evolución, es interrumpida. Es el estado en el cual eso a lo que llamamos Dios se manifiesta a sí mismo a través de un ser humano al nivel del plano físico. Mientras se mantenga la conciencia despierta de esa relación, la competitividad no puede entrar porque el temor no está ahí. Cuando hablamos de la competitividad y la cooperación, estamos hablando en realidad del temor y la ausencia de temor.

La cooperación es el resultado de la ausencia de temor, y tiene que ser introducida en el niño. Al niño se le tiene que enseñar *con el ejemplo* cómo cooperar – *la demostración* de la cualidad del alma que llamamos cooperación, que es la existencia de lo divino en la vida diaria. Es eso lo que inspira al niño a hacer lo mismo. Todo niño sigue a sus padres, anda detrás de sus padres, hace exactamente lo que estos hacen, habla de la misma forma que los padres, enfoca la vida y a las otras personas exactamente como ellos lo hacen.

Cuando hablamos de la responsabilidad de la educación de nuestros hijos en términos de cooperación, tenemos que conocerla por nosotros mismos. Tenemos que hacerlo nosotros mismos. Tenemos que ser lo que somos – el alma en encarnación. El Maestro dice: *"La gente del mundo puede ser dividida en dos tipos: aquellos que compiten, y aquellos que cooperan"*. No significa aquellos que creen en un cierto tipo de sistema económico competitivo y aquellos que no. Eso es un efecto. Se refiere a aquellos que en su vida no temen, y los que sí temen. Si tu eres de los que tienen miedo, inevitablemente competirás. Eso podría ser en términos económicos, pero puede ser en relaciones humanas y crear así incorrectas relaciones humanas.

La cooperación es algo que tiene que *hacerse*. Es una acción. Es el resultado de ser lo que tú eres, y dar esa expresión. Eso será distinto en distintas personas porque las almas son distintas; son individualizadas, y vienen bajo distintas energías de rayo. La cualidad y la manera de esa manifestación de cooperación y correcta relación será distinta, pero será reconocible por lo que es, como correcta relación. Cada vez que te refieres a la cooperación tienes que igualmente pensar: "Eso es correcta relación". Crea correctas relaciones y descubrirás que estás cooperando. Coopera y descubrirás que estás creando correctas relaciones. Son términos sinónimos.

**¿Cómo podemos crear un entorno cooperativo en esta sociedad tan competitiva?**

Ese es el problema. Vivimos en una sociedad en la que la competitividad se ha convertido como un dios. Es aceptada como una cualidad esencial de la vida necesaria para incrementar la producción y venta de bienes. En la vida económica no tiene otra función. No hay lugar para la competitividad, en términos económicos, a menos que sea para producir más bienes, a mejor precio, y venderlos más baratos y de forma más constante que tu competidor. Lo que realmente significa es que hemos sustituido nuestro sentido de nosotros mismos como seres humanos, como almas en encarnación, con una visión mecanicista del significado y propósito de la vida.

Está en el *Apocalipsis* de la Biblia. La Gran Ramera ha usurpado el trono y nosotros adoramos este altar, el altar de la competitividad y la codicia. No es más que la codicia humana. Debemos reconocer esto, y de forma consecuente, en cada momento posible, intentar producir correctas relaciones humanas, sin sentimentalismo, de forma natural, lógica, por quien somos y lo que somos: un alma en encarnación que, en su propio nivel, está ya existiendo en correcta relación. El alma sólo conoce al otro, el sentido del todo.

Podemos dejar a la nueva generación por sí sola. Cada generación trae en encarnación a aquellos equipados con las respuestas a los problemas con los que se encontrarán. No es posible, por encima de una cierta edad, tratar con la nueva situación. La nueva generación no puede esperar que sus padres o abuelos traten con sus problemas. Los padres y abuelos pueden aprender de los jóvenes cómo solucionar los problemas, y creo que esto ya está ocurriendo. Muchas personas de mediana edad y mayores pueden lamentar gran parte de la actividad de los jóvenes, pero también reconocen que tienen una libertad, una confianza en sí mismos, una conciencia despierta de las posibilidades de la vida que muy a menudo ellos mismos no tuvieron o no reconocieron.

## Deportes

**¿Pueden los deportes enseñar a los niños la cooperación, la unidad, el trabajo en equipo?**

Puede enseñarles trabajo de equipo y por tanto cooperación. Puede enseñarles unidad como miembro de un equipo, y a identificarse con el equipo. Puede enseñarles cooperación porque tienes que cooperar para jugar el partido. El mejor juego diseñado para este propósito es el criquet porque no implica realmente la competitividad; no hay un ataque. La competitividad es simbólica sólo, entre dos nobles grupos – uno inglés y otro de Nueva Zelanda, Australia, Antillas, Pakistán, India, Zimbabwe, Sri Lanka o Sudáfrica. Ahí donde ha llegado la bandera inglesa, el noble juego del criquet ha medrado – y aposentado en ese lugar un cierto enfoque justo ante la vida, una sensibilidad, un cultivar del gusto y la cultura. Es un juego ennoblecedor. Si puedes hacer que tu hijo se una a un club de criquet, sea a la escala que sea, yo lo recomendaría, porque creo que no existe mejor pasatiempo refinado para el alma en encarnación que el juego de criquet. Estoy bromeando (un poco), naturalmente. Los juegos de equipo son muy buenos para los niños. Los deportes son la sublimación de la guerra. Es mucho mejor jugar partidos que jugar a la guerra.

**¿Son las personas básicamente competitivas y combativas?**

A las personas les encanta pelear. Creo que somos sólo un poco civilizados. Creo que la capa de barniz de civilización de la humanidad es muy, muy fina. Creo que en realidad somos, principalmente, animales inteligentes. Creo que la mayor parte de la humanidad está loca porque son almas en cuerpos animales. El trocito humano, el aspecto alma, aún no encaja bien con el aspecto animal. Esa es la crisis, la crisis espiritual de la humanidad.

## 'Competitividad sana' – una racionalización

**¿Existe algo como la competitividad sana con el fin de hacer un mejor producto, más eficiente, o una mejor medicina?**

'La competitividad sana' simplemente reduce el precio de un producto; eso es todo lo que hace. Si quieres productos baratos, entonces debes estar dispuesto a afrontar los efectos de la 'competitividad sana'. No se produce un beneficio si un producto es creado a buen precio por la competitividad entre cientos de empresas, todas produciendo lo mismo, si el proceso implica la comercialización, disminuyendo de este modo la calidad, de la vida.

Necesitamos productos económicos y si, por ejemplo, las naciones no gastaran sus recursos en armamento y en reservas estratégicas sino que invirtieran el dinero en fabricar productos a un precio que la gente pudiera pagar, eso se podría lograr. No se necesitan 100 empresas todas proporcionando el mismo servicio y compitiendo 'sanamente' entre ellas para rebajar el coste de producción. Puede que resultara barato en la etiqueta del producto que marca el precio en dólares, pero ¿cuál es su coste en términos sociales? Este es el coste *real*.

No se puede calcular el coste de un producto sólo teniendo en cuenta el índice del dólar; se tiene que considerar el resultado social de producirlo. ¿Es correcto malgastar y mal utilizar los recursos necesarios para construir 100 tipos distintos de automóviles, tuberías de desagüe, puertas, o lo que sea, con el fin de rebajar al máximo el precio, si los costes sociales, globales, y ecológicos de ello son devastadores?

No existe algo como la 'competitividad sana'. O hay cooperación o hay competitividad. La cooperación está a favor de la vida, de la evolución, y la competitividad es lo contrario. Es lo opuesto a la vida; va en contra de la evolución. Con el tiempo, con la utilización de los robots, y en especial con los procesos de producción extraordinariamente refinados por esos robots, cada nación será autosuficiente. En la actualidad empezaremos con el proceso de compartir redistribuyendo los recursos del mundo, que son producidos manualmente o con instrumentos de varios grados de eficiencia.

'La competitividad sana' crea un exceso de todo, y luego los productores compiten para vender el producto. No obstante, no podemos comprar todo lo que se produce. Ahí es donde entra el mito de la elección. ¿Lo compras porque parece bueno? ¿Porque dura más? Ciertamente no es por esos motivos, no ahora. ¿Porque es más barato? Sí, esa es la principal consideración. Parece bueno, y es barato. Ese es el resultado de la así llamada 'competitividad sana'.

Este proceso se repite por todo el mundo. Existen 250 millones de personas en EEUU. China tiene 1.000 millones de personas, India 900 millones, Europa unos 350-400 millones y Japón 120 millones. Todas estas naciones producen los mismos bienes – unos mejor que otros, algunos no tan buenos, algunos más o menos caros. Todos, no obstante, utilizan mal los recursos del planeta. No es posible esta tal 'competitividad sana' y elección infinita, produciendo los mismo bienes multiplicados por mil, sin malgastar los recursos del planeta. Los países desarrollados no pueden comprar y usar todo lo que producen. El mundo en desarrollo no puede, en su mayoría, permitirse comprar para nada esta parte. Por ello la necesidad de compartir.

**¿Y qué hacemos con todos estos países fabricando los mismo productos? ¿Qué dirección tomar?**

Se trata de una reconversión. Cada nación produce algo en exceso – a excepción de algunas naciones del Tercer Mundo. A cada nación se le pedirá que ceda en confianza para el mundo lo que tiene en exceso de sus necesidades, y de esa reserva común las necesidades de todos serán satisfechas. El proceso de redistribución, y por tanto la reconversión de nuestras estructuras económicas, reconvertirá por sí solo los procesos de excedentes de producción. Así que no tendremos 50 grandes empresas todas produciendo aspirinas, por ejemplo, bajo distintos nombres.

**Eso parece aún quedar muy lejos**

No se hará mañana pero podríamos hacerlo mañana si quisiéramos. Un país como América podría reconvertir su producción para que no creara, a través de la competitividad, una multiplicidad de cosas iguales – y por tanto una mala utilización de los recursos del mundo. Si vais a cualquier gran supermercado, a cualquier tienda lo suficientemente grande, encontraréis que sus estanterías están repletas de productos. ¿De dónde vienen los productos? De los recursos finitos del mundo. ¿Por qué están todos ellos en este gran supermercado? ¿Por qué podemos comprar 50 tipos distintos de pañuelos, o pastillas para la migraña, o cualquier otra cosa? No necesitamos toda esa multiplicidad.

En EEUU, ya que se basa absolutamente en la competitividad de las fuerzas del mercado, se presta especial atención a lo que ellos llaman elección. Se te dan posibilidades infinitas – lo que sólo contribuye a perder tu tiempo. Todo eso está ahí para esa población codiciosa e infantil que quiere, o ha sido condicionada a querer, esta variedad infinita para que un día quiera una cosa, y al día siguiente otra. Parece como si eso fuera la gran vida, que sea la 'abundancia'. América trata de abundancia. Cada país – Europa, Japón, Australia, y todos los demás – han 'importado' esta idea de abundancia. Esto es de lo que tratan las fuerzas del mercado, pero el precio en miseria humana es terrible. Hay 33 millones de personas en sólo EEUU que viven por debajo del nivel de pobreza. Tienen cientos de miles de personas durmiendo en las calles. El coste social de esta abundancia, esta multiplicidad de elección, es tan grande que no puedes asumirla. Alguien debería llevar a cabo un estudio, publicarlo en un gran periódico, y demostrar lo que le cuesta al mundo que tu tengas 50 tipos distintos de marcas de cereales. Nosotros podemos transformar esto mañana, y no se requiere a Maitreya.

**¿Hay alguna cosa positiva en la competitividad que podamos utilizar como forma de salir de ella? ¿O deberíamos simplemente ignorarla y partir de una posición de correctas relaciones?**

Si en algo he podido expresar mi opinión respecto a la naturaleza de la cooperación en contra de la competitividad, os daréis cuenta de que esa no es una pregunta real. Allí donde hay competitividad no hay cooperación. Donde hay cooperación, no hay competitividad. Las dos no pueden convivir. Coexisten en individuos, al cambiar ese individuo su respuesta en una situación determinada, pero esos dos aspectos no pueden coexistir por ellos mismos. Si tu cooperas, la competitividad automáticamente no existe. Si estás compitiendo, la cooperación, la correcta relación, la buena voluntad, la expresión del alma, desgraciadamente, sale por la puerta.

## Temor a la pérdida

**Muchas personas de buena voluntad que han escuchado nuestro mensaje temen que el final de la competitividad y el principio del compartir signifiquen la pérdida de su sustento o su estatus, o incluso su modo de expresión personal en el mundo. ¿Cómo podemos comunicarles nuestra información de formas menos esotéricas para que puedan tener menos miedo?**

Diles que el principio de compartir no va a sacarles su sustento; bien puede ser que lo incremente. Si eres multimillonario, tendrás quizás que conformarte con tener un campo de golf en tu jardín de nueve hoyos en vez de 18. Si trabajas como conductor de camiones, no obstante, podrías tener una vida mucho mejor a raíz del compartir.

Compartir los recursos del mundo restablecerá la sensatez. Hará que la vida sea más feliz para la *mayoría* de personas. Algunas personas al principio se sentirán perdidas, obviamente, pero – bajo la influencia de los Maestros y la extraordinaria transformación espiritual y mental, la pérdida de tensión que se derivará del compartir – crearemos un mundo en el que la gente dirá: "Está bien. ¡Está realmente bien!". Cada día los medios de comunicación informarán sobre cómo está ocurriendo y qué efecto está teniendo. El mundo entero se verá implicado. Cada día veremos a Maitreya por la televisión, y Él responderá a preguntas. Las personas dirán: "Sabes, tengo un poco menos de dinero, pero soy más feliz. Soy realmente feliz". Puedes ser más feliz con menos cuando todo el mundo está igual, más o menos, cuando no dices: "Oh, desearía tener un millón", porque *hay* unos que tienen millones y tú sólo tienes una miseria. Estas divisiones crean codicia, el sentido de no vivir la vida plenamente en todas sus posibilidades.

No hay razón por la cual las personas deban pensar que sufrirán a raíz del principio de compartir. Dígales que, al contrario, la mayoría de personas vivirán vidas mejores y más felices. Las personas que puede ser que no vivan mejor serán los que, en este momento, están viviendo a un nivel que es irreal. No se necesita un millón de dólares para vivir una buena vida. Si logran ganar un millón de dólares, y dan la mayoría de ese dinero a una organización benéfica, eso está bien. No hay nada de malo en ganar un millón de dólares al año si das 800.000 dólares a una de esas organizaciones – al Tercer Mundo, por ejemplo.

## Karma

**En Su artículo el Maestro dice: "Puede decirse que el hombre ha alcanzado la madurez, una madurez discernible por Nosotros, aunque bien oculta para el hombre mismo." ¿Podría explicar eso un poco más? ¿En qué sentido hemos ya alcanzado un grado de madurez?**

Cada discípulo, cada iniciado, es en conjunto más maduro, más avanzado en términos de madurez espiritual, a ojos de los Maestros que cómo esa persona se ve a sí misma. Le resulta difícil a una persona conocer con precisión su estado de Ser espiritual. Un Maestro sí lo sabe, y ese estado puede oscilar entre un polo y otro. Puede ser intensamente radiante en un momento y, quizás en otro, menos intenso, anublado. Esto viene determinado por la actividad de servicio y las diversas dificultades kármicas que surgen, cíclicamente, en la vida de cada uno. En la medida que eres capaz de afrontar karma, ese karma se carga a tus espaldas. Nadie, no obstante, tiene más karma del que pueda manejar.

Lo que convierte al karma en un gran problema para las personas es su incapacidad de manejarlo, reconocer su propia responsabilidad por ello, y hacer algo al respecto. La mayoría de personas culpan de sus problemas a otras personas o a las circunstancias: fue su educación, el hecho de que sus padres no les quisieran, o se divorciaran, o les echaran en falta, o sus cónyuges les dejaron, o no les dejaron. Todas estas experiencias se cargan en otra persona, pero naturalmente todo tiene que ver con el karma, nuestra propia responsabilidad.

Tenemos que aprender a tratar con el karma justamente y decir: "Así es la vida; es, simplemente, la vida. *C'est la vie*". Vida es otro término para referirse a karma. Lo que nosotros llamamos vida es una corriente de karma, bueno y malo, placentero o no – todo es una corriente de vida. Cuando es desagradable decimos: "¡Oh, qué vida!" Cuando es agradable decimos: "¿Verdad que es bella la vida?" Depende de cómo nos sentimos, cómo respondemos a esta carga de karma que todos nosotros tenemos que soportar. Lo que nos retiene en evolución es el karma que siempre se queda sobre nuestras espaldas y no es quemado en el fuego del servicio. ¡Quema el karma en el fuego del servicio, y subirás hacia lo más alto como un cohete!

### ¿Qué pasará con la humanidad en su conjunto? ¿Cómo queda evidenciada nuestra madurez?

Nuestra madurez se desvela por estar empezando a asumir la responsabilidad por nuestro planeta a escala global, aunque sea de una forma muy experimental y apenas perceptible. Nos estamos empezando a dar cuenta de lo que le estamos haciendo a nuestro medio ambiente –que estamos gradualmente exterminando el planeta como un cuerpo de expresión viviente, que respira, evoluciona, de un Gran Ser Cósmico que, naturalmente, es el planeta. Estamos empezando a comprender que no podemos continuar, tanto si lo queremos como si no, despojando el planeta, contaminando la atmósfera, los ríos y los océanos. Nosotros sabemos eso. Cada vez más grupos responsables han llamado la atención de los gobiernos hacia este hecho. Por fin, los gobiernos, o sus representantes, se reúnen más o menos regularmente para analizar los problemas y ver qué puede hacerse al respecto.

Esa es una nueva madurez. Tiene que ver con una creciente sensación por parte de la humanidad de que es Una. La madurez yace en el reconocimiento de nuestra unidad – hermanos y hermanas de una humanidad, en este planeta con el fin de llevar a cabo algún plan, alguna función, que por ahora es sensiblemente percibida por la mayoría de personas. Que estemos, por fin, tomando seriamente lo que grupos individuales han elevado a los gobiernos durante mucho tiempo es una señal de que estamos reconociendo nuestra vulnerabilidad y también nuestra unicidad. Estamos madurando.

Durante aproximadamente un siglo y medio hemos pensado que estaba perfectamente bien arrasar y despojar al planeta para conseguir beneficios a corto plazo – hacer dinero, impulsar la industria, todas las fuerzas e ideas que provocaron la revolución industrial. Ahora tenemos que hacer frente a la revolución post-industrial, que es un nuevo concepto. Hemos pasado la época de la industrialización del siglo XIX, y su perfeccionamiento en el siglo XX, y no sabemos lo que nos queda por delante. Debe existir algún tipo de creación de bienes, pero la mayoría de personas no saben que eso adoptará una forma completamente distinta, utilizando métodos completamente diferentes que no perjudicarán al planeta. Ahora estamos despertando a la urgencia de este problema planetario, medioambiental, ecológico.

Estamos incluso empezando a reconocer, a gran escala – no en todas partes pero refiriéndonos en términos generales – que la guerra no es una respuesta a nuestros problemas. Si América lo quiere de una forma y la Unión Soviética lo quiere de otra (como sucedía en el pasado), tendrán que arreglarlo, encontrar alguna forma de compromiso, y no simplemente destruir todo lo que se encuentren por el camino con el fin de demostrar su opinión. La cooperación está empezando a tener lugar. La competitividad en economía todavía sigue ahí, pero en un sentido más profundo la cooperación está alzando su bella cabeza. Los Maestros ven esto, y hacen un gesto aprobatorio con satisfacción y alegría. Los Maestros ven que en todas partes las personas están empezando a darse cuenta de lo fundamental – que la cooperación tendrá éxito cuando ninguna cosa más lo haga. Todavía no estamos compartiendo los recursos del mundo pero hablamos sobre ello.

Maitreya predijo a finales de los años 80 que el mundo desarrollando cancelaría las deudas del Tercer Mundo, como el único camino a seguir. No hay ninguna posibilidad de que los países del Tercer Mundo puedan pagar las deudas. Justo hace poco el Gobierno Británico llegó a la conclusión de que ese era en verdad el modelo a seguir. El ministro de Hacienda está emprendiendo una iniciativa a nivel mundial para abordar este problema, abogando por la cancelación de la deuda. Hasta ahora, el gobierno británico era uno de los gobiernos menos dispuestos respecto al problema de la deuda. América, Gran Bretaña, y unos pocos más estaban muy por detrás de muchos gobiernos en defender la cancelación como la única forma de tratar con el tema de la deuda del Tercer Mundo. Ahora los británicos están abriendo una iniciativa que, creo, acabará con el tiempo en el cumplimiento de la profecía de Maitreya.

Maitreya sabe de lo que está hablando porque Él ya ve que está teniendo lugar. Podría decirse de la humanidad que al igual que las personas son más maduras de lo que estas creen, el Maestro ve que el alma misma – es decir, el alma en encarnación – está aprendiendo, creciendo y madurando. Existe un sentido más profundo y esotérico en el cual los Maestros ven la nueva madurez de la humanidad. Ellos ven, por primera vez, a escala mundial, la correcta integración de los vehículos del hombre en relación con el alma. Éste es un gran avance evolutivo.

## EEUU y la competitividad

**La competitividad parece ser particularmente prevaleciente en Estados Unidos. ¿Cree usted que esto es realmente así?**

Estados Unidos es un extraño país. Debido al extraordinario poder del idealismo de 6º rayo de EEUU, se producen experimentos de comunidad en toda la nación que fomentan la cooperación y la buena voluntad. Comparando Estados Unidos con alguno de los países europeos, incluyendo a Gran Bretaña, hay un mayor sentido de comunidad, un deseo más real de cooperación y de expresión de buena voluntad, más amor manifestado al nivel de buena voluntad, en comunidades de Estados Unidos que quizás en otros lugares del mundo. Probablemente se escriban mejores cosas en Estados Unidos sobre la creación de comunidades cooperativas que en otros lugares. Pero eso se tiene que exportar. En vez de exportar el concepto de la competitividad, se tiene que exportar el concepto de cooperación. Ese idealismo es la fuerza de EEUU.

Al mismo tiempo, también se tiene lo opuesto – un espíritu terriblemente competitivo, la manifestación de la competitividad como en ningún otro lugar de la tierra. La competitividad es la naturaleza misma de la vida política y económica de Estados Unidos y, naturalmente, por esa razón es extremadamente poderosa e infecciosa. Así pues, también, podría haber el espíritu cooperativo, que está siendo empleado en comunidades en toda la nación. Las comunidades cooperativas son siempre el resultado de experimentación. Son idealistas, pero también pragmáticas. La gente ha descubierto que mediante la cooperación logran mejores comunidades; consiguen los servicios que su gobierno les niega.

En Estados Unidos hay uno de estos gobiernos 'no intervencionistas' que cree que el gobierno no debería intervenir – es decir *pagar* por los servicios de la vida cívica. Yo creo que el gobierno debería ser responsable de los servicios de la comunidad. Pero en EEUU tienes gobiernos de 'derechas', incluso si los demócratas están en el poder. Comparándolo con un estado democrático de Europa, no es democrático en absoluto.

Es extremadamente 'de derechas'. Nosotros tenemos el mismo tipo de gobiernos en Europa y en otros lugares, pero la derecha estadounidense va en contra de gastar dinero en servicios: cree que todo debería ponerse en manos privadas, de la industria privada. Eso es sólo una teoría y, o crees en la teoría o no la crees.

Podríamos seguir discutiendo hasta el 'día del Juicio Final' los beneficios o inconvenientes de estas distintas teorías. Yo personalmente creo que las personas de cualquier país, *mediante la actividad participativa*, deberían suministrar sus necesidades. "Nosotros el Estado – es decir *nosotros*, no el Estado por encima de nosotros, el Gobierno y su séquito, el Primer Ministro o el Presidente y su séquito – debería suministrar las necesidades de las personas. Yo no separo el estado de las personas que lo componen, siempre que estas tengan un grado real de participación en el gobierno, en las decisiones de cómo se invierte el dinero.

El espíritu empresarial, la tendencia que especialmente apoyan los políticos republicanos o de derechas, debería limitarse, creo, a más o menos los aspectos de lujo de la sociedad. Yo creo que el transporte, el carbón, la gasolina y la energía eléctrica (o sea cual sea el tipo de energía que utilicemos en el futuro) debería ser gestionada por el estado. Deberían haber empresas nacionales, dirigidas para el beneficio de todos. Algún día, creo, así es como será. Los 'bordados' sobre ello, las industrias de cultura y de servicios, deberían estar en manos de la actividad empresarial. Es la acción creativa de los individuos lo que puede atender mejor el perfeccionamiento de tales necesidades.

**Después de la II Guerra Mundial, Estados Unidos ofreció una generosa ayuda para la reconstrucción de una Europa destruida, a través del ahora famoso Plan Marshall. Quizás menos conocida es la sustanciosa cantidad de dinero donada por ciudadanos individualmente como una respuesta sincera al sufrimiento de la población europea. Las organizaciones privadas de beneficencia reunieron 500 millones de dólares, lo que representaba 3 dólares por cada hombre, mujer y niño de Estados Unidos (el equivalente en dinero actual sería unas 20 veces más). ¿Fue esta generosa respuesta del público americano parecida a la efusión de amor que ha tenido lugar recientemente en Gran Bretaña después de la trágica muerte de la Princesa Diana?**

Sí. En ambos casos fue el alma de 2° rayo (que expresa el aspecto Amor de la Divinidad) de Estados Unidos y Gran Bretaña respectivamente lo que se manifestó tan potentemente. La diferencia es que la efusión de amor del pueblo británico por la Princesa Diana fue potenciada por Maitreya – una especie de ensayo del Día de la Declaración.

**¿Cuántos iniciados hay en EEUU que puedan influir en la manifestación de la energía del alma del país? (Mayo 1998)**

Tres mil, más o menos. Es decir, iniciados de segundo, tercer y cuarto grado. Eso no es un número muy elevado pero suficiente para el trabajo. Uno de ellos, un iniciado de cuatro grado, el que *fue* Abraham Lincoln, vive en Washington DC. Es un burócrata en un puesto menor de la administración. Él se dará a conocer, incluso si no es reconocido, y prestará su poder, su visión, y la experiencia pasada a ese grupo.

## Amor

**¿Es esta la energía de amor introducida por Maitreya que verdaderamente solucionará el problema de la competitividad?**

Sí, pero no eso únicamente. Maitreya no puede hacerlo por nosotros. Si Él pudiera, lo haría, estoy seguro. Tenemos que salvarnos a nosotros mismos, atravesar el proceso entero de autosalvación. Nadie en la tierra, ni siquiera Maitreya, puede hacerlo por nosotros. Se trata de un diálogo de tú a tú con nuestra alma. Debemos permitirle al alma hablar a través de nosotros, cada vez más, y llamar la energía del alma, su percepción, y conciencia despierta identificándonos con ella. Si nunca nos identificamos con el alma, ¿cómo podemos conocerla? Tenemos que experimentarnos a nosotros mismos como una alma en encarnación y, cada vez más, ver eso como la realidad. Cuando eso *es* la realidad, el hombre o mujer inferior tiende a colocarse en segundo lugar.

La personalidad siempre estará ahí, pero se vuelve negativa en relación al alma. El alma necesita un instrumento, un vehículo, una personalidad potente y bien definida a través de la cual pueda manifestarse. No es cuestión de negar la personalidad, humillarnos, perder todo el autorespeto. No tenemos que humillarnos, silenciarnos, autodespreciarnos todo el tiempo. Es una cuestión de volvernos más altruistas, más impersonales, más objetivos.

**¿Cómo puede la humanidad superar el temor al amor?**

Podemos superar el temor al amor superando nuestro temor.

La humanidad vive con temor, pero cuando no hay temor, hay amor. Son opuestos – cuando no tienes amor tienes temor, y ahí donde no hay temor tienes amor. El amor es un estado natural dado – la naturaleza de la Divinidad de este sistema solar de 2º rayo. Cuando Jesús, actuando como el Cristo, dijo: "Dios es Amor", eso es lo que quiere decir. Hay otros sistemas solares cuya naturaleza es distinta – Luz, o Devoción o Conocimiento, o Voluntad o Propósito – pero el nuestro es Amor. Es nuestra naturaleza natural, y cuando nos convertimos en el alma – es decir, cuando el alma y la personalidad están fusionados y mezclados, lo que ocurre en un cierto momento del proceso evolutivo – somos capaces de manifestar la naturaleza de Amor del alma. Esa naturaleza está siempre ahí, en cada alma. Sea cual sea el rayo del alma, el Amor es parte de su expresión en este sistema solar, porque en este sistema todos los rayos son sub-rayos del 2º rayo de Amor-Sabiduría. Los grandes Instructores pueden estar en cualquiera de los rayos; Jesús es una alma de 6º rayo pero Él demostró el Amor Divino de Dios en su perfección al ser adumbrado por el Cristo, Maitreya, que es una alma de 2º rayo.

La forma, por tanto, de manifestar Amor, es superar el temor.


[Ver artículo de Benjamin Creme sobre 'La superación del temor' en *La Misión de Maitreya, Tomo II*, Capítulo 10]

~~~

**Los problemas de la humanidad son reales pero tienen solución.**

**La solución está en vuestras manos.**

**Tomad la necesidad de vuestro hermano como la medida de vuestra acción y solucionad los problemas del mundo.**

**No hay otro camino.**

*Del Mensaje Nº 52 – 28 de noviembre de 1978*

~~~

# Cooperación y trabajo grupal

**¿Qué significa cooperar verdaderamente como grupo?**

Significa no ser destructivo. Significa hacer cosas con un sentido común de propósito, con un consenso de opinión sobre la dirección y la política a seguir.

**¿Es la energía de la competitividad realmente un problema en el trabajo de grupo?**

Creo que es uno de los principales problemas. La gente compite por tener 'éxito' dentro de un grupo. Compiten por prestigio o estatus. No sé cómo funcionáis aquí, pero en Londres, desde el principio, no hemos tenido puestos. Nadie tiene un título, así que no hay ningún tipo de estatus en ese sentido. Hay un estatus en el sentido de efectividad. Algunas personas trabajan más, más asiduamente, y más eficientemente en dar a conocer la información, o simplemente el trabajo general de oficina que se invierte en enviar la información. Tanto si se trata de vender cereales como de dar a conocer la Reaparición, tienes de todas formas que empaquetarla de alguna manera, y eso es el trabajo de oficina. Algunas personas son muy buenas en trabajo de oficina pero no reciben muchos elogios por ello.

Otras personas se acercan a los medios de comunicación, y creen que lograrán más elogios. Todo el mundo quiere hablar con los medios de comunicación, excepto los tipos de 2° rayo. Quieren hacerlo, pero tienen miedo. En cada grupo que he conocido hay personas que dicen: "Me encantaría hablar con los medios de comunicación, dejádmelo a mí". Siempre son las peores personas en hacerlo. No tienen ni idea de lo que deberían decir, ni idea de lo que realmente nos incumbe, poca idea de cómo cada palabra que se habla en los medios será torcida y distorsionada. Por mi larga experiencia, sólo tengo que escuchar durante cinco minutos para darme cuenta de que ahí hay alguien que debería mantenerse alejado de los periodistas. Resulta divertido, porque se trata precisamente de las personas que quieren hablar con los periodistas. Las personas que realmente pueden hablar con los periodistas tienden a no darse cuenta, quizás, y no se ofrecen para ello.

La competitividad en el trabajo de grupo es, quizás, no siempre expresada, pero está ahí y tienes que reconocerla. Cada grupo tiene sus problemas, y la competitividad expresada manifiestamente, o no manifiestamente, sutil o no, es destructiva en un grupo.

**Nosotros sabemos intelectualmente que no deberíamos competir, pero una competitividad se desliza sutilmente. ¿Qué podemos hacer?**

¿Quién dijo que era sutil? ¡Simplemente se abalanza! Yo sé de personas, en todo grupo las hay, que no pueden hacer nada que no sea con espíritu competitivo. Durante tres cuartas partes del año no hacen nada, pero luego de repente se sienten un poco inspirados. Hacen un poco: se acercan a los medios de comunicación y todo el mundo tiene que saber que lo han hecho. Tenemos que saber todo lo que esas personas determinadas hacen. Tenemos que saber lo mucho que se esfuerzan, lo bien que lo hacen, lo mucho que depende el grupo de su visita a una librería. Todos tienen que saber que cierta librería *podría* aceptar algunos libros. ¡Es realmente un logro!

Es competitividad con las otras personas del grupo, y tiene que ser arrancada de raíz. No sólo es mortalmente aburrida, sino que es muy destructiva, porque las personas hacen sus alineaciones, y entonces surgen las camarillas. Como los iguales se atraen, aquellos que son competitivos se atraen. Los que son cooperativos sienten una repulsión por esa competitividad. Y así el grupo pierde su cohesión. Esa es la razón por la cual es absolutamente esencial que el espíritu competitivo sea sustituido.

**¿Ayuda una comprensión de la misión del grupo en su sentido amplio en el proceso de cooperación?**

Si eres idealista, debería. Si eres competitivo y por tanto destructivo, si no comprendes las amplias implicaciones del grupo, entonces podrías acabar siendo muy destructivo. Quizás deberías ser expulsado del grupo si eres muy competitivo y destructivo. Eso es decisión del grupo mismo. La misión del grupo en su sentido amplio debería tender a hacerte pensar dos veces antes de ser destructivo. Te debería ayudar a observarte a ti mismo con mayor percepción y ejercer una actitud más cooperativa, incluso con personas con las que normalmente eres competitivo, y no te gustan.

**¿Cuánta paciencia debemos mostrar hacia las personas que no respetarán lo que se está haciendo dentro del grupo? Algunas veces se tiene que ajustar un baremo**

Tanta como sea necesaria. Uno tiene que medir cuánto es eso porque cada problema y situación es distinta. Yo sé que en cada grupo hay gente imposible. Con los imposibles tienes o que convivir con ellos, o se les expulsa, o una cosa o la otra, dejando que el resto de personas disfruten del trabajo grupal. El trabajo grupal debería ser algo agradable. Alguien mencionó la alegría que puede surgir de una actividad grupal satisfactoria y llena de entusiasmo. Es cierto. El trabajo grupal debería ser el trabajo más alegre que exista, mucho mejor que trabajar solo, aunque a mi personalmente me encanta trabajar solo – es decir, como pintor.

**¿Son las sesiones de trabajo de grupo útiles para clarificar puntos de vista individuales e intentar alcanzar un objetivo de grupo común?**

Si os gustan las sesiones de trabajo en grupo, entonces hacedlas. Tenéis que intentarlo, ver lo que funciona. A algunas personas les gusta aportar distintos puntos de vista en una situación grupal, reflexionar y presentar los distintos puntos de vista. Hay personas que sacan mucho de ello. A muchas personas les gusta, ¿así que por qué no hacerlo?

**Teniendo en cuenta que el título del artículo del Maestro es "Co" guión "Operación", observamos que este grupo parece haber realizado la parte de "Co-" en reconocer co-operativamente su labor, y en intentar cumplirla no competitivamente, pero que tendemos a fracasar en la parte de "operación", poner la teoría en práctica. ¿Cómo pueden los grupos de todo el mundo cooperar mejor en total para llevar a cabo su labor? (N.T. Cooperación en inglés se puede escribir co-operation)**

Si encuentras difícil cooperar efectivamente en tu propio grupo, ¿cómo es posible esperar cooperar con los otros grupos en todo el mundo?

En realidad, esa cooperación mundial ya está teniendo lugar: la producción de *Share International*, junto con el periódico *The Emergence Quaterly* (en español *Emerger Mundial*) y la traducción de mis libros, y el hecho de que algunos de nosotros estemos en constante contacto con estos varios grupos, demuestra y asegura que la cooperación global en este trabajo es una realidad.

**Los Maestros están intentando demostrar algo como grupo, así que deberíamos recordar que a la fuerza va a ser difícil para nosotros.**

¿De verdad? ¿Los Maestros están *intentando* demostrar algo como grupo? Eso no es del todo exacto. Ellos, en verdad, son bastante buenos en ello. Pueden manifestar el aspecto Amor de Dios; saben realmente cómo se hace. Lo han estado haciendo durante mucho tiempo. Incluso un Maestro que haya llegado a serlo desde hace poco tiempo, es un Maestro porque Él *puede* hacerlo. Esa es la cuestión. Ellos están demostrando, como grupo, lo que para Ellos resulta natural como Maestros. Es natural para Ellos manifestar un amor total e incondicional. Les resulta natural tener en sus manos la sabiduría de todas las eras, porque esa es la naturaleza de la mente iluminada, expandida, del Maestro. Y realmente son buenos en eso. ¡A la fuerza va a ser difícil para nosotros, porque somos sólo medio animal y medio hombre!

## Motivo

**¿Es por tanto imperativo ser vigilantes de nuestros propios motivos y de la tendencia a comparar y competir?**

Absolutamente. Comparar, naturalmente, es la esencia de la competitividad. Te comparas a ti mismo y tus pequeños y miserables logros con otros que realizan mucho trabajo. Si son bastante atractivos y energéticos, dices: "Odio a esa persona, que piensa que es la mejor". En todo grupo hay alguien así, que viene y trabaja y que hace que las viejas manos se sientan incapaces, porque él/ella es efectivo, y no tiene los viejos complejos. Quizás es más joven, y ha estado menos tiempo en el trabajo, así que no está tan hastiado. No ha perdido el ímpetu y el entusiasmo y por tanto hace que los demás se sientan incapaces. Entonces entran los celos y, con ellos, la competitividad. Ocurre igual con los niños. El hermano y hermana mayor siempre están compitiendo con el pequeño. El pequeño está siempre celoso del mayor. Está en la naturaleza de la situación entre hermanos, y un grupo se convierte en una especie de familia, así que se produce la misma situación.

Tal como dice el que formula la pregunta, debemos observar nuestros motivos. Tienes que ser muy puro, lo cual no es fácil. Tienes que ser puro, también, en el sentido de realmente observar tus motivos, incluso si no puedes cambiar tus acciones. Si observas continuamente tus motivos, y evalúas la verdadera intención subyacente detrás de todo lo que dices y haces, gradualmente te vuelves puro. Actúas espontáneamente de la forma correcta. No eres competitivo.

Tienes que aprender cuándo no decir nada en absoluto. He visto que en cada grupo hay personas que protegen el grupo. Les gustaría ser más abiertos, más potentes, más eficientes, pero no quieren hacerlo así porque siempre suscita los celos y la competitividad de los demás. Tienen que mantenerse de alguna forma *sotto voce*, contenerse, no decir mucho porque serían catalogados como orgullosos o bocazas. Esa es la dinámica en cada grupo. Tiene que afrontarse, ser vista, ya que las personas implicadas son simplemente personas normales. También son discípulos de algún grado, y por tanto todo el aspecto del motivo tiene que ser cuidadosamente observado.

Nadie es totalmente puro. Yo conozco a personas en cada grupo que, cuando me hablan, no me están hablando sinceramente. Están diciendo lo que creen que me gustaría escuchar, o lo que les gustaría que yo creyera. Es mejor que la gente diga simplemente lo que tenga que decir. Si eso es destructivo, podría ser mejor no decirlo, o podría ser mejor decirlo. Depende, porque existe una destructibilidad constructiva; hay un momento para la crítica de naturaleza constructiva. Pero no hay tiempo para la crítica destructiva que provenga de los celos, el temor, el odio o la malicia. Tenemos que observar nuestros motivos en todas estas situaciones. Eso es necesario, fundamental. Hasta que realmente no hablemos desde el centro de nosotros mismos, actuando como grupo desde el centro de nosotros mismos, sin estos motivos de competitividad, celos, temor y hosco resentimiento, nunca lograremos la correcta cooperación. Eso destruye la buena voluntad que está en la base de la cooperación.

**Es difícil observarme a mí mismo. ¿Cómo deber hacerse? (CJ Mayo 1997)**

La dificultad de observarse a uno mismo tiene que ver con el espejismo. Es precisamente el espejismo lo que impide a la mente ser suficientemente objetiva para observar y reconocer la acción de los otros vehículos y de sí misma. La belleza del proceso evolutivo es que gradualmente superas el espejismo. Superas esta ilusión, esta niebla, en la cual viven el 99 por ciento de las personas. Hasta la primera iniciación, el individuo está completamente rodeado de espejismo. El periodo entre 1.1 o 1.2 hasta alrededor de 1.4 a 1.5 es un periodo de intenso espejismo y el dolor de tal espejismo. Hasta 1.2 a 1.3 la persona no es capaz de ver el espejismo en sí. Él o ella está tan perdido/a en el mismo. Para ellos es espejismo es la realidad. Cuando la persona evoluciona, el alma, a través de la mente, arroja una luz sobre el espejismo. La persona entonces se vuelve consciente del espejismo, pero no puede hacer mucho sobre esto.

El proceso gradual hacia la polarización mental, a diferencia de la polarización astral, libera al individuo de la niebla del espejismo. Alrededor de 1.5 a 1.6 el cambio se realiza entre la polarización astral y la polarización mental. La polarización mental no es completa en este punto. No es completa hasta 2.5, pero desde 1.5 a 1.6 y hasta la segunda iniciación, existe una creciente capacidad de ver con bastante claridad la diferencia entre espejismo y realidad. Esta es la belleza de la Meditación de Transmisión. Acelera el proceso por el cual cambias de la polarización astral a la mental, y finalmente a la espiritual. El periodo más difícil es entre 1.3 a 1.6. No es fácil.

[Para información sobre Meditación de Transmisión, ver Benjamin Creme, *Transmisión — Una Meditación para la Nueva Era*]

**Es más fácil ver a los demás. Es más difícil observarme a mí mismo. ¿Es a causa del espejismo? (CJ Mayo 1997)**

Imaginamos que es más fácil ver a los demás. Es fácil pensar que vemos a los demás, pero a menudo sólo proyectamos en los demás lo que pensamos que son. Eso es un gran espejismo. Realmente no vemos a los demás.

**Mi comprensión es que sólo podemos ver a los demás en el nivel que ha alcanzado nuestra conciencia despierta del ser. ¿Es eso correcto? (CJ Mayo 1997)**

Sí. Si dijo previamente: "Podemos ver a los demás, pero no nos podemos ver a nosotros mismos". Yo digo, no, tú te imaginas que puedes ver a los demás, y llega una etapa de claridad en la cual puedes objetivamente ver a los demás, pero eso es realmente una etapa bastante avanzada. Hasta ese punto, estamos sencillamente proyectando nuestros prejuicios mentales en los demás, normalmente no gustándonos en ellos nuestros puntos malos más acentuados.

**Cuando reconocemos un filo competitivo en nosotros mismos, tendemos a deprimirnos, o reprimirlo, pero sigue ahí. Nos concentramos en el trabajo, en el objetivo, pero nuestro condicionamiento es muy fuerte. ¿Cómo "limpiamos el corazón de la mancha de la competencia?" ¿Cambiar de lo astral a lo mental? ¿Mantrams? ¿La luz del alma? ¿La Meditación de Transmisión?**

Todo esto. Lo mejor, el camino real, es ascender de la polarización astral a la mental, y cuando esto se alcanza, tan pronto como sea posible, de la polarización mental a la espiritual, ya que cuanto más elevada sea tu polarización más puede el alma influenciar la vida de la personalidad. Es el alma la que es cooperativa. El alma no sabe lo que es la competitividad. Sólo conoce la buena voluntad, y es a través de la buena voluntad que llega la cooperación. Si la buena voluntad no está ahí, puedes hablar de cooperación, puedes intentarlo, intelectualmente, toda tu vida, pero no estará presente, porque la buena voluntad es fundamental.

Lo primero que toda persona tiene que tener en un grupo es buena voluntad hacia los demás. La buena voluntad es el cemento que mantiene unido al grupo. Cuanto más puedas considerar a las personas en términos del alma, en vez de en términos de la personalidad ansiosa, difícil y desagradable, más podrás actuar cooperativamente sin resentimiento.

**¿Es la energía de la buena voluntad el lubricante del trabajo grupal?**

La energía de buena voluntad no sólo es el lubricante del trabajo grupal, es la base misma de la existencia del grupo. Eso es lo que las personas quizás no entienden. Hay *sólo* grupos. Nosotros hablamos de la iniciación grupal como algo inusual, pero en realidad la iniciación siempre ha sido una actividad grupal, sólo que no hemos visto los grupos. La diferencia es que ahora, bajo la energía entrante de Acuario, las personas están formando grupos. Así que la idea de la iniciación grupal puede convertirse en una imagen real en las mentes de las personas. En realidad nunca ha existido otra cosa. Siempre ha sido iniciación grupal. Pero siempre ha sido un hombre aquí, una mujer ahí, lentamente, de una forma individual. Ahora el mismo número de personas, en relación grupal, tomará la iniciación. Es un mecanismo distinto porque se está haciendo una copia exacta de los grupos internos en el plano físico externo. Todavía están los mismos grupos en el plano interno – grupos a los que todas estas personas individualmente pertenecen. La diferencia está en que se convierte en una actividad consciente de grupo.

[Para más detalles sobre iniciación grupal, ver Benjamin Creme, *La Misión de Maitreya, Tomo II*, capítulo 19]

## Oportunidad para el servicio

**¿Cuán difícil es lograr este tipo de cooperación en sentido grupal?**

Es difícil, debido al condicionamiento al que todos estamos sometidos, y debido a nuestro punto de evolución. El cambio es lento, y tenemos que aceptar eso. No obstante, estamos trabajando en grupos, y en condiciones de experimentación. Tenemos que asumir eso como realidad básica e intentar introducir en nuestro trabajo lo que sabemos.

Somos muy afortunados como grupo. No estamos trabajando de forma poco precisa hacia un auto-desarrollo o avance – al menos espero que no sea así. Espero que nadie esté aquí en estos grupos simplemente para lograr un posible auto-desarrollo o avance. Estamos aquí para servir el Plan de Evolución en la medida en que se nos ha presentado un aspecto de ese Plan – no sólo un aspecto sino uno de los *principales* aspectos de ese Plan: la preparación para la exteriorización de la Jerarquía Espiritual en el plano externo. Esto es de suma importancia.

Estamos viviendo en momentos de gran importancia; no sabría como resaltar eso. Se trata de un momento como nunca ha existido antes. Dudo que una oportunidad de servicio como esta se haya presentado a un grupo alguna vez. Muchas, muchas veces en Sus mensajes, Maitreya ha dicho: *"Esta es una oportunidad de servicio como nunca vista anteriormente"*. Si así lo dice, podéis estar seguros de que es una realidad. Nunca tantas personas han tenido esta oportunidad de servicio, esta oportunidad – a su nivel– de hacer algo de *gran* importancia. Esa es la razón por la cual los grupos como este deberían reconocer la oportunidad, y el privilegio otorgado por esta, de hacer lo mejor que puedan para estar a la altura de la oportunidad presentada y no perderla en competitividad o codicia, o una simple conciencia de sí mismos y una auto-contemplación – de las que todos tenemos momentos pero que, con dedicación al trabajo, debería ser muy poco frecuente.

**¿Cómo uno determina las prioridades en la involucración de uno con el trabajo grupal? Tengo problemas para mantener un equilibrio. (CJ Mayo 1997)**

Es importante alcanzar un equilibrio entre lo interno y lo externo. La Meditación de Transmisión no tiene sólo que ver con la vida interior. Es un acto de servicio en el plano físico. Es parte de la actividad de servicio exterior como también una experiencia interna. Cada individuo tiene necesidades diferentes, cantidades distintas de energía, diferentes aspiraciones, distintas demandas de su tiempo, dependiendo de su trabajo y su tiempo de ocio. Debes tomar ciertas decisiones y, por tanto, ciertos compromisos en tu vida. Las opciones para un discípulo son las opciones entre prioridades. Son todas prioridades, pero tienes que escoger entre prioridades.

La mayoría tiene que ganarse el sustento. Esa es la prioridad número uno, que significa que deben, hasta cierto grado, limitar el tiempo de servicio. La prioridad para el discípulo por tanto, será cómo maximizar el valor de ese tiempo. Dependerá hasta cierto punto en tus rayos, tus aptitudes, tu involucración sea en Meditación de Transmisión y/o actividades de divulgación, como a cuál de estas actividades le das la mayor proporción de tu tiempo y energía. Las posibilidades de cada individuo son diferentes, así que cada individuo tiene que tomar esa decisión, ese alineamiento de prioridades para él o ella. No puedo decir que deberías dar el 70 por ciento de tu tiempo a la Meditación de Transmisión y el 30 por ciento a otro trabajo, o viceversa. Depende del individuo, de la naturaleza de su trabajo y de la importancia del trabajo. Todo es importante. Yo abogaría para discípulos serios, miembros de grupo, tres horas de Meditación de Transmisión tres veces por semana, nueve horas semanales. Eso significa, si tienes un trabajo, que tienes otros cuatro días en la semana en los cuales puedes realizar otros aspectos de tu actividad de servicio, sea produciendo *Share International*, divulgación al público, o organizando conferencias y exhibiciones. Si estás preparado para no tener vida social, ni vida familiar, ni ninguna otra vida excepto una de servicio, eso es lo ideal, pero depende de ti. Los Maestros no son tiranos, pero ya que trabajan cada segundo, 24 horas al día sin dormir o comer, sin cesar, eso significa que Ellos tiene un estándar de servicio bastante elevado como baremo.

## Desapego

**¿Cómo puede emplearse el desapego para tratar con los efectos de la competitividad dentro del grupo?**

Sé más desapegado. Pregúntate a ti mismo: "¿Quién es competitivo?, y no "¿Soy competitivo?" Por supuesto que eres competitivo; todo el mundo lo es. Descubre *quién* lo es. Si te distancias de la competitividad y te identificas con el "quién", entonces te vuelves más desapegado. Cuanto más desapegado estés, más fácil es estar desapegado; se convierte en un hábito. La cuestión es observar lo que *está ocurriendo*, y desapegarse de ello no identificándose.

Pregúntate a ti mismo: "¿Quién es competitivo? ¿Quién está hiriendo? ¿Quién está perturbando al grupo? ¿Quién es destructivo?" Descubre quién es, qué demonio, porque es uno de tus demonios. Todos nosotros tenemos muchos demonios. Pero si tu simplemente dices: "No debo ser así, debo intentar no ser así", no haces nada. Los demonios tienen muchas cabezas, y cada vez que cortas una cabeza, sale otra en su lugar. Puede que cortes la cabeza de un demonio durante un par de semanas, pero crecerá otra. Cuanto más esfuerzo pongas en no ser competitivo, más competitivo te volverás. Tienes que *sustituirlo* con algo – la cooperación. Eso procede del alma, de la meditación, a través de la correcta identificación.

**¿Aprendemos a cooperar desarrollando el desapego, la sinceridad de espíritu, la honestidad de mente, la conciencia despierta, el amor incondicional, etc. o aprendemos estas habilidades a través de la cooperación, de ser cooperativos?**

Se trata en realidad de una cuestión de ambas cosas. Si estás desapegado, es fácil. ¿Pero cuántas personas están desapegadas? Tú puedes desarrollar el desapego, y en el momento en que actúas desde el desapego estás ya cooperando, ya estás en correcta relación. No es algo que tengas que aprender. El desapego, la sinceridad de espíritu, la honestidad de mente, la conciencia despierta, son el resultado de una actitud cooperativa y, manifestada, conducen a la cooperación. No puedes separar estas cosas: la correcta relación es otra palabra para cooperación, que a su vez es otra palabra, como expresa el Maestro, para unidad. Unidad, cooperación, y correcta relación son tres formas distintas de expresar la misma cosa.

**¿Trae la Meditación de Transmisión la cooperación dentro de un grupo?**

Todo lo que te lleve a un contacto con el alma, todo lo que energice los vehículos del alma, tenderá a funcionar en esa dirección. No puedo decir: "Haz Meditación de Transmisión y aprenderás a cooperar". No es tan simple como eso. La cooperación se convertirá cada vez más en parte de tu naturaleza si realizas Meditación de Transmisión de forma correcta, asiduamente, con tu atención en la cabeza. Producirá la reorientación que es necesaria.

## Cómo inculcar la actitud cooperativa

**Usted dice: "La cooperación es una actitud de mente y una experiencia de la propia forma de mirar al significado de la vida". ¿Existe alguna práctica de la que deberíamos ser conscientes en nuestro trabajo grupal para poder inculcar dicha actitud? (CJ Mayo 1997)**

Una de las principales cosas es estar abierto a las ideas de otras personas. Escuchar las ideas de las personas y permitir al factor tiempo que abra el camino para la generación de otras ideas es pensamiento creativo. El problema reside en que hay una ausencia de esto en el mundo.

Nosotros decimos: "Maitreya Buddha, el Cristo, está en el mundo". Los budistas dirán: "No es posible. Todavía faltan 5.670 millones de años antes de que Él venga". Los medios de comunicación dirán: "No es posible. ¿Quién ha oído una idea tan ridícula?" Ellos inmediatamente se cierran a cualquier posibilidad así. Podríamos objetar a esto y decir: "No es justo. ¿Cómo podemos divulgar el mensaje?" Pero la mayoría de nosotros hace el mismo tipo de cosas en nuestros grupos.

Aquellos que están acostumbrados a tomar decisiones y anunciar actividades tienden a creer que lo saben todo. Entonces en una reunión existen algunas personas calladas que no hablan mucho, que no tienen muchas ideas brillantes, que de pronto hablan y mencionan algo. Normalmente el más mandón inmediatamente les menospreciará. "No, no haremos eso. Hacemos esto. Lo he decidido". Un enfoque más creativo sería pensar lateralmente sobre ello. "Bien, escuchemos. A primera vista, no parece muy prometedor, pero pensemos en ello". Cuando pensamos en ello quizás surja algo que no era aparente en la idea o la presentación de la idea, pero que sale a la luz cuando se mantiene un debate. Esta actitud requiere un respeto básico de cada individuo del grupo.

Debe haber una práctica renovada, no estudio, de la actitud mental que denominamos cooperación y flexibilidad. Un estudio de las enseñanzas de Maitreya, de una manera muy definida, es una mejora del sentido de ser, la evolución del propio ser. Si practicas honestidad de mente, sinceridad de espíritu y desapego como el sendero hacia la conciencia despierta del Ser y por último la realización del Ser, y al mismo tiempo presentas al mundo las enseñanzas sobre justicia, compartir, cooperación, correctas relaciones y paz, te vuelves más convincente. Nada convence más a los demás como ver estas actitudes en acción. De la misma forma, nada es más poco convincente que ver a personas que presentan la información sobre la Reaparición, sobre la necesidad de justicia, compartir y paz, y que en su vida privada y su trabajo grupal actúan con astucia dominante y manipuladora y que no poseen ninguna de las cualidades de las que están hablando.

Practica las cualidades de las que estás hablando. De otra forma, no hay honestidad de mente, o sinceridad de espíritu, y por tanto, desapego. Practica estas tres cosas todo lo que puedas junto a la cooperación, que ya está cambiando a los grupos, y añádele flexibilidad. Entonces no habrá nada que pueda detenerte.

**¿Fomentamos la actividad cooperativa en nuestro grupo luchando para alcanzar la polarización mental?**

No puedes luchar para alcanzar la polarización mental. Puedes llegar a estar mentalmente polarizado, pero la lucha no es la forma de alcanzar esa polarización. Una de las formas es invertir más tiempo en la Meditación de Transmisión. No se trata tanto de más tiempo sino de mantener una atención más elevada, mantener la atención en el centro ajna durante más de los tres minutos y medio por hora que, probablemente, dura tu atención.

**¿Fomentamos la actividad cooperativa no subestimándonos a nosotros mismos ni tampoco nuestras capacidades?**

Estoy bastante de acuerdo con ello. Es cierto que uno no se debería subestimar, porque nunca sabes lo que sabes hasta que empiezas a hablar, y nunca sabes lo que puedes hacer hasta que realmente te pones a trabajar y lo haces.

Todo el mundo se ve a sí mismo como lo que es ahora, pero todos somos la suma total de cientos de miles de encarnaciones – pensad en el número de veces en que se han tenido todos los distintos rayos, el número de experiencias que todas las personas de esta sala han tenido, todo esto está ahí. Sólo tienes que armonizar con ello, sacarlo a la luz, intentarlo. Eso se recupera y podrás hacer cosas que nunca pensabas que podrías hacer.


## Cooperación y flexibilidad

**Cuando existe una labor a realizar, es fácil hacer que las personas cooperen para llevar a cabo la tarea. La dificultad reside en realizar las actividades cotidianas y continuas. (CJ Mayo 1997)**

Por supuesto, si tienes ciertas tareas claras y definidas, y pides a personas que trabajen juntas para llevarlas a cabo, un grupo de este tipo podría, nueve de cada diez veces, ser capaz de trabajar de esa forma, especialmente teniendo en cuenta la idea de cooperación. Muchos grupos aquí en Japón han logrado trabajar mucho mejor que en cualquier momento del pasado de esa forma cooperativa.

Si un grupo no funciona de una forma cooperativa, debes mirar la dinámica interna del grupo. Esto podría ser una situación cambiante ya que personas se unen y abandonan los grupos. Pero durante un periodo de tiempo dado, el grupo debería ser capaz de cooperar, o estar basado en la competencia de la personalidad. Aquellos grupos que no han tenido ningún éxito en fomentar su capacidad de cooperar a lo largo del pasado año, son precisamente aquellos en los cuales la competencia de la personalidad está y siempre ha estado presente en abundancia. Los componentes básicos del grupo están estableciendo una dinámica de competencia. Eso va en contra del trabajo grupal, contra la evolución grupal.

Aquí es donde el otro aspecto, la flexibilidad, se solapa con la cooperación. ¿Por qué mencioné la necesidad de inculcar flexibilidad aquí hace un año? Sencillamente porque estaba hablando a los grupos japoneses. En Japón es necesario hablar sobre la necesidad de flexibilidad porque es un país muy antiguo, ligado a la tradición en la cual la flexibilidad no está presente en grado significativo. Es por el rayo de la personalidad del pasado (7º rayo). Crea una sociedad muy estática y rígida que sólo ahora está saliendo de ese molde.

La cuestión de espejismos personales también entra aquí. Existen personas que creen que están cooperando cuando, de hecho, no hacen nada de esa manera y son totalmente inflexibles y competitivos con los otros miembros del grupo, sea consciente o inconscientemente. La misma esencia de espejismo es que es inconsciente. Si ves el espejismo, tienes la posibilidad de salir del mismo. Si eres inconsciente, si incluso no lo ves, entonces no reconoces que se trata de un espejismo. No deseo comenzar una competencia entre los diferentes grupos para ver quién está evolucionando más, quién está realmente cooperando y quién no. No obstante, es un hecho que algunos grupos están evolucionando rápidamente, en un sentido grupal, a través de la cooperación. Ellos intentan tratar la inflexibilidad. Existen otros grupos e individuos que todavía están perdidos en el espejismo de la competencia, sin reconocerla por lo que es. Por tanto, estos grupos específicos no están evolucionando de la forma que otros lo están haciendo.

**¿Cómo podemos discernir entre métodos de trabajo flexibles y aquellos manipuladores? (Enero/Febrero 2000)**

Trabajar desapasionada y objetivamente de una forma flexible ayudará al trabajo del grupo, y eso será obvio; existirá, obviamente, un método acordado por el grupo en su conjunto. El trabajo manipulador es un intento de individuos de imponer un método o estructura en otras personas. Es un infringir del libre albedrío, y debería ser obvio si hay un método grupal acordado o un método impuesto sobre el grupo en su conjunto por una o más personas.

El trabajo flexible será en realidad flexible, dispuesto a responder flexiblemente a la necesidad como ésta se presente. El trabajo manipulador puede ser flexible o rígido. No tiene nada que ver con la flexibilidad. Es simplemente la imposición de métodos por parte de una o más personas sobre los demás, y por tanto es una transgresión del libre albedrío. Es un intento de hacer que otras personas hagan lo que tu quieras hacer. Puedes manipular la situación de tal manera que impones rigidez, no flexibilidad, en las acciones del grupo. No tiene nada que ver con flexibilidad e inflexibilidad. Es un enfoque. Si la pregunta se hubiera formulado: "¿Es valioso el enfoque flexible del trabajo?", hubiera contestado: "Sí, mucho". "Es valioso un enfoque manipulador en cualquier situación, de trabajo u otra?", hubiera dicho: "No, rotundamente no".

**¿Si, para llegar a un compromiso dentro de un grupo, existe una gran represión de las propias ideas y pensamientos, es esto realmente practicar honestidad de mente? ¿Dónde traza uno la línea entre honestidad de mente y la capacidad de comprometerse? (CJ Mayo 1997)**

La honestidad de mente no consiste en aferrarse a tu opinión tanto si ha mostrado ser correcta o no. La honestidad de mente es pensar y actuar en línea recta entre tu pensamiento y tu acción. No significa que no debas poner de lado tus propias ideas para poder alcanzar un compromiso con personas que se encuentran en el polo opuesto del espectro que tú. Si ese fuera el caso, el compromiso sería imposible. Por tanto, toda evolución, incluso la paz, sería imposible para siempre.

Si el primer ministro de Israel no puede comprometerse, no puede ver los derechos del pueblo palestino y buscar un compromiso sabio entre las diferentes aspiraciones y sentido de necesidades, nunca habrá paz en Oriente Medio. Si no hay paz en Oriente Medio, nunca habrá paz en el mundo. Así que es absolutamente esencial que aprendan a comprometerse.

Los rayos de la mayoría de los grupos, tarde o temprano, pueden llevarles al compromiso. La mayoría de los grupos son capaces de comprometerse al final, aunque no sea de inmediato. Existe un rayo, el 6º rayo, al que le resulta difícil comprometerse. Es la "naturaleza de la bestia" como solemos decir. El problema con Japón y Rusia en relación con ese pequeño grupo de islas deshabitadas al norte de Japón ha sido la incapacidad de comprometerse. Ninguno quiere las islas en sí, pero desean el control de las mismas. Podría haber petróleo allí. O si los rusos se las quedan, podrían querer poner allí una guarnición, ¡quizás un hombre en cada isla para asustar a los japoneses! El pueblo de Irlanda del Norte comparte los mismos rayos –el 6º rayo, a ultranza, rayo principal y secundario. Ha llevado años sentarles en una mesa de conversaciones para debatir sus problemas.

Allí donde haya personas que no pueden cooperar, siempre existen características dominantes del rayo 6º. Eso representa el problema de la cooperación, porque no pueden comprometerse. Su camino es el *único* camino posible –es todo lo que pueden ver. Por supuesto, esto no es cierto, pero para ellos es verdadero. No existe ningún individuo en ningún grupo que tenga el monopolio de la sabiduría, inteligencia y elocuencia.

Un grupo es un grupo porque requiere todas las cualidades que posee un grupo para poder realizar el trabajo adecuadamente. El arte del trabajo grupal es enfocar estos puntos de vista, actitudes, talentos y experiencias diferentes en un instrumento que pueda hablar por todo el grupo a través del consenso. Existen personas que imaginan que sus ideas son mejores que todas las demás ideas juntas. Probablemente son totalmente inconscientes de esto y lo negarían si se les atribuyera a ellos. Básicamente están en competencia con los demás miembros del grupo. Debe haber un constante esfuerzo por introducir las cualidades de cooperación y flexibilidad en cada aspecto de vuestra relación grupal.

Debes observar tus motivos en cada momento. Debes liberarte de su constante competencia, porque está arraigada en cada persona del mundo. Entonces, sin pensar en ello, espontáneamente, te haces cooperativo. Todo lo que hagas es cooperativo. Si te deshaces de la competencia, no puedes hacer otra cosa que cooperar.

**¿Qué significa la cooperación y la democracia en términos de trabajo grupal? (CJ Mayo 1997)**

Cooperación significa la actitud de cooperación.. Significa que hay cooperación entre individuos en un grupo. De otra manera, no es un grupo. También significa cooperación entre un grupo y otro. Un grupo está formado de individuos, algunos de ellos más dominantes que otros. Estos grupos pueden, y si es algo positivo, deberían, influenciarse unos a otros. Ese es el valor de la cooperación. Mi propia preferencia sería tener el máximo grado de democracia en todos los grupos. No obstante, sé que la idea de democracia es aún una experiencia muy reciente para los japoneses en el campo político, y por tanto, en la forma de trabajar juntos. Algunos grupos son más democráticos que otros en su gestión y relaciones grupales. Si ese tipo de influencia pudiera crecer, lo vería como algo bueno. Los grupos que son más autocráticos, más individualistas, que están más bajo la dirección de uno o dos individuos, tienen a mi juicio menos valor a largo plazo para el pueblo japonés que aquellos que están funcionando más verdaderamente de una forma democrática.

Es aquí donde la flexibilidad entra en juego. Es necesario que los grupos más autocráticos e inclinación tradicional se vuelvan más flexibles y avancen hacia una forma de trabajo más democrática. Aquellos grupos que ya están trabajando de esta forma podrían influenciar útilmente a los demás mostrando que funciona. Depende hasta cierto punto dónde están situados los grupos. Normalmente, las zonas más urbanas, las ciudades claves, tienden a traer ideas más nuevas y frescas antes que los distritos rurales. Pero en Japón, nada está bien definido. Todo va en direcciones distintas al mismo tiempo. Es hasta cierto grado una cuestión de qué funciona más que establecer un ideal y romperse la espalda intentando cumplir el ideal. Poneos en movimiento con lo que funciona. El tiempo también es un factor.

## Libre albedrío

**Cuando hay alguna labor que alguien debe hacer y los miembros del grupo lo reconocen, algunos dicen que es su libre albedrío poder negarse. Yo pienso que deberían cooperar y hacerlo, incluso aunque parezca un poco difícil. ¿Podemos hacer que lo hagan, o deberíamos respetar su libre albedrío y dejarlos en paz? (CJ Mayo 1997)**

¿Cómo puedes lograr que alguien haga una tarea si no desean hacerla? ¿Le apuntas con una pistola o le quitas su asignación de cerveza?

Si fuera una tarea que alguien debería hacer y los miembros del grupo así lo reconocen, en cualquier grupo que se precie trabajando como un grupo, existiría una 'batalla campal' para ver quién llegaría primero y haría la tarea. Si nadie hace el trabajo, sea el que sea, y alguien es más pequeño que los demás, los otros podrían pensar que pueden forzarle a hacerlo, pero a mi entender esto no es correcto. El infringir del libre albedrío nunca se permite. Maitreya tiene a Su lado personas que han sido invitadas a aparecer en televisión, para hablar del Instructor del Mundo, y ellos se niegan a hacerlo. Maitreya no utiliza ningún tipo de esfuerzo, ni incluso persuasión. Él simplemente dice: "Bueno, alguien debe hacerlo". Estas son personas que le ven cada día, más o menos. Su presencia se daría a conocer mucho más rápido, al menos en Gran Bretaña, si fueran a la televisión y hablaran de ello. Así que quedo yo intentando atraer la atención de los medios de comunicación. El libre albedrío es sagrado. El servicio debe realizarse desde el libre albedrío, de otra forma no es servicio.

**Respecto al libre albedrío, un miembro veterano de un grupo a veces pregunta a un recién incorporado: "¿Podrías hacer esto o aquello?" Esto me parece un infringir del libre albedrío, no obstante pienso que esto daría al recién llegado una oportunidad para participar en el trabajo grupal. ¿Qué piensa sobre esto? ¿Qué es el liderazgo en el trabajo grupal? ¿Cómo debería el líder hacer efectivo su liderazgo en el trabajo grupal? (CJ Mayo 1997)**

Donde exista este énfasis en el liderazgo, es lo opuesto al trabajo grupal. El concepto de un grupo alrededor de un líder que les guía o enseña y conduce hacia adelante es un viejo concepto pisciano. Está desapareciendo rápidamente, o debería. En grupos conectados con la nueva experiencia acuariana de la humanidad, cada miembro del grupo debería ser igual. No debería haber líderes rodeados de seres menores. El líder es normalmente, en ese contexto, alguien que puede facilitar, u organizar más bien mejor que los demás, o alguien que tiene una visión más clara o comprensión del papel del grupo. En lo que atañe al liderazgo *per se*, es un concepto viejo y moribundo. ¿Cómo debería el líder hacer su liderazgo efectivo en el trabajo grupal? Desapareciendo como líder.

## Competitividad versus cooperación

**El Maestro dice que las personas del mundo pueden dividirse en dos grupos: Aquellos que compiten, y aquellos que cooperan. ¿No es esta división demasiado estricta? ¿No tenemos todos los dos tipos de actitud en nosotros mismos? ¿No depende eso de la situación en la que estemos involucrados?**

Naturalmente la respuesta a esto es sí, pero eso no significa que la división del Maestro sea demasiado estricta. Significa que todos nosotros tenemos los dos tipos de actitud en nosotros mismos, dependiendo de la situación. Si nos encontramos en una situación favorable seremos tan competitivos como se nos permita serlo. Si nos encontramos en otra situación, seremos tan cooperativos como sintamos la necesidad de serlo – por lo menos justo el mínimo para salir impune. Para ser honestos, realistas, así es cómo funcionan la mayoría de grupos.

Todo el mundo es competitivo y ligeramente cooperativo, alternativamente. No es que la competitividad se convierta en cooperación; no puede hacerlo. Son dos opuestos, y la cooperación nunca puede convertirse en competitividad. Se trata simplemente de que el modo de respuesta a cualquier situación se convierte en la palanca que tú accionas. Si no hay más remedio, serás cooperativo. Si puedes pasar sin ello, serás competitivo, hasta que alguien diga: "No, no, eso es demasiado competitivo. Eso no lo podemos tolerar."

Es la psique humana la que trata de dominar toda situación. Algunas personas manejan todas las situaciones de una forma taimada, manipulando cautelosamente detrás de la escena, introduciendo este pequeño aspecto en juego, consiguiendo un aliado aquí y otro allí para que les respalde. Todos los grupos tienen este tipo de actividad porque todo esto es humano. Así es cómo vive el grueso de la humanidad – por la manifestación de la personalidad. Todo el mundo es una personalidad; todo el mundo trabaja a través de la personalidad, más o menos.

Los problemas proceden de la personalidad, la mala utilización de este aspecto manipulativo por la personalidad. Esa es la cualidad que generalmente se ve en los grupos. De vez en cuando se manifiestan otras cualidades, dependiendo con quién estés tratando. Estas son cosas que tú reconocerás, y deberías reconocer, en ti mismo.

No quiero decir que todos sean manipuladores, pero aquellos con mentes de 3$^{\text{er}}$ rayo y cerebros de 3$^{\text{er}}$ rayo, ¡estad alerta a vuestra manipulación! Simplemente tened la vista puesta ahí. No estoy diciendo que lo cambiéis, que os frustréis, sino que simplemente prestéis atención a lo que estáis haciendo realmente, y de qué forma os podéis desapegar de ello. Sólo te puedes desapegar de algo si lo observas, lo reconoces. Simplemente obsérvalo, y si lo haces sin intentar cambiarlo, sin justificarlo, sin racionalizarlo, simplemente observándolo, descubrirás que te vuelves más desapegado. Esto es cierto para cualquier espejismo.

Todos nosotros tenemos competitividad y la posibilidad de la cooperación, porque como almas somos instintivamente cooperativas. Es la naturaleza del alma el querer cooperar. Tiene una visión amplia, generalizadora, inclusiva, de la vida, que sólo puede ser expresada en cooperación. Lo que hay que recordar es que, en la nueva era que ahora empieza, la energía de síntesis, la energía misma de Acuario, puede sólo ser percibida, aprehendida, utilizada, en formación grupal. No concierne al individuo sino sólo al grupo. El grupo necesita el individuo – potente, consciente, inteligente, activo – que pueda proporcionar su servicio *al grupo*. Entonces podemos actuar en términos de la nueva era, la nueva energía de Acuario, esa fuerza que fusiona, mezcla y sintetiza y que algún día se manifestará como la humanidad una. Ese debería ser nuestro objetivo.

### ¿Cómo damos a conocer esta información sin competir con los grupos religiosos fundamentalistas?

No tiene sentido competir con los grupos fundamentalistas; no entra en escena en absoluto. Si fuéramos a competir con ellos, podríamos simplemente reconocer que estamos vencidos antes de empezar. Ellos tienen una Biblia, la palabra de Dios, así creen, escrita a mano por Dios en el transcurso de varios siglos; ellos poseen el 'solo y único hijo de Dios'; y tienen una ventaja de 2.000 años sobre nosotros.

Nosotros tenemos un mensaje distinto al de estos grupos, o un mensaje similar expresado en un idioma distinto. Si has estado por ahí *compitiendo* con los fundamentalistas, no es de extrañar que eso no te haya llevado a ninguna parte. Nosotros no estamos compitiendo sino dando una información alternativa. No existe una cooperación con ellos, pero tampoco debería haber una competitividad. Nosotros no estamos convirtiendo, solamente informando. ¡Trata de convertir a un fundamentalista!

**¿Se pretendía que algunos grupos – en particular la Sociedad Teosófica, la Escuela Arcana, y sus grupos – tuvieran que cooperar de forma más estrecha? ¿O tiene cada grupo su tarea especial que se lleva a cabo mejor de forma más o menos separada, al igual que otros discípulos y grupos tienen sus propios trabajos en otros campos como la economía, la política, etc.? (Abril 1998)**

Estaría bien que la Sociedad Teosófica, la Escuela Arcana, y nuestros grupos, cooperaran. Estos tienen que creer en lo que nosotros decimos y, desgraciadamente, no es así.

A la Escuela Arcana no le gusta nuestro mensaje. Hay un deseo de cooperación en la sede de Ginebra pero no en la de Londres o Nueva York. En la de Ginebra son un poco más abiertos, y han dicho que estaría muy bien intentar trabajar juntos de alguna manera. Es difícil encontrar ese punto, porque ellos no dirán lo que yo estoy diciendo, y yo estoy diciendo lo que ellos están diciendo de todos modos. Uno puede sólo cooperar con aquellos que cooperarán. Si lo hicieran, el trabajo avanzaría más rápidamente. No obstante, ellos son todavía grupos esotéricos, y generalmente no son más aceptables para los medios de comunicación de lo que somos nosotros. Cada vez que los periodistas hacen mención de Madame Blavatsky, es de una forma despectiva. Se da por sentado que era una impostora, y que nadie hoy en día podría creer en sus escritos. Es extraordinario. Después de 100 años, todavía no es aceptada como una persona razonable e inteligente, a pesar de que ella era una iniciada de cuarto grado – al mismo nivel que Jesús de Nazaret y Leonardo da Vinci.

¿Se pretendía que cooperásemos? Por supuesto que sí, pero no puedes cooperar con aquellos que rechazan cooperar.

# Segunda Parte
# El problema del espejismo

## Espejismo (glamour)

*Por el Maestro —, a través de Benjamin Creme*

De entre todos los problemas que acosan a la humanidad no hay ninguno más grande que el problema del espejismo. Proporciona la base de todas nuestras dificultades y peligros, y retiene a la gran mayoría de la humanidad en la esclavitud. Es la raíz de cada escisión y división y el origen de cada dimensión de dolor y sufrimiento. Tiene sus raíces en el pasado lejano de la humanidad y todos menos unos pocos están presos bajo su influencia.

Esencialmente, el espejismo se origina en el aparato sensorio, de emociones, del hombre – el cuerpo astral o emocional – y en la identificación del hombre con su acción. Mediante una identificación errónea con sus sentimientos y emociones – su naturaleza de deseo – se ha rodeado a sí mismo con, y se ha perdido a sí mismo en, espesas nieblas de ilusión e irrealidad. Esto constituye el espejismo dentro del cual la mayoría de la gente vive sus vidas. El espejismo es ilusión en el plano de las emociones y proporciona el obstáculo más grande al progreso, del individuo y de la raza. Arroja en el sendero de los incautos una multitud de conceptos erróneos, y el idealista más noble no está más libre de su influencia (más bien, es con frecuencia más propenso) que el cínico más insensible.

Para poder enfrentarse con el espejismo, la humanidad debe reconocer su mecanismo, por medio del cual la herejía principal – que somos seres separados – se crea y mantiene. Todo aquello que tienda a reforzar el sentido de separatividad es el resultado de la acción del espejismo, y todo lo que busca debilitar esta herejía trabaja a favor de su destrucción. El espejismo radica en la noción de que los deseos del hombre son reales, que tienen su propia validez y propósito intrínsecos, mientras que, en realidad, son la causa de toda infelicidad; no más reales, no menos transitorios, que los espejismos del desierto.

El aspirante bienintencionado oscurece su acción con el deseo de la realización; el idealista considera al suyo como el único ideal posible que la gente sensata podría mantener; a menudo vemos como los absurdos del orgullo nacional llevan a las naciones a acciones en contra del interés de sus pueblos. Estas, las acciones del espejismo, son el producto del deseo: por el poder y la satisfacción de la ambición. La luz de la ciencia ha librado al mundo de ciertos espejismos antiguos pero ha creado otros en su lugar: el espejismo de las posesiones esclaviza a la mitad del mundo mientras que la otra mitad pasa hambre y muere en la miseria y necesidad.

Con el tiempo, la humanidad resolverá esta fase y establecerá una percepción de la realidad más acertada. Los innumerables espejismos que acosan a la raza hoy en día se disiparán un día con la luz del alma del hombre, invocada a la manifestación a medida que transcurra la Nueva Era. Pero el presente es una época en la que nuevos tipos de energía están causando impacto sobre las vidas de los hombres y creando unas condiciones de desconcierto y confusión. La intensificada tensión de la época fomenta los espejismos del temor y la destrucción, estallando en todo tipo de violencia.

¿Qué se puede hacer para liberar a la humanidad de esta antigua esclavitud, en parte innata en la naturaleza de la misma sustancia? ¿Cómo puede liberarse el hombre de la identificación errónea y la tiranía de sus formas mentales autocreadas? La respuesta radica en un cambio de enfoque, desde el yo al grupo; en una identificación más auténtica con el alma y su relación con todas las almas. La luz del alma, por la mediación de la mente, es la gran disipadora del espejismo, y hace muchos años el Buddha enseñó como conquistar el deseo: el Noble Camino Medio entre los pares de opuestos. En la luz del alma la unidad esencial es comprendida, se calman las olas astrales y el aspirante se encuentra ante la puerta de la iniciación. (*Share International*, Abril de 1984)

# El problema del espejismo

*[El siguiente artículo es una versión editada de la charla temática ofrecida por Benjamin Creme en la Conferencia de Meditación de Transmisión celebrada en San Francisco, EEUU, en julio de 1999.]*

El problema con el espejismo es que cuando nos encontramos inmerso en él no podemos verlo. Somos completamente inconscientes de la naturaleza ilusoria de las acciones llevadas a cabo. Esta es la eterna dificultad a la hora de abordar el espejismo, debes estar fuera, por encima del mismo, para verle. Cuando te encuentras inmerso en él, simplemente estás percibiendo tus propias reacciones emocionales sin reconocerlas por lo que son, ni tampoco la naturaleza destructiva de estos espejismos.

Después de 17 años de tales conferencias y 20 años de visitar EEUU, todavía es necesario hablar sobre los espejismos más ordinarios, claros y sencillos que uno esperaría que las personas los reconocerían por sí mismas pero que de alguna manera no lo hacen. Por ello pienso que vale la pena abordar, una vez más, el fascinante, pero desde el punto de vista de la evolución humana muy destructivo, problema.

Algunos grupos responden más y mejor a sus almas y son por tanto, desde el punto de vista oculto, esotérico y a largo plazo, de mayor valor para el trabajo de la Jerarquía. Otros trabajan más desde el nivel de la personalidad. Aunque podrían estar satisfechos con ese nivel, desde el punto de vista de los Maestros no es la acción más importante en la que un grupo de esta índole podría estar involucrado.

## La impaciencia – un gran espejismo

Una ola de poderosas energías está expulsando las impurezas en cada persona. Este proceso encuentra todos los espejismos ocultos y los trae a la superficie. Así en muchos de los grupos trabajando para la Reaparición una erupción de espejismos ha tenido lugar:

Para algunas personas la espera para el emerger de Maitreya ha sido demasiado larga. Se enfadan, impacientan, desilusionan, desaniman, marginan, vuelven cínicos, frustran, amargan y padecen desafecto. En otras palabras, han perdido la fe, que en su caso está arraigada en su aspiración emocional más que en la intuición de sus almas. Experimentan un desgaste y buscan alguien a quien culpar (normalmente a mí). Deberían tomarse un respiro y restablecer su sistema nervioso.

También hay personas con 'personajes idealistas'. Esto es, que representan un papel, una noción idealizada de ellas mismas, que gradualmente se vuelve incómoda puesto que básicamente no es verdadera. Esto conduce a la expresión de los espejismos de la ira, incluso el odio, hacia aquellos que les han influenciado e inspirado en el pasado. Se olvidan de cómo y porqué se involucraron en el trabajo.

Existe el espejismo del tamaño en las organizaciones. Yo lo llamo el espejismo de la organización frente al organismo. Existe la tendencia en todas las instituciones y organizaciones de intentar hacerse más grandes, más extendidas, más influyentes. Ese es un espejismo poderoso. En el campo comercial, en las grandes empresas, es un espejismo, pero es la naturaleza ilusoria de una gran compañía hacerse más grande, más rica y más poderosa en su propio campo. Esa no es la meta, ni debería ser la tendencia, de un grupo esotérico u oculto.

El papel fundamental de estos grupos es la iniciación grupal.[1] Los cuatro requisitos básicos de la iniciación grupal ni siquiera se han comenzado a poner en práctica en los grupos de todo el mundo: relaciones grupales no sentimentales; trabajar con las fuerzas de la destrucción de forma constructiva; funcionar como una mini-jerarquía; y cultivar la potencia del silencio oculto.[2] Estos son todos los requisitos fundamentales para la iniciación grupal, que es el propósito subyacente de esta agrupación de grupos. Ha sido una esperanza largamente proyectada por la Jerarquía crear un grupo que pudiera responder a la fuerza magnética de una gran idea, y trabajar bajo la inspiración y orientación de la Jerarquía de tal forma que Ellos pudieran crear las condiciones para la iniciación grupal por primera vez en 18 millones de años.

## El espejismo de la organización

No está sucediendo en parte porque los grupos involucrados en el trabajo de la Reaparición, que es la gran idea magnética que los mantiene unidos, están trabajando bajo el espejismo del tamaño. No tiene nada que ver con el tamaño. No tiene relación con que Tara Center o Share

---

1      Para más información sobre iniciación grupal, leer La Misión de Maitreya, Tomo II, Capítulo 19, 'Hacia la iniciación grupal', de Benjamin Creme.
2      Ver Alice A. Bailey, Tratado sobre los Siete Rayos, Tomo V: Los Rayos y las Iniciaciones, Regla XI.

International se vuelvan cada vez más grandes, más influyentes, su alcance extendiéndose por todo el mundo, convirtiéndose en los tutores de los líderes de las naciones. Los líderes de las naciones no tienen, en su mayoría, el más mínimo interés en la Reaparición del Cristo. Lo estarán, pero cuando lo hagan, no se dirigirán a Share International para ser instruidos. Ellos buscarán directamente a los Maestros, que estarán presentes abiertamente – sobre todo, a Maitreya.

El Maestro Djwhal Khul ha escrito sobre los peligros que afronta cada grupo oculto o esotérico que comienza a malinterpretar su destino, y acumula una fuerza en el plano físico que comienza a colorear su propia acción. Reemplaza el *organismo* del grupo oculto con la *organización* de los grupos externos en el mundo, el tipo de grupo que actúa bajo el impulso de una idea política, una teoría financiera o comercial, y así aprende a crecer y a volverse cada vez más influyente en ese campo. Eso no tiene nada que ver con el grupo oculto que es éste.

Un grupo oculto se junta bajo ciertos impulsos poderosos: el impulso y la intención del alma, la necesidad Jerárquica y la ley kármica. Estas tres fuerzas gobiernan la creación de un grupo oculto o esotérico. Cualquier otra cosa es un espejismo. La idea de crear una *institución* que sea influyente y poderosa en el mundo es puramente espejismo. El trabajo de preparación para la exteriorización de la Jerarquía es el trabajo real de estos grupos en todo el mundo, se llamen Tara Center o, preferiblemente, no tengan nombre. Tan pronto como pones un nombre a un grupo le estás dando una forma, una estructura, y esa estructura u organización que se relaciona al nombre comienza a apoderarse del destino del grupo.

El grupo tiene su propia forma orgánica innata si es un grupo esotérico verdadero. Esa forma, y por tanto el trabajo del grupo, se distorsiona si se pone demasiado énfasis en la forma o aspecto organizativo del trabajo. Existen individuos en todos los grupos, en las diferentes zonas del mundo, que son más proclives a la actividad organizativa del plano físico (por supuesto, necesitas un cierto grado de organización). Pero esto puede ahogar los propósitos internos del grupo: preparar el camino para la aparición del Cristo; el regreso al mundo de los Maestros; la exteriorización de Su trabajo; la educación de la humanidad; la preparación de la humanidad y de los propios grupos para ese trabajo, y, sobre todo, la iniciación grupal.

## Las rocas de la organización

El Maestro Djwhal Khul ha escrito sobre los peligros que puede tener un énfasis exorbitante de la organización en el trabajo del grupo. Él utiliza el ejemplo de la Sociedad Teosófica y de otros ciertos grupos esotéricos que, afirma, 'zozobraron contra las rocas de la organización'. Hablo de ello hoy porque veo que los mismos peligros se están haciendo aparentes en el trabajo de los grupos de la Reaparición con los cuales tengo contacto en diferentes partes del mundo. Yo personalmente estoy preocupado. Estando preocupado, también tengo la determinación de que estos grupos no zozobren en las rocas de la organización. No depende totalmente de mí porque una persona no puede guiar para siempre a una gran agrupación de personas de tal manera que eviten zozobrar contra esas rocas. Debemos mantener nuestros ojos, oídos y sobre todo nuestras mentes abiertas a este peligro – detectar el peligro preferiblemente antes de que se haga realidad. Es mejor evitar por completo a las rocas que comenzar a salvar a la gente una vez que hayan aterrizado sobre ellas.

Es muy importante que todos los grupos reconozcan este espejismo del tamaño, el espejismo de Internet, el espejismo del engrandecimiento, de la organización. La organización es importante y útil, pero la organización en lugar de la actividad destinada de un grupo no es más que espejismo. Debemos poner nuestras prioridades en su sitio.

## Espejismo y evolución

Estamos hablando realmente de evolución cuando hablamos sobre espejismo. El espejismo es el mayor obstáculo para la evolución. La evolución es principalmente la incorporación de buenos rasgos de carácter. El discípulo debe tener ciertas cualidades si quiere evolucionar y convertirse por último en un Maestro, que es el destino de todos en esta sala. La única pregunta es, ¿cuándo – más pronto o más tarde?

El discípulo por encima de todo debe tener valor, perseverancia, paciencia, la habilidad de 'permanecer aquí' y no escaparse de las dificultades que se han colocado delante nuestro para sacar lo mejor de nosotros. Afrontamos estas dificultades en la vida porque el alma lo arregla de tal modo de que cuando las superamos hemos progresado; hemos realizado un paso adelante en nuestro viaje evolutivo. El discípulo también necesita humildad y simplicidad.

Necesitamos la capacidad, probablemente sobre todo, de renunciar a lo inferior en aras de lo superior, que es la Ley del Sacrificio. Esto conduce de forma natural al correcto desapego. El desapego incorrecto (aislamiento) es el resultado de la racionalización de los defectos y el rechazo de la crítica, incluso si es constructiva y proviene de un Maestro, y es un espejismo importante y autodestructivo. La incapacidad de aceptar la crítica constructiva, incluso si emana de un Maestro, es uno de los mayores espejismos que detienen el viaje hacia la perfección de incontables individuos. Es la racionalización de la mente, y esto mantiene al espejismo. Una persona es informada de que su principal espejismo es tal y cual, y no le agrada. A nadie le gusta que le indiquen ningún espejismo, menos aún un gran espejismo. Tan pronto como lo escuchan, dicen: "Eso no es verdad", o "Eso es lo opuesto a lo que soy". Normalmente nuestro sentido de nosotros mismos es lo opuesto a la realidad.

Lo que creemos que es nuestro mayor logro es frecuentemente nuestro principal espejismo. El Maestro Djwhal Khul habló de ello muy humildemente cuando reveló cómo su principal espejismo, que le había retenido durante mucho tiempo, era Su devoción a Su Maestro. La devoción es algo bueno, uno podría pensar, especialmente de un alumno a su Maestro. Él era un discípulo del Maestro Koot Hoomi pero esa devoción literalmente le retuvo.

Así es como funciona el espejismo. Es una niebla, una ilusión. Es ver lo opuesto a la realidad – no ser capaces de ver la verdad a causa de la niebla de las propias respuestas emocionales. La devoción puede sostener a aquellos en la temprana etapa del discipulado pero no cuando llegas al punto en que se encontraba el Maestro Djwhal Khul en ese momento, en el cual era consciente de Su Maestro y trabajaba con Él. Tarde o temprano la devoción tiene que dar paso al conocimiento.

## Despertando a nuestros espejismos

Debemos hacernos conscientes de lo que es espejismo y lo que no lo es. El espejismo es cualquier cosa que oculta la verdad de nuestra experiencia, o de la verdad involucrada o de otro modo lo que consideramos como nuestra experiencia. ¿Estamos viendo la realidad? Si es así, no hay ningún espejismo involucrado. ¿O estamos viendo la realidad a través de la bruma de la ilusión? La mayoría de las personas, cualquiera que no esté aún a medio camino entre la primera y segunda iniciación, está viendo la realidad hasta cierto punto a través del espejismo. Una vez que se ha realizado el paso de 1.5 hasta 1.6, la polarización cambia de la astral (la sede de la conciencia de la vasta mayoría de la gente) a la mental. Más del 90 por ciento de toda la gente está astralmente polarizada y por tanto sujeta al espejismo.

Una vez que has tomado la primera iniciación, comienzas a despertar a los espejismos. Seguirás teniéndolos. Seguirás estando tan ciego como antes para encontrar tu camino a través del laberinto. Pero gradualmente podrás percibir que es un laberinto, de que hay puertas que no conducen a ninguna parte. Poco a poco una luz comenzará a descender mientras progresas y realizas un mayor contacto con tu propia alma – a través del servicio y la meditación, sobre todo la Meditación de Transmisión.

La luz del alma, trabajando a través del cuerpo mental, tarde o temprano arroja una luz sobre el espejismo. Puedes comenzar, a través de la mente, a observar la situación y reconocer el espejismo de tu respuesta. Antes de ello no podías verlo porque estabas dentro de él, completamente. La oscuridad comienza a disiparse y gradualmente comienzas a ver que vives de una forma muy poco confortable. Realizas cosas que sabes, más o menos, que son irreales. Súbitamente comprendes que tus creencias no tienen valor. No son reales. Son simplemente un espejismo, que cubren a alguna otra cosa. ¿Qué es aquella cosa?

Observas y arrojas la luz del alma, a través del cuerpo mental, en la situación. Mientras progresas, al volverte más polarizado mentalmente, llega un momento en el cual la luz del alma comienza a disipar los espejismos. Cuando lo hace, un nuevo mundo se te revela, y ese nuevo mundo eres tú. Comienzas a observar que actúas más directamente, más espontáneamente, más verdaderamente, más honestamente, con mayor sinceridad y desapego como nunca antes. Esto se manifiesta poco a poco como un movimiento de la polarización astral a la polarización mental, y te lleva hasta 2.5 o 2.6. Entonces nuevamente cambia y súbitamente lo que era ilusión, sin que lo notaras, se vuelve claro y simple. Hay una comprensión directa e intuitiva desde tu alma al infundir cada acción, cada palabra, cada situación en la que estés involucrado. Esta es la luz del alma que resulta de tu polarización espiritual. Esa es la meta de todos, y cada uno debe pasar por la misma situación.

El hecho de que las personas tengan espejismos no es algo de lo que se pueda estar orgulloso, pero tampoco es un crimen. Si lo fuera, todos seríamos criminales en ese sentido. Cada uno tiene sus deficiencias en sus acciones, en su estructura, y en su sentido de la realidad, del espejismo.

Es la fuente de todos los pecados y de todo el dolor en el mundo, porque esencialmente tiene que ver con la identificación incorrecta. Nos identificamos con lo que literalmente es irreal.

## El espejismo destructivo de la crítica

Un gran problema de los líderes de grupos es soportar la frecuente crítica concentrada (incluso si no es expresada) de aquellos que orienta. Esto sucede a todos los niveles desde los grupos pequeños hasta los líderes de naciones. El Maestro Djwhal Khul afirma lo siguiente:

*"Los líderes de los hombres ya sean de grupos, comunidades o naciones están particularmente sujetos a la crítica de aquellos a los que guían y sirven. Esto se refiere a los líderes genuinos cuyo principal objetivo es servir a los intereses de aquellos que representan o aquellos que han sido colocados bajo su supervisión. Tales líderes deberían ser constantemente apoyados con la energía de la comprensión amorosa, pero en cambio frecuentemente se ven impedidos enormemente por la crítica que acentúa todas sus imperfecciones. Tal crítica frecuentemente lesiona seriamente el servicio efectivo del líder. Muy frecuentemente esta crítica está arraigada en los celos, la ambición frustrada o el orgullo del intelecto. Es tan fácil juzgar al líder y criticarle con referencia a la acción o inacción de las cuales el crítico no carga con la responsabilidad, y tampoco es, como norma, completamente consciente de todos los hechos relevantes y sus implicaciones. Tal crítica destructiva es perjudicial tanto para el crítico como para el líder criticado.*

*"Los líderes de grupo están frecuentemente sometidos a flujos de pensamientos venenosos, al chismorreo frívolo de una naturaleza destructiva, y a los celos, odios y ambiciones frustradas de los miembros a quienes les gustaría ver a su líder ser sustituido. Como cabe esperar esto tendrá un efecto adverso en el líder y podría producir tanto efectos físicos como emocionales. Cuanto más evolucionado sea el líder mayor será su sensibilidad y más agudo será el dolor y el sufrimiento infligido. Todo lo que el líder puede hacer en tales circunstancias es retraerse en sí mismo, evitar toda señal de amargura y autocompasión, que serán propensas de aflorar, y con comprensión amorosa esperar el momento en que los miembros recobren el juicio, alcancen una visión más clara y aprendan a cooperar con un espíritu de buena voluntad.*

*"Los miembros del grupo también deberán comprender que la crítica de este tipo conduce a una relación alterada dentro de las filas del grupo,*

*minando de esta manera la efectividad del grupo en su conjunto, retrasando el progreso del trabajo y debilitando su cualidad."* [De: *Bridges*, pag. 378, de Aart Jurriaanse]

## Espejismo de las masas

Si alguna vez existió una ilustración de un espejismo organizado de masas, éste fue el ataque a cargo del partido republicano sobre el presidente Clinton, que en ese momento estaba intentando abordar temas de mayor importancia política y de otra índole en el mundo. Fue atacado, ridiculizado y humillado hasta un grado como nunca antes yo recordara. Nunca, en ningún sitio, presencié un ataque de tal índole, tal exposición de minúsculas y pequeñas ofensas, que, de haber sucedido en Francia, por ejemplo, hubieran causado risa en cualquier bistro. Era sabido por todos los franceses y la mitad de Europa que el ex-presidente de Francia tuvo una relación extramarital con una mujer durante 30 o 40 años. Él paseaba con el hijo de esta amante conocida por todo el pueblo francés.

El público norteamericano, a causa de este espejismo, esta combinación de obsesión por el sexo y a la vez un temor completo por el sexo, atacó y humilló al presidente, para vergüenza propia. Él no está exento de ser atacado, pero se le debe atacar, si es necesario, por lo que es responsable, que es el bienestar del pueblo, del sistema político y económico y de las relaciones de su país con otras naciones. Esas son las bases por las que se tiene que juzgar a un presidente, no por una estúpida pequeña relación con Monica Lewinsky o con quien quiera que fuera, con su exposición a todo el mundo. La humillación, el extraordinario ataque que padeció tienen que haber dificultado de tal manera, haber sido tan doloroso, en sus relaciones con otros líderes con los que se tuvo que reunir y negociar al mismo tiempo, que fue repugnante y completamente injusto.

Esto es un espejismo de masas, pero por supuesto por razones políticas. Así es como actúan los grupos políticos, pero el mismo espejismo existe en muchos otros grupos, incluyendo los así denominados espirituales. Los grupos políticos en este país llevan una vida propia porque el sistema político está básica y fundamentalmente corrupto. La corrupción es endémica. Permite a un partido, tan pronto como alguien del otro partido es elegido presidente (y probablemente, por supuesto, habría también ocurrido si un republicano hubiera salido electo), difamar cualquier cosa que haga. El intento es calumniarle y mostrar su corrupción básica, igual de corruptos como lo están o dicen que lo están todos los políticos de este país, y por tanto demostrar que no está capacitado para su puesto.

Este es un espejismo de masas del tipo que yo creo el pueblo norteamericano debería tomar realmente en serio. Ahora que ha terminado, la tendencia será olvidarse de ello. Sucederá una y otra vez. Quienquiera que sea escogido presidente, de cualquier partido, será la voluntad del pueblo; de lo contrario no sucedería. Uno corrompe el sistema si no acepta esto. Tan pronto como un presidente toma el cargo, el otro partido intento todos los trucos sucios para librarse de él – actuando así contra la voluntad del pueblo. Cuando Maitreya y los Maestros aparezcan públicamente podría ser que esto desapareciera. Así lo espero, pero sólo desaparecerá si vosotros, los ciudadanos de EEUU, lo hacéis desaparecer. Ese es un espejismo a escala nacional.

## El control del habla

La formación de camarillas dentro de un grupo también es extremadamente perjudicial. Muestra un espíritu separatista que es todo lo opuesto a conciencia grupal. Si las personas establecen estas disciplinas, y sobre todo el control del habla, alcanzarán unas mejores relaciones grupales.

Uno de los más corrosivos de todos estos espejismos astrales es el chismorreo. Es muy perjudicial para el grupo. Para muchas personas, el cotilleo es la misma esencia de la vida (¡más importante que el pan y el agua!). Existen aquellos que no pueden vivir sin chismorrear. El problema es que no lo reconocen por lo que es. Ellos racionalizan su deseo por el chismorreo como un simple intercambio de información o la comunicación diaria de noticias de un ser humano a otro. Por tanto no ven nada malo en ello. Pero el chismorreo no conoce fronteras. Abarca de la inocente divulgación de información, positiva o negativa, hasta una sistemática ruptura de la confianza del grupo y por tanto de la relación grupal – llegar a conclusiones precipitadas, juicios rápidos basados en conocimiento insuficiente, repulsa, y por tanto polarización del grupo. Si cualquier individuo en un grupo alcanza algún paso superior, algún logro en la expresión de ellos mismos como alma, es un logro no sólo para esa persona, sino para cada individuo del grupo y para el grupo en su conjunto.

Estos logros pueden tener una forma sutil. Otros podrían ser obvios, cosas externas – por ejemplo, encontrarse con Maitreya de una forma u otra. Ninguno conoce la razón subyacente del porqué algunas personas tienen una experiencia con Maitreya. Algunas personas no tienen ninguna experiencia o no recuerdan haberla tenido. Más personas han tenido experiencias de lo que puedan recordar. La mayoría de los días de la semana se reciben cartas de estos extraordinarios encuentros: divertidos, tristes, solemnes, graciosos, afectuosos y profundamente conmovedores, pasando por toda la gama de situaciones humanas como una serie de personajes en una actuación. De estas formas diferentes, Maitreya (o un Maestro) confirma la realidad de Su presencia –incluso cuando se trate sólo de 'familiares'– y consuelan, enseñan e inspiran según sea la necesidad. Debería ser una fuente de alegría para cualquier persona involucrada en este trabajo. (*Share International*, Enero/Febrero 2000)

Una vez más estoy entre vosotros, Mis queridos Amigos.
Vengo para deciros que vais a verme muy pronto, cada uno a su manera.

Aquellos que Me buscan con los atributos de Mi Amado Discípulo, el Maestro Jesús, encontrarán en Mí Sus cualidades.
Aquellos que Me buscan como un Instructor están más cerca de la realidad, porque eso es lo que soy.
Aquellos que buscan señales las encontrarán, pero Mi método de manifestación es más sencillo.

Nada os separa de Mí, y pronto muchos tomarán conciencia de ello.
Yo estoy con vosotros y en vosotros.
Yo busco expresar lo que soy a través de vosotros;
por esto vengo.

Muchos Me seguirán y Me verán como a su Guía.
Muchos no Me conocerán.
Mi propósito es entrar en la vida de todos los hombres y, a través de ellos, cambiar esa vida.
Estad preparados para verme pronto.
Estad preparados para escuchar Mis palabras,
para seguir Mis pensamientos,
para prestar atención a Mi Petición.

Yo soy el Extraño en la Puerta.
Yo soy Aquel que llama.
Yo soy Aquel que no se irá.

Yo soy vuestro Amigo.
Yo soy vuestra Esperanza.
Yo soy vuestro Escudo.
Yo soy vuestro Amor.
Yo soy Todo en Todo.

Llevadme en vuestro interior, y dejadme trabajar a través de vosotros.
Haced de Mí una parte de vosotros mismos, y mostradme al mundo.
Dejad que Me manifieste a través de vosotros, y conoced a Dios.

*Del Mensaje Nº 10 – 8 de noviembre de 1977*

# El problema del espejismo: Preguntas y respuestas

*[Las preguntas sin fecha de publicación son de las conferencias de 1999 en EEUU y Japón, y fueron publicadas en **Share International**, Enero/ Febrero 2000. La preguntas con la marca 'JC' son de la conferencia japonesa en 2000 de Benjamin Creme que no han sido publicadas hasta la fecha.]*

## Organismo versus organización

**¿Cuándo el organismo pierde su equilibrio y se convierte en una organización? ¿Se trata de un caso de preocupación por la forma?**

Ciertamente tiene que ver con la preocupación con la forma, porque es mucho más fácil crear una organización que crear y mantener un organismo. Son dos cosas diferentes.

¿Cuándo el organismo pierde su equilibrio? No es una cuestión de que el organismo pierda su equilibrio, es el resultado de un cambio de dirección en el propósito. Cuando el primer grupo se formó en Londres en 1974, mi Maestro me dijo: "Reúne a estas personas y forma el grupo". (Él me dio los nombres de ciertas personas). Dijo: "No le deis ninguna denominación. No le pongáis un nombre. No tengáis directivos, ni presidente, ni secretario, ninguno con algún puesto". Y dijo: "No construyáis alrededor vuestro una valla que os separe a vosotros de otros grupos pero no os afiliéis con ningún otro grupo". Nosotros estamos en una posición muy especial en esta actividad relacionada con la actividad de otros grupos, porque todo el mundo está realmente involucrado a cierto nivel en la reaparición del Cristo tanto si lo saben como si no. Los Maestros están entrenando a personas en todos los diferentes niveles. Existe el Nuevo Grupo de Servidores del Mundo al cual muchos miembros de diversos grupos afirman pertenecer. Muchos de ellos lo son y muchos no.

¿Así que por qué estos requisitos? No debe haber directivos para que así no exista nadie *a cargo*, nadie cuya palabra se considere como el único árbitro en el grupo. No debe haber ningún presidente (que de manera natural hubiera sido yo porque formé el grupo y estaba en contacto con el Maestro), cuya palabra dominaría las ideas de los demás miembros. No debería haber un secretario que automáticamente tratara con la gestión cotidiana del grupo y así ostentar una posición de poder. Y no debemos poner una valla alrededor nuestro y decir: "Esto el lo que creemos y ustedes no".

Estos requisitos se siguieron para evitar la creación de un enfoque separatista hacia este trabajo de la Exteriorización de la Jerarquía. Eso nos permite, al menos en Londres, hacer, y mantener, un organismo. En otros lugares, se han formado organizaciones, por varias razones, con consejo de administración para gestionar cosas, pero en Londres, el organismo inicial no tiene no tiene consejo. Ninguno está al mando. Todos tienen la misma relación con los demás. Obviamente, ya que yo estoy en contacto con el Maestro, he tenido ciertas experiencias, he creado el grupo en primer lugar e introduje la Meditación de Transmisión, me convertí en el líder natural del grupo. Se da importancia a mi palabra, y eso es natural. Eso es el reconocimiento de que existen diferentes niveles de experiencia, conciencia despierta y conocimiento como resultado de esa experiencia. Ya que puedo en cualquier momento hablar con el Maestro y pedirle consejo si Él desea proporcionarlo para cualquier problema que surja en el grupo, esto se convirtió en la norma. El grupo realmente funcionó, y continúa funcionando, como un organismo, un grupo.

Nunca he olvidado lo que el Maestro Djwhal Khul dijo, cuando escribió sobre la Sociedad Teosófica y otras sociedades: "Naufragaron contra las rocas de la organización". Tan pronto como Madame Blavatsky falleció, la forma del grupo cambió. Personas como Judge y Olcott se apoderaron de la organización y la convirtieron en una estructura tan rígida que ya no podía respirar. Al final, personas como Alice Bailey, que trabajó en la Sociedad Teosófica de Nueva York con su marido y algunos amigos, quisieron una estructura más democrática, laxa, orgánica. Se hicieron demasiado 'peligrosos' y fueron echados a la calle.

En la Sociedad Teosófica, el aspecto alma de Madame Blavatsky no estuvo involucrado. Más bien, fue sólo su personalidad la que guió. Ella era una iniciada de cuarto grado, y tenía una poderosa y dinámica personalidad informada por un alma de 1ᵉʳ rayo. Ella era un ser muy poderoso, que tienes que serlo para fundar una sociedad así, para tener el valor y fortaleza para traer todas esas nuevas ideas al mundo en contra de la reacción desdeñosa de todos los grupos científicos, filosóficos, sociológicos, religiosos y psicológicos de ese tiempo.

La Sociedad Teosófica naufragó por las acciones de aquellos que tomaron el poder después de que ella falleciera porque su alma no estuvo involucrada y nunca lo estuvo. La influencia de su personalidad no sobrevivió mucho a su muerte y la sociedad se volvió organizada en exceso y cristalizada. Cuando Alice Bailey intentó estructurar la sociedad de una forma más orgánica, democrática y significativa, muchas personas objetaron, especialmente en este país [EEUU]. Durante dos años, Annie Besant, la presidenta en ese momento, la apoyó. Pero incluso Annie Besant no pudo apoyarla indefinidamente.

Para ser un organismo, un grupo debe ser inclusivo. No debe haber directivos, aquellos que la dirigen. Debe haber una involucración mutua de personas interesadas y dedicadas trabajando impersonalmente para el bien de todos y por tanto del mundo.

**Considerando que Madame Blavatsky era una discípula avanzada, ¿cómo es posible que algunas veces trabajaba sólo o mayoritariamente desde el nivel de la personalidad? ¿No es la influencia del alma automática a partir de la tercera iniciación?**

Ella era una iniciada de 4º grado. Su alma, por tanto, había sido reabsorbida en la Mónada. Su personalidad *infundida por el alma* era, en consecuencia, el ente para su trabajo.

**Un mayor alcance conduce naturalmente a una mayor organización, ¿así que cuál es el problema?**

Aquí habló el hombre organizativo. Un mayor alcance puede funcionar de diferentes maneras. Puede hacerlo para la organización y hacerlo más generalizado: necesitas emplear más personas, dar más tiempo a los aspectos organizativos en lugar de los aspectos productivos si se trata de algo que produces o vendes en todo el mundo. Pero en un organismo, una agrupación de grupos como ésta lo es, el problema es que mientras realizas el esfuerzo de divulgación, cada vez más tiempo y energía se dedica a la creciente organización; por su misma naturaleza se convierte en la única cosa que importa del trabajo del grupo. Este grupo trabaja de diferentes maneras. Está intentando realizar un amplio alcance pero no necesariamente el más amplio posible. Yo podría haber llegado al máximo alcance posible hace muchos años si hubiera utilizado empresas de relaciones públicas. Todo aquel a quién hubiéramos podido llegar ya habría sido alcanzado. El alcance sería máximo, pero hubiera requerido una organización elaborada que mantener y supervisar que hubiera sido el trabajo de muchas personas. Eso hubiera absorbido del trabajo real de preparación de la humanidad para la Reaparición.

El problema no es tanto una cuestión de equilibrio sino más bien de reconocimiento de las limitaciones de un grupo como éste que está proyectando una idea en lugar de vender un producto. Eso sería intentar utilizar una práctica comercial, que la comercialización ha desarrollado con absoluta perfección, en una situación que no tiene que ver con el comercio. Estamos intentando cambiar la conciencia, así que lo enfocas de una forma completamente diferente. Decir que uno desea el mayor alcance es cierto, pero no necesitas el máximo alcance. Si quieres influenciar a 100 personas, quizás sólo necesitas influenciar a 10 personas. Entonces esas 10 personas influencian a otras hasta que existe una masa de personas a las cuales no necesariamente has llegado directamente pero que lo has hecho a través de otros.

Cuando mi Maestro me dijo saliera y contara esta información al mundo, le pregunté: "¿Cómo comienzo?" Él dijo: "Escribe a los grupos". Le dije: "¿Qué grupos?" Él dijo: "Cualquier grupo". Yo no tenía contacto con ningún grupo. Él dijo: "Cualquier grupo, todos los grupos, de cualquier trasfondo, enseñanza, tradición, todos ellos, cualquiera de ellos". Añadió: "Contacta con los grupos. Escribe a los grupos. Ofrece tus servicios como orador sobre la Reaparición en línea con las enseñanzas de Alice Bailey y la Teosofía", lo que finalmente hice. Conseguí un folleto con una lista de grupos y les escribí a todos ellos, unos 50 en total.

El Maestro dijo: "Si llegas a las mentes de estos grupos, desde estos grupos saldrá una interacción telepática con la masa de personas, así que cuando salgas al público ya estarán algo informados por las formas mentales creadas por los grupos que tienen mentes más enfocadas que las masas".

Así que hice aquello, pero sólo recibí seis respuestas. Tres de ellas eran: "Muchas gracias pero tenemos nuestros propios oradores". O: "Estamos completos para los próximos tres años, pero nos complacería ponerle en la lista de posibles oradores". O: "¿Qué son las enseñanzas de Alice Bailey?" Sólo tres fueron positivas en el sentido de que me invitaron para asistir a una reunión y debatir mis ideas. Y así comencé a hablar. De los quizás 50, sólo estos tres fueron de alguna ayuda, pero fui capaz de comenzar.

Comienzas de una forma pequeña y sencillamente crece y crece. Lo hace porque la gente dice: "Estuve en una reunión la otra noche. Hubo 30 personas allí, y oí la información más extraordinaria. Quizás podríamos hacer que él también nos hablara a nosotros". Y comenzaron a invitarme.

Una persona se lo dice a 20 y ellos se lo dicen a 40 y luego a 100. No tienes que llegar a cada individuo. No necesitas una organización enorme para el máximo alcance posible. Lo que haces es lo que yo intento hacer, utilizar los medios de comunicación –salir en radio y televisión si es posible, dar entrevistas. De esa forma llegas a miles de personas, a veces cientos de miles, ocasionalmente millones de personas. Hay personas en este país que me oyeron en 1981. Hace casi 20 años pero tienen la sensación de que fue hace sólo unos pocos años. Lo recuerdan, nadie olvida esta historia. La historia es tan potente, tan inusual, tan diferente de cualquier otra información que, si estás abierto, permanece en la memoria. Eso es todo lo que necesitas hacer. No necesitas una enorme organización para hacer esto. No teníamos una enorme organización cuando vine por primera vez a Norteamérica. No existía ninguna organización de tipo alguno, pero había un grupo de personas interesadas, y eso comenzó el trabajo en Norteamérica.

**En lo que concierne a Tara Center o Share International Foundation, hubo, al comienzo, una necesidad de formar organizaciones para poder publicar libros, revistas, etc. ¿Si hubieran sencillamente permanecido como los proveedores (editores) de los libros y material informativo, y/o centrado su atención en fomentar sus entrevistas con medios de comunicación, eso hubiera cumplido los requisitos?**

Es una cuestión de ver lo que se necesita. Si estás bien organizado de la forma correcta, ya lo sabes. Tara Center tiene un mecanismo de acercamiento a los medios de comunicación (aunque se vuelve cada vez más difícil ya que los medios de comunicación cada vez se autoprotegen más). No obstante, hay más entrevistas de radio, ocasionalmente entrevistas en televisión y periódicos, en Norteamérica que en cualquier otra parte del mundo. Existen más medios de comunicación aquí. Hay más cadenas de radio, cada ciudad pequeña tiene una. Existen más redes de cadenas. Hablas en una cadena y se transmite a varios estados. Eso debería informar a millones de personas en este país. No necesitas una enorme organización para hacer esto. Sólo necesitas un enlace entre el grupo y el medio de comunicación, y entre el grupo y yo.

Si lo mismo tuviera lugar en todos los países tendría los pies desgastados pero la misma saturación de ideas podría tener lugar en Europa o en otro sitio. El único lugar en Europa donde realmente tenemos mucha atención por parte de los medios de comunicación es España. Por esa razón España es extremadamente eficaz a la hora de dar a conocer la información. Los grupos también utilizan un gran porcentaje de energía del alma, y dan conferencias extensamente y a menudo. Han construido una buena conexión con diversos medios de comunicación, una relación personal y agradable entre miembros del grupo y los periodistas interesados, así que cada vez que voy a Madrid o Barcelona, o cualquier otro sitio, ellos quieren entrevistarme. Existe una continua memoria de lo que ocurrió antes. Voy allí una vez al año, así que las personas se mantienen informadas de forma repetida. Oírlo una y otra vez es importante. Para ello no necesitas una enorme organización. Sólo necesitas personas con el talento, el valor, la perseverancia y la diplomacia para abordar y trabajar con los medios de comunicación.

**Estoy confundido: los grupos que trabajan con usted se supone que son democráticos y sin embargo en cada país parecería que exista un centro. ¿No sería mejor no tener ningún centro y estar completamente descentralizados? ¿Por qué existen los centros: como en Londres en el Reino Unido, el Tara Center en EEUU, Ámsterdam en Holanda o Christchurch en Nueva Zelanda?**

Los centros han evolucionado naturalmente en relación a la actividad de los colaboradores. Esta actividad pone en funcionamiento una fuerza magnética de atracción y ayuda a divulgar la información, el mensaje. Al formarse cada vez más grupos, un centro es necesario para coordinar su trabajo, en donde la coordinación añade fortaleza y efectividad al trabajo. Con buena voluntad y cooperación mutua no hay ninguna razón para que el proceso democrático deba infringirse. No estoy sugiriendo que todos los grupos funcionan de una forma completamente democrática –los defectos de la personalidad de los individuos frecuentemente impiden esto– pero ese es el ideal que, a mi entender, es perfectamente alcanzable con el tiempo.

**El Maestro DK, cuando habla de los problemas grupales y del 'fracaso' de un experimento grupal con un grupo de discípulos como se describe en *Discipulado en la Nueva Era, Tomo I y II (Alice A. Bailey)*, describe que uno de los factores que contribuyeron a la falta de éxito fue la 'inactividad del corazón'. ¿Podría explicar a qué se refería y cómo esto puede suceder en un grupo de aspirantes que cabría esperar estuvieran motivados por la acción de sus corazones?**

El éxito o fracaso relativo de un grupo esotérico se mide por el grado en que la involucración del alma – y por tanto de 'actividad del corazón' – es alto, y el grado en el que la personalidad – y por tanto la 'inactividad del corazón' – es dominante. He analizado esta cuestión en la Charla Te-

94

mática (conectada con las Preguntas y Respuestas), cuya versión editada se publica en este ejemplar (Enero/Febrero 2000) de *Share International*.

Es un asunto de espejismos de la personalidad que impiden la expresión de la sabiduría y percepción del alma. Es posible para un Maestro medir con gran exactitud qué grupos trabajando para la Reaparición, por ejemplo, se ajustan a una u otra de las categorías. Los grupos han sido informados en dónde se encuentran en este sentido, y saben, por tanto, la dirección en la cual deben moverse si quieren que se les considere 'exitosos' en su labor.

## Centrarse en las prioridades

**¿Qué piensa que es más efectivo: dar charlas a una audiencia bastante pequeña –o incluso muy pequeña–, o publicar la historia en Internet donde una inmensa audiencia puede verla?**

No tengo la menor duda en decir que las charlas en directo, como entrevistas televisivas en directo, son mucho más efectivas que la palabra escrita, sea en Internet o en otro sitio. Hay una comunicación de energía en una charla que convence por sí sola. Dar fe de algo es invocar esa energía. Si preguntas a una audiencia (muchos grupos lo hacen en mis conferencias) qué, entre muchas fuentes (radio o anuncios de prensa, panfletos, de palabra, etc.), le trajo allí, la respuesta más frecuente es, inevitablemente, 'de palabra'. La recomendación de sus amigos es el resultado de oír una charla y les inspira a comunicarlo a otros. Internet es útil, en especial para periodistas interesados, pero ni con mucho tan efectivo o convincente como la palabra pronunciada con toda la propia convicción detrás de la misma.

**¿Existe un tipo erróneo de servicio?**

Sí. Existe un gran espejismo presente en diversos grupos en la actualidad –el uso incorrecto del poco tiempo que queda para preparar el camino para la reaparición del Cristo. Todos sabemos que enseñar al mundo sobre el hecho de la Reaparición y el emerger de la Jerarquía es la prioridad. Eso es servicio real; es arduo, difícil. Para ello necesitas valor. Existe un 'servicio' mucho más fácil –más relajado, agradable, pero aún interesante para aquellos que participan– que es hablar sobre los rayos por ejemplo: los rayos del propio país, ciudad, su interrelación con otros rayos y otras ciudades, por qué tenemos relaciones comerciales y no las tenemos. La gente invierte mucho tiempo y energía en estas cosas no prioritarias. Es puro espejismo. Me escriben para tener obtener respuestas a un montón de preguntas que podrían poner más claro para sus oyentes un conocimiento totalmente nuevo sobre los rayos. Les gustaría hablar de ellos pero no conocen las respuestas, así que me escriben. Yo ni me tomo la molestia de responder porque la actividad en sí es tan equivocada en este momento.

¿Por qué no utilizan su tiempo y energía, en el poco tiempo que queda, para hablar sobre la reaparición del Cristo, la exteriorización de la Jerarquía, los cambios que tendrán lugar en el mundo, preparando al mundo para ello? Porque no tienen el valor, porque es más fácil hablar sobre los rayos. Los rayos es interesante y 'esotérico'. Realizan una bonita función, y necesitan mucho estudio para hablar sobre ello en serio. Es fácil y fascinante de hacer, así que las personas lo hacen y se engañan a sí mismos de que están sirviendo.

No es fácil, y podría o no ser fascinante, hablar sobre la reaparición del Cristo, pero se precisa valor. Se necesita valor para salir y hablar a la gente que dirá: "Esto es una sarta de 'tonterías'. No puedes esperar que nos creamos eso". Podrían no decir eso, pero a menudo lo hacen. Se necesita valor para afrontar eso, organizar una reunión en la cual hablarás sobre la reaparición del Cristo. Hablar sobre los rayos es un tema interesante, algo de lo que puedes leer por tu cuenta, pero no está preparando a la humanidad para la Reaparición.

¿Cuántas personas necesitan saber sobre la interacción de los diferentes rayos, las virtudes y vicios de los rayos, para poder comprender de que el hombre al que van a ver muy pronto en la televisión es el Cristo, el Instructor del Mundo, el Imán Mahdi, el Mesías, Aquél al que esperan? Necesitan saber eso; eso es preparación. Hablar a grupos que probablemente ya saben todo sobre los rayos es sencillamente jugar a estar activo cuando en realidad no estás activo para nada. Ese es un gran espejismo en la actualidad.

**Usted ha dicho en el pasado de que los colaboradores que quisieran dedicar su tiempo y energía a causas como las personas sin hogar y el hambre serían más efectivos si trabajaran para la Reaparición porque existen muchos grupos para personas sin hogar y el hambre pero sólo un grupo para la Reaparición. ¿Eso todavía es así en la actualidad (1999)?**

Hablando en términos generales, sí. No somos el único grupo que trabaja para la Reaparición, pero somos aquellos que sabemos que eso es lo que estamos haciendo. Muchos grupos están trabajando en el campo político, y no saben que están trabajando para la Reaparición. Pero ellos están trabajando para la transformación de la sociedad, que es de lo que la Reaparición trata. No es sólo sobre el emerger de un grupo de hombres, por muy elevados que sean. Ya que somos los únicos que hablamos literalmente sobre la reaparición del Cristo y los Maestros de Sabiduría, sobre la transformación que tendrá lugar, pienso que es más efectivo dedicar tu tiempo y energía al trabajo de la Reaparición. Si tienes muchísimo tiempo y energía, puedes hacer muchas cosas diferentes. No existe razón por la que no ayudes a las personas sin hogar y trabajes con grupos contra el hambre mientras trabajas para la Reaparición. Depende de cuán dinámico seas.

## El destructivo espejismo de la crítica

**Ha dicho algo sobre el control del habla, de expresar la palabra apropiada en el lugar y momento apropiados. He estado pensando en ello bastante. ¿Se refería usted a controlar el habla o controlar nuestros pensamientos?**

A lo que me refería con el control del habla estaba relacionado con la cuestión del espejismo y la necesidad en los grupos de no criticar ni chismorrear. Controlar el habla en el sentido de vigilar que no chismorrees. Cuida de no hablar sobre otras personas, en especial a sus espaldas, de que no inventas historias o escuchas las historias sobre otras personas. En otras palabras, el chismorreo debe estar completamente fuera de las actividades del grupo.

Si uno dice que no debe haber crítica la gente cree que lo entiende. La crítica es dura y comprenden que no deberían hacerla (incluso si realmente lo están haciendo). Pero el chismorreo, incluso si no es duro, si no es terriblemente crítico, es muy peligroso porque es insidioso. Destruye la relación de confianza entre los miembros del grupo. En todo grupo existen los chismorreos, grandes y pequeños. Siempre existen aquellos que quieren dar las últimas noticias. Normalmente son personas poco útiles dentro del grupo. Simplemente son los portadores de las últimas 'noticias'. Eso es muy peligroso porque destruye la confianza. Conduce a la creación de pequeños grupos de personas que no trabajan con el grupo sino en camarillas. Esa es una tendencia muy separatista. Por último destruye la cohesión del grupo o evita la creación de dicha cohesión.

El espejismo es algo que todo grupo tiene que tratar con él. Es así de cierto que el Maestro Djwhal Khul escribió un libro entero sobre espejismo: *Espejismo (Glamour): Un Problema Mundial* (Lucis Trust, 1950). Es el mayor problema en el mundo. Es la causa de todos los males y sufrimientos en el mundo. Lo mejor que puedes hacer para el mundo es elevar tu conciencia al plano mental, polarizarte mentalmente, y así disipar, de alguna manera, la niebla de espejismo general en el mundo.

El espejismo grupal es el resultado del espejismo individual. Estamos tratando con grupos, así que es mejor abordar a los espejismos que afectan al grupo. No imaginen que hoy, mañana o este fin de semana resolveremos los problemas del espejismo grupal. Son incontables y no se resolverán este siglo. Sólo nos quedan unos pocos meses hasta el fin de siglo pero podríamos comenzar.

Uno de los factores más importantes para superar el espejismo es la honestidad, ser capaces de usar el plano mental de una forma honesta, para así tener una mente honesta. Si tienes un espejismo y te niegas a observarlo honestamente, nunca desaparecerá. Pero si lo observas desde el plano mental, honestamente, desaparecerá por sí mismo. Cuando te haces consciente, el espejismo desaparece.

El espejismo es la oscuridad, la falta de luz. Es la fuente de toda la ignorancia. Supuestamente nos encontramos en un movimiento que va de la oscuridad a la luz, de la ignorancia a la sabiduría. Esta es la razón por la cual es absoluta y fundamentalmente importante para cada discípulo al comienzo de su sendero abordar sus espejismos, simplemente, honestamente, sin juicios o autocondenación. Es mirarse a uno mismo objetivamente.

**Pienso mucho en la crítica. Cuando me veo a mi mismo criticando el trabajo de otro, puedo ver que estoy criticando. ¿Es mejor expresarme a mi mismo con crítica que decir alguna otra cosa que no es honesta? ¿Cómo abordo esto si quiero ser honesto conmigo mismo?**

La honestidad es una cualidad muy buena, pero no debe utilizarse de manera que destruya o cause daño. Cuando estás siendo honesto, lo haces sólo dentro de tus propios parámetros, tu propia comprensión de la verdad, que, admitámoslo, es relativamente limitada. Si sientes que debes criticar las actividades o trabajo de otro, debes hacerlo sólo con el espíritu de iluminación, o crítica constructiva, no sólo con la crítica destructiva. Pero puedes preguntarte a ti mismo: "¿Tengo el derecho desde donde me encuentro para articular esta crítica constructiva? ¿Quién soy yo para imponer en esta persona mi idea de lo que debe o no debe hacer?"

Por ejemplo, en cada conferencia se me acercan personas con libros. Alrededor del 99,999 por ciento de estos libros son comunicaciones de los planos astrales si es que no provienen del propio subconsciente de la persona. Cuando veo el libro, sé de que nivel procede. Nunca es de uno de los Maestros incluso cuando la persona piense que lo es. Si la persona se me acerca y dice: "Este libro es de los Maestros. ¿Lo aceptaría?", entonces normalmente lo acepto y luego frecuentemente lo regalo. Pero si me preguntan de que nivel procede, lo cogeré y le diré si viene del astral. Normalmente es del quinto, ocasionalmente del sexto plano astral, nunca de los Maestros. Les digo que viene del quinto astral. Pueden creerlo o no. Pero si alguno formula la pregunta: "¿Qué piensa de tal y tal libro escrito por tal y tal persona?", no respondo a esa pregunta porque ello sería simplemente crítica, y no crítica constructiva. Es así como funciona la honestidad. Si me preguntan, soy honesto y digo que proviene de tal y tal sitio. Si no me lo preguntan no digo nada. No lo sostengo en alto y digo: "Ahora escuchad todos. Esto proviene del quinto plano astral. Evitadlo. Está lleno de disparates". Eso sería simplemente crítica negativa. No es mi papel realizar esos juicios públicos.

Debes saber dónde te encuentras en relación a esta crítica. ¿Tienes el derecho a criticar? ¿Están solicitando las personas una crítica? ¿O te estás erigiendo como el profesor? Ninguno es perfecto; de otra manera serían Maestros. Estoy seguro que sois más perfectos que otros en algunos aspectos, y que ellos son más perfectos que vosotros en otros aspectos. ¿Por tanto quién tiene el derecho a criticar?

Por otro lado, si Tiziano, Rembrandt o Leonardo da Vinci vendrían a criticarme mis pinturas, estaría muy contento por ello. Estaría encantado de tener su crítica porque respetaría el nivel del cual procede su crítica. Sin embargo, si un profesor de un club de arte local vendría a criticarme, me preguntaría: "¿Qué es lo que sabe?" Tiene que ver con el sentido común. La mayoría de las cosas tienen que ver con el sentido común. La mayoría de problemas relacionados con el espejismo tienen un gran componente de sentido común.

La mayoría de personas en los grupos son tan idealistas que la mismísima idea de que podrían ser críticos nunca entra en sus mentes. "¿Yo crítico? Oh, no, tengo los mayores ideales sobre el grupo". Todos tenemos estos ideales, pero es autoengaño. No ponen en realidad en práctica estos ideales, y no ven que no lo hacen. Dicen: "No me gusta tal y tal persona. Es tan crítica". No ven que están criticando. Normalmente, aquello que menos te gusta en otras personas, aquellas cualidades de otras personas que realmente te hacen enfadar, son aquellas que son más poderosas en ti mismo. La persona de un grupo que piensa que todos están enfadados con él, que a nadie le gusta, es aquel que está enfadado con todos, a quien nadie le agrada, que no puede trabajar con nadie, que no ve nada bueno en los otros. Ese es su problema.

Lo que hay que recordar es que todos los que hacen este trabajo lo realizan por la mejor de todas las razones posibles, porque sus almas les han dicho que esto es real, y que deberían involucrarse. Todos tienen las mejores intenciones. Quieren lo mejor. No necesariamente lo hacen bien, pero tienen buenas intenciones. Por tanto tienes que ser más tolerante. Si eres tolerante la crítica disminuye.

## ¿Cómo tratamos con la crítica en el trabajo grupal de una forma constructiva? (Enero/Febrero 1998)

Hay dos tipos de crítica – destructiva y constructiva. La crítica destructiva es lo que todo el mundo aplica a los demás. La crítica constructiva es relativamente poco frecuente, porque tienes que estar situado en una posición que no sólo te permita ver la interrupción en el ritmo de una persona que la deja abierta a la crítica, sino también ser el sanador. Tienes que proporcionar las recomendaciones para su corrección. Eso no es fácil cuando tratas con otras personas. No es fácil cuando tratas contigo mismo.

Al tratar con otras personas tienes que estar muy seguro del terreno antes de ofrecer una crítica constructiva. Cualquier otro tipo de crítica debería ser abandonada, no expresarse. Destruye la correcta relación y la confianza, denigra a la persona que es criticada y a la que critica. Yo sé que todo el mundo lo hace. No hay ni una sola persona en el mundo, probablemente, por debajo de un iniciado de grado 4.9, que no sea capaz de este tipo de crítica. Pero todos nosotros deberíamos abstenernos de ello lo máximo que podamos.

Creo que hay momentos en la actividad grupal de cada uno en los que una crítica de tipo constructivo puede ser de utilidad en reorientar a esa persona hacia un modo de actividad más correcta y más coherente. En cuyo caso todo el mundo tiene que estar abierto a este tipo de crítica constructiva. Encontraréis que esto no es así. La crítica constructiva es tomada, casi siempre, como crítica negativa por parte de aquellos que la reciben, a menos que estos estén particularmente, inusualmente, desapegados.

Si una persona está desapegada, aceptará la cantidad de crítica que sea, tanto justificada como injustificada, destructiva o constructiva; ¿Pero con cuánta frecuencia te encuentras con una persona tan desapegada que pueda aceptar con un equilibrio total, incluso amabilidad, ese tipo de crítica? Todas las personas creen que se les debería tratar con total respeto, y en el trabajo grupal todos deberían confiar en que, como base, tienen fundamentalmente el respeto de cualquier otro miembro del grupo. Ese es el requisito número uno: un respeto básico, tácito pero reconocido y percibido, por lo que son y quienes son, y la creencia de que todos hacen lo que estén haciendo honestamente, al máximo de su capacidad, y por razones correctas. No siempre es verdad, pero tienen que sentir que está ahí.

Todos enfocan el trabajo que estamos haciendo con una mezcla de motivos. El primer motivo es una percepción de que este es probablemente el trabajo más importante (yo creo que *es* el más importante) que se puede estar haciendo hoy en día. Por supuesto, un cirujano de categoría pensaría que hay otras cosas, igual de importantes, que hacer. Eso es relativamente cierto, pero hablando en términos mundiales, en términos del efecto sobre el futuro de la raza, la Exteriorización de la Jerarquía, y el trabajo relacionado con ello es, sin lugar a dudas, en mi opinión, el trabajo más importante en el que podemos estar implicados.

Esa es la razón por la cual el número de personas implicadas es relativamente pequeño, porque requiere mucho. Si se trata del trabajo más importante, requiere una total dedicación. ¿Cuán a menudo se tiene a alguien totalmente dedicado a algo que no puede ver, sólo leer o escuchar, que sólo puede aceptar como una posibilidad? Esa es la razón por la cual ciertos gurús del mundo son seguidos y adorados y otros, desconocidos, son descuidados, ignorados.

Existe, inevitablemente, crítica en cada grupo porque, inevitablemente, en cada grupo se cometen errores. ¿Quién puede decir lo que es un error y lo que simplemente es un experimento? En toda actividad, hay lugar para la experimentación. Por otro lado, aunque no exista el tiempo en sí, entra en juego un factor temporal. Hay un momento para hacer cierto trabajo, y hay un momento en el que es demasiado tarde para realizar ese trabajo.

Uno se tiene que concentrar en el trabajo *de importancia* en cualquier momento dado. No obstante, ahí es donde entra la crítica, porque las personas estarán en desacuerdo sobre cuál es ese trabajo, cómo se evalúa. Cuando se tienen esas diferencias de opinión – debido a distintos puntos de vista, distintos rayos, distintas formas de ver el mundo, pequeñas diferencias en puntos de evolución – se presta distinto énfasis a cosas distintas. Se tiene que llegar a un consenso, y el consenso es el resultado de la cooperación.

**¿Es la crítica siempre algo malo o es la crítica constructiva a veces necesaria para corregir errores en el trabajo grupal? Si es así, ¿cuáles son las pautas de la crítica constructiva?**

Existe tal cosa denominada crítica constructiva, y a menudo es esencial expresarla. Pero los requisitos son más bien onerosos. Debes saber con absoluta certeza que estás situado en una posición más elevada y mejor en relación con el problema que la persona a la que criticas. Si, con toda honestidad y sin espejismo, puedes decir que estás observando el problema desde un nivel superior y por tanto que se trata de crítica constructiva (no crítica personal sino que tiene que ver con el mejor funcionamiento del trabajo y del grupo), entonces ciertamente tienes el derecho, e incluso el deber, de proporcionar una crítica constructiva –y si piensas que conoces todos los factores en juego, que es lo que debes hacer para poder ser constructivo en tu crítica. La cuestión es: ¿cuándo es constructiva y cuando no? ¿Cuándo tienes el derecho y cuándo no? No tienes el derecho si tu crítica está basada en la parcialidad, gustos y aversiones, en un conocimiento inferior o inadecuado de la situación. Todo eso debe tenerse en cuenta cuando se da la así llamada crítica constructiva. Si cumples estos requisitos, entonces ciertamente, la crítica constructiva es posible y correcta.

## Principales espejismos de EEUU

**¿Es posible indicar algunos de los principales espejismos de los grupos de Estados Unidos?**

El principal espejismo de los grupos de Estados Unidos son los principales espejismos de los grupos de todo el mundo. Pero están coloreados por el 6º rayo de la personalidad de Estados Unidos que naturalmente afecta la forma de pensar, sentir y relacionarse de los grupos aquí. Los espejismos no son muy diferentes de los japoneses, holandeses, rusos y de otras naciones.

Estados Unidos es inmenso y joven, un adolescente. Tenéis alrededor de 265 millones de ciudadanos. En una nación inmensa existe un conglomerado del mismo rayo. Si ese rayo es el 6º, vas a notarlo. ¿Cómo no lo harías? Construyó Norteamérica. ¿Podrías imaginar si hubieras venido primero a Norteamérica y no hubieras tenido el 6º rayo, o no hubieras sido influenciado por el 6º rayo, como la mayoría de norteamericanos lo estuvo y aún lo está? No habría Norteamérica. Hubiera muerto en las afueras de Nueva York. En cambio, los primeros pioneros caminaron y cabalgaron por las Grandes Planicies y llegaron a las Montañas Rocosas en invierno. Seguro que fue horrible esa primera vez. Las subieron, atravesaron y descendieron al otro lado, y llegaron a San Francisco.

Los principales espejismos de EEUU son los principales espejismos del 6º rayo: idealismo en exceso; una visión, en este caso una visión muy materialista, de una tierra de abundancia en la cual existe la 'abundancia'. La abundancia está todavía presente en el pueblo americano en todas las empresas comerciales como el sueño que desean cumplir. "¿Deseas abundancia? La tenemos y te la venderemos". Habéis 'comprado' la idea de la abundancia. Existe algo erróneo con la abundancia cuando piensas que precisas la abundancia. Cuando la *suficiencia* se ve como abundancia, reconoceríais que lo habéis alcanzado hace mucho tiempo.

Ese es el problema de la sociedad materialista actual norteamericana. No reconocéis que la verdadera abundancia es suficiencia. La revolución industrial ha hecho posible que todos vivan en suficiencia. Pero tenemos la triste circunstancia de la mitad del mundo que vive en la superabundancia y el resto en penuria y muriendo de necesidad.

El Maestro Djwhal Khul dice que el mundo está esperando que el 2º rayo del alma de Norteamérica se manifieste, y cuando lo haga comenzará la transformación del mundo. Verá la suficiencia como abundancia y la necesidad de compartir. Este espejismo de abundancia, que prácticamente todos lo tienen, lo recibes con la leche de tu madre. Todo anuncio publicitario que se haya visto alguna vez por televisión ha presentado una falsa imagen de la abundancia. Los así denominados 'grupos espirituales' también están enamorados con la palabra abundancia. Desean abundancia, y la quieren ahora. No tienen paciencia.

Todo lo que valga la pena y sea perdurable, necesita paciencia. Las personas que han estado trabajando para la Reaparición durante años están comenzando a perder la paciencia. No importa la creciente evidencia diaria de que Maitreya está aquí, no importan las experiencias que tuvieran con Maitreya o el Maestro Jesús, no importa cuántas veces tuvieran momentos de comprensión y sacaran sus conclusiones, se han vuelto impacientes después de todos estos años. Es un largo periodo para que la gente mantenga su esperanza. Desafortunadamente, para muchas personas, especialmente con carácter del 6º rayo, es esperanza, aspiración de un carácter emocional, y no la certeza total e interna de la intuición, lo que les lleva a trabajar para la Reaparición. Nuestro trabajo es como la gota de agua, cayendo sobre la piedra hasta que gradualmente la piedra se desgasta y se hace un agujero. Así es como debe ser. Eso requiere paciencia.

La paciencia es algo que los norteamericanos, en su conjunto, no poseen por todo tipo de razones históricas. Es, en parte, la cualidad opuesta de la disposición de la mayoría de los norteamericanos de 'levantarse e ir', de hacer, de construir una casa. Nunca he conocido tanta gente que no son constructores o incluso carpinteros pero que han construido su propia casa. En Europa, si puedes permitírtelo, puedes contratar a otra persona para que te construya una casa. Nunca comenzarás a construir tu propia casa a menos que seas un constructor, a menos que tengas algo de capacitación que te permita comenzar. Conozco personas en EEUU, con ningún tipo de capacitación, que se han construido su casa. No piensas nada sobre hacerlo. O para conducir de aquí a Miami, a miles de kilómetros. Rara vez haríamos eso en Europa. Si salieras de París y condujeras 6.000 kilómetros, terminarías en algún lugar de Mongolia, ¡buscando a Shamballa y no encontrándolo en ningún sitio!

Tenéis un concepto muy diferente de la distancia y la vida en general que el resto del mundo. Eso os hace interesantes, pero también trae problemas con ello, como la falta de paciencia. Ese es uno de los mayores espejismos –quererlo hoy, o mañana a más tardar, en lugar de ir construyéndolo, siendo paciente, y modelándolo. Tienes que modelar la Reaparición. Tienes que modelar tu propia evolución y desarrollo. No sucede sin más. Sencillamente deseas ser 'arrastrado por la corriente'. Si vas con la corriente nada sucede. Tu vida interior no está allí fuera fluyendo. Yo pienso que en realidad es una actitud perezosa y fatalista. Muchas personas piensan que si conocen a la gente adecuada y están bajo influencias correctas, entonces 'llegarán allí'. Eso probablemente es cierto, ¿pero quiénes son las personas adecuadas? ¿Qué son las influencias correctas? Tienes que estar abierto y preparado para recibir lo que se te da.

Si has leído demasiados libros equivocados, como la mayoría de personas 'Nueva Era' hacen, cuando te encuentras con lo adecuado no lo reconoces. Ese es el problema para muchas personas. No reconocen lo que se les da, por ejemplo, en la oportunidad de trabajar para la reaparición del Cristo y los Maestros de Sabiduría, la exteriorización de la Jerarquía. ¿Puedes pensar en algo más importante para la humanidad, en toda la vida, que esto? Un momento, nuevamente, en el cual el Cristo camina entre nosotros, hablando a millones de personas por radio y televisión, hablando a los medios de comunicación, celebrando conferencias de prensa. Así es como será. Él no se sentará en una ladera de montaña escondido. Estará en la vanguardia de nuestra vida de ahora en adelante.

Ésta es una oportunidad fantástica para la evolución personal. No es que la obtendrás porque hayas hecho algo por lo cual mereces algo a cambio. Muchas personas tienen esa sensación sobre su actividad de servicio. No lo hacen porque realmente desean servir. Lo que hacen es un poco aburrido pero lo hacen porque piensan que es bueno para el karma. Están descascarillando el gran y pesado bloque de karma de sus espaldas todo el tiempo, y piensan que todo lo que hacen marcará una diferencia en el peso. Si fuera realmente servicio lo haría, pero si es servicio forzoso y condicionado entonces dudo que lo haga. Esa es la razón por la que algunas personas no cambian después de años y años de lo que ellos denominan servicio, años y años de lo que denominan meditación. No parecen cambiar para nada porque su enfoque hacia ello no es real. Su alma no está involucrada, y ese es el problema.

## 'Falsos personajes'

### ¿A qué se refiere con 'falsos personajes'?

Si estás decidido a que nunca nadie te 'menosprecie', de que nadie te va a 'pisotear', utilizar, manipular, o considerarte menos de lo que de hecho piensas que eres –si tomas tal actitud defensiva a cada situación y te vuelves 'duro' y agresivo –eso es un personaje que has adoptado. No eres tú.

La mayoría de personas que conocen su estructura de rayos atribuyen su personalidad a la expresión de sus rayos. A menudo no tiene nada que ver con los rayos. Si pudieras ver a sus padres, vería por qué son así. Si es una mujer, dirías: "Sé cómo era su madre". Sencillamente toman una posición a favor o en contra de su madre. Proyectan en cada situación ese personaje de agresión y de actitud defensiva., manteniéndose intactos y no dando nada, no permitiendo que nadie 'les pisotee', como ellos lo entienden.

Eso es un falso personaje. No es cómo es en realidad la persona. No es cómo intuitivamente sería su respuesta como alma, y se interpone en el camino. Conoces en tu propio grupo a las personas con las cuales puedes hablar razonablemente, cuya mente es abierta, que son considerados consigo mismos, que rápidamente intentarán cambiar si se les indica o se hace obvio que parecen demasiados mandones, escandalosos, 'insistentes' o lo que sea.

Si son considerados, normalmente harán algún esfuerzo por cambiar. A menos que las personas hagan esto, mantienen un falso personaje, que podría ser de reciente construcción. Yo hablaba del viejo personaje, el personaje que traemos de nuestra vida escolar y mantenemos de una forma completamente falsa. Muchas personas están hechas completamente de falsas personalidades, algunas veces de varias. Las adoptan en cualquier circunstancia para presentar el tipo correcto de rostro –uno que esperan que sea tomado en serio, aceptado como agradable, razonable, diplomático, considerado o amable, tanto si son así como si no.

La personas surcan la vida desde la infancia, a través de su vida escolar, y son influenciados por sus iguales en todas las cosas que piensan y hacen. Tienen que estar al nivel de ellos, mejor si fuera posible, pero si no fuera mejor al menos al nivel, aceptablemente el mismo. En EEUU ese deseo de aceptabilidad es más bien pronunciado a cualquier nivel. Existe competencia, pero también competencia por ser aceptado. Eso significa ser lo mismo que cualquier otro –sobresalir, pero no ser diferente, ser contundente pero no de forma diferente– así que todos son aceptables.

Estos son falsos personajes que las personas adoptan para integrarse, para gustar, para ser tomados en serio, para no ser avasallados. Se trata de diferentes copias psicológicas de posibles yo que las personas construyen para poder encajar en la vida. Traen todo esto a la situación grupal. Con aquellos que les ayudan a alcanzar esa condición, donde se sienten satisfechos, aceptados, relajados, se esfuerzan todo lo posible para mantener esa situación.

Pocos se replantean su personalidad. Pocos consideran si lo que dicen a otras personas es cierto, o si fue algo que oyeron de otra persona que les hizo reír, y les hizo admirar a la persona que lo dijo. Así que lo adoptan para ser admirados. Todos imitan a otras personas. Todos imitamos a personas que admiramos, que pensamos que nos darán una mejor expresión, por muy remoto que esté de nuestra personalidad.

Si es en los así denominados grupos espirituales, eso adopta una forma muy definida. Si es en los grupos 'Nueva Era', entonces debes, en gran medida, ser capaz de girar tus ojos hacia arriba y mantenerlos allí durante el suficiente tiempo para que las personas reconozcan tu espiritualidad y falta de foco materialista. Cuando se da dinero, serás el primero en estar allí pero debes dar la impresión de que el dinero no es para nada una preocupación para ti: "Tomaré prestado tu dinero en cualquier momento. El dinero es tan solo energía, energía del 3$^{er}$ rayo, concretizada –todos sabemos eso. Por tanto, puedo tomar prestado cualquier monto de tu dinero sin tener que devolverlo. En cuanto a mí, no tengo dinero porque normalmente el dinero está sucio. Tan solo es energía contaminada. Esa es la razón por la que en realidad no realizo ningún trabajo que requiera invertir mis horas para poder ganar dinero porque estoy por encima de ello. He alcanzado un grado en mi viaje evolutivo en el cual soy muy consciente de que el dinero no es un fin en sí mismo. Es útil, al menos el dinero de otras personas lo es, si me permiten que lo tome prestado". Exagero, por supuesto, para mostrarlo.

Estos son personajes que las personas presentan. Me he encontrado con miles de ellos en este trabajo. Siempre me dan libros sobre cuán amables debemos ser los unos con los otros, cómo si sólo hubiera amor y luz en el mundo todo estaría bien. Ese es uno de los mayores espejismos de los grupos Nueva Era: "Si las personas entendieran lo que yo entiendo, de que el amor y la luz son la base misma de la vida, el mundo cambiaría. No habría problemas como Kosovo, Bosnia o Irlanda del Norte". Los así llamados grupos Nueva Era/espirituales tienen los mayores espejismos de todos, y ese es uno de los principales. No son auténticos, y por tanto no saben lo que es relaciones activas reales con otras personas porque nunca han trabajado de esta manera.

Esta es la esencia del trasfondo 'Nueva Era' del cual la mayoría de las personas son atraídas a los grupos. Si ese es el trasfondo, no es de extrañar de que no puedan tener relaciones grupales impersonales. Siempre aman a ciertas personas y tienen una aversión total con personas como ellas, que tienen los mismos espejismos. Nunca nos gustan nuestros propios espejismos cuando los vemos en otras personas. En nosotros los podemos soportar perfectamente pero en otras personas son odiosos.

Si se encuentran en una situación de negocios, trabajando para una empresa, se aplicarían las mismas condiciones. Conocerán a algunos miembros de la plantilla, se acercarán a algunos, un poco menos a otros, y nunca hablarán con otros. Esta misma actitud se traslada a la actividad de servicio en donde está fuera de lugar. Es natural que por la estructura de rayos, trasfondo e intereses, te sientas atraído a la compañía de ciertas personas más que a otras. Eso es inevitable. Pero en términos de *conciencia*, no puede existir otra cosa que relaciones impersonales. Estar en un grupo de servicio exige que las relaciones entre personas sean impersonales. A menos que hagas eso, no has tomado el mismísimo primer paso hacia la puesta en práctica de los requisitos para la iniciación grupal.

## "Llevar una capucha"

**En el libro *Espejismo (Glamour): Un Problema Mundial* del Maestro Djwhal Khul, Él cita las Reglas del Sendero del Discípulo de los antiguos archivos. Los requisitos son muy bellos y escritos en términos simbólicos. La mayoría son perfectamente comprensibles (¡eso creo!) pero una regla es bastante abstrusa: ¿la podría explicar por favor? "Norma 4: Tres cosas debe evitar el Peregrino. Llevar una capucha, el velo que esconde su rostro de los demás; acarrear un cántaro de agua que sólo contiene lo suficiente para saciar su propia necesidad; cargar un báculo sin empuñadura a la cual asirse". Fue la última frase en particular que me resultó difícil de interpretar. ¿Podría ayudarme? (Julio/Agosto 2000)**

(1) "Llevar una capucha..." Muchos discípulos con inclinación mística son tan conscientes de ser 'diferentes' y 'especiales' que pierden la perspectiva de ellos mismos como miembros ordinarios de la sociedad. Frecuentemente adoptan un persona falsa para ocultar su 'verdadera' identidad como discípulos. O, por otro lado, podrían carecer del valor para 'erguirse y ser tomados en cuenta' por lo que ellos creen y son.

(2) "Acarrear un cántaro de agua..." Esto se refiere a la necesidad de compartir, no sólo las cosas materiales de la vida sino aquello que se ha acumulado en términos de conocimiento y comprensión en el Sendero.

(3) "Cargar un báculo sin empuñadura a la cual asirse." Esto se refiere a la necesidad de un discípulo de tener una base firme sobre la cual avanzar. Un discípulo significa alguien que es disciplinado, serio, constante, uno que se mantiene firme en medio de los problemas, y cuyo "báculo" no se le puede quitar fácilmente de su mano.

**En el mismo libro, *Espejismo (Glamour): Un Problema Mundial*, el Maestro Djwhal Khul describe un espejismo que Él denomina el Es-**

pejismo de la autoridad: en un punto Él describe el estado en el cual uno queda atrapado por el amor a la independencia o la libertad. Más adelante Él da como una solución a este problema la realización de que el discípulo no camina solo sino que vive y trabaja en relación grupal y en obediencia a la vida grupal. (1) ¿Todavía éste, y otros espejismos como el espejismo del sentimentalismo y el espejismo del materialismo, se pueden aplicar a los grupos que trabajan actualmente, como aquellos trabajando para el Emerger? (2) ¿Son estos espejismos graves? (Julio/Agosto 2000)

(1) Sí, realmente, así es. (2) Sí, por supuesto, son espejismos muy graves que hacen muy difícil la creación de correctas relaciones grupales. La idea y la experiencia de la relación grupal es tan nueva para la mayoría de aspirantes actualmente que les resulta duro abandonar –incluso en una pequeña medida– su amada 'independencia' y 'libertad' que ellos consideran como la meta de su personalidad. No obstante, no se puede lograr ningún progreso real hasta que el impulso del alma hacia la unidad y la fusión se haga sentir y permita una correcta relación con el grupo.

## Superar el espejismo

### ¿Qué podemos hacer a diario para superar el espejismo?

Observa los espejismos, hazte autoconsciente, autobservador y, sin condenar, reconoce los espejismos por lo que son. Reconoce cuán irreales son. Si pensamos en un espejismo y lo observamos sin condenarlo, sin intentar cambiarlo, nos volvemos más conscientes de su verdadera naturaleza. Pienso que descubriréis en casi todos los casos de que es diferente de lo que pensabais por la misma naturaleza del espejismo. El espejismo esconde la verdad, la realidad. Siendo así, será muy diferente de la realidad. Esa es la razón por la que el Maestro Djwhal Khul interpretar mal Su devoción a Su Maestro como Su cualidad más elevada, cuando en realidad se trataba de la cualidad que le estaba retrasando. Siempre es tan diferente de lo que piensas. Esta es la dificultad para reconocer el espejismo.

**No tenemos que tener relaciones sentimentales, etc., a pesar de que todos tenemos estas emociones. ¿Deberíamos suprimirlas, y actuar 'como si' estuviéramos mentalmente polarizados? (Enero/Febrero 1999)**

Podríamos ponerlo de esta manera: ¿deberías comportarte –no actuar– como si estuvieras mentalmente polarizado cuando sólo tienes 1.35, en medio de la polarización astral? La respuesta, entonces, es sí. Si no te comportas como si estuvieras mentalmente polarizado, probablemente nunca te polarizarás mentalmente. ¿Pero qué significa? No significa ir por ahí con un rostro largo, pareciendo sabio. Significa actuar vertiendo la luz del alma, a través de la mente, en lo que haces. Eso te libera del espejismo. El valor de la polarización mental es que te libera de los peores aspectos del espejismo al ser capaz, a través del cuerpo mental, de hacer brillar la luz del alma sobre el espejismo.

El problema del espejismo es que es una niebla. No puedes ver en la niebla. Cuando te encuentras en el espejismo, no puedes verlo. Cuando lo ves, puedes tomar pasos para disiparlo. Estar mentalmente polarizado te permite ver cada vez más y así eliminar el espejismo. Sólo puedes hacer eso si te *comportas* –no actúas– como si ya estuvieras mentalmente polarizado. Si continúas consintiendo los espejismos, incluso si ya comienzas a estar mentalmente polarizado, todavía padecerás de espejismos. No sucede de un día para otro –en un momento eres 1.5, al otro eres 1.6 y mentalmente polarizado. Eso es sólo el *comienzo* del proceso de la polarización mental. Todavía tienes que disipar la niebla del espejismo que continúa hasta 2.5, cuando comienza la polarización espiritual, y el alma vierte regularmente su luz en la vida del discípulo.

**Aunque tú quieras ser como eres, te das cuenta de que has estado lleno de ambición espiritual. Te das cuenta de que es un espejismo. Ya no quieres eso, sólo quieres ser tú mismo. Pero quieres también tener tu aspiración.(Julio 1998)**

Yo creo que quieres tener tus espejismos y ser feliz con ellos. No hay objeto en ser feliz con la ilusión o aceptarla. De lo contrario, nunca saldrás de la ilusión. Si dices: "Soy realmente un sinvergüenza, pero ¿y qué? Soy muy feliz así. Me gusta ser un sinvergüenza", entonces nunca vas a cambiar. Sin embargo, tampoco creo que debas darte latigazos y decir: "Debo mejorar. Debo mejorar. Tengo, tengo, tengo que ser bueno". La gente lo hace así, literalmente; lo ha hecho durante siglos.

Tenemos que reconocer lo que significa el cambio. Nadie cambia de la noche a la mañana, de forma espectacular y total. Puede ser que cambien sus hábitos, pero no su Ser. Si tú sabes que eres un Ser espiritual inmortal, entonces hay tiempo para cambiar. No puedes cambiar de repente de ser nada a demostrar que eres un Ser espiritual inmortal en cada aspecto de la vida. Tienes que tener un plan a largo plazo, un sentido de proporción. Tienes que tener un sentido razonable del ritmo y del movimiento hacia adelante, pero no el sentimiento de prisa frenética que es el principio del deseo en funcionamiento, un gran espejismo. Si no te preocupas demasiado, es probable que avances más que si te preocupas a más no poder y no puedes esperar ni un momento para ser más 'avanzado'. Todo depende de tu enfoque: ¿está en el yo o en el mundo fuera del yo?

Si tú realizas este trabajo, la cuestión es ser tan impersonal y objetivo como sea posible. Luego, en cierto sentido, no importa cuál sea tu estado de Ser, porque se corregirá a sí mismo. Si tú trabajas objetivamente en preparar la exteriorización de la Jerarquía, por ejemplo, educando al público en las leyes de la vida y la constitución de la humanidad, muy sutil y gradualmente cambiarás, sin intentarlo o dándote cuenta. Tus espejismos desaparecerán si no piensas demasiado en ello, y si no te odias a ti mismo por tenerlos. Olvídate de ti. Tenemos espejismos porque nos colocamos en el centro del universo. Si dejamos de considerarnos así, y en vez de eso nos volvemos objetivos e impersonales – por 'impersonales' me refiero alejarnos de nuestra imagen creada – los espejismos desaparecerán. Mientras nos aferremos a la imagen o idea de ser buenos o malos, de ser nosotros mismos o no, estaremos llenos del espejismo del yo.

El yo inferior es la causa de todos los problemas. Tan pronto como podemos actuar impersonalmente, no podemos evitar crecer. Entonces el alma sonríe con una sonrisa amplia y radiante porque estamos haciendo lo que el alma está intentando que hagamos. Está intentando doblegar a su voluntad a ese individuo recalcitrante y rebelde que sigue empujándose a sí mismo hacia el centro del mundo. Esto trae el peso del mundo a nuestras espaldas, y no es de extrañar. Si queremos estar en el centro del mundo tenemos que mantener firmes el mundo. Pero no estamos en el centro del mundo, no podemos estar todos en el centro del mundo. Es sólo un pequeño punto. Tenemos que reconocer que somos un dios pero sólo un dios entre muchos, y que ninguno de nosotros en esta encarnación es tan importante. Este sentido de importancia, incluso la importancia del desarrollo, de avanzar y de convertirse en un gran servidor y acabar con nuestros espejismos, incluso eso es espejismo. Procede del sentimiento del yo como algo separado.

Mi consejo es dejar eso a un lado y hacer tan solo el trabajo. Olvida todo lo demás excepto el trabajo. Olvídate de la lucha de destrucción recíproca que se libra en cada grupo. Olvídate de ello y haz el trabajo – con serenidad y calma. La idea que me parece que simplifica todo esto es la de apartarte a ti mismo del camino. En lo que concierne al espejismo, cuanto menos pienses en ti mismo, menos espejismos demuestras tener.

El espejismo es el sentido del yo separado. Es la gran ilusión. A medida que la luz astral desciende en el mundo, cada vez más de esta ilusión puede disiparse. Pero si estás luchando con el problema del espejismo, como lo está todo el mundo, consciente o inconscientemente, la cuestión es: ¿cómo lo hacemos? El primer paso, me parece, es ser impersonal. Esto no significa frío o 'científico', a pesar de que se trata de un enfoque científico a la vida. Es el camino del Buddha y el Cristo. Es el mismo camino de cada gran instructor que ha alcanzado algo. Tienes que alejarte tú mismo de la imagen creada por ti, y simplemente servir. ¿Por qué? Porque tiene que hacerse, porque el mundo está ahí para servir. ¿Por qué las personas suben al Everest? Porque está ahí. ¿Por qué las personas sirven al mundo? Por el dolor y el sufrimiento, la falta de luz, la falta de conocimiento, en el mundo. Cumplid esto y haréis que vuestra propia vida sea mucho más feliz.

**Entiendo que es el espejismo lo que me impide actuar cuando me identifico con mis emociones y pensamientos. Siento alegría cuando muevo mi foco de lo personal hacia el grupo. Podemos superar el espejismo al ver la situación a través de la mente. ¿Se trata de lo mismo? ¿Es diferente, cuál es la diferencia? (CJ Mayo 2000)**

La ilusión de cada nivel, físico, emocional o mental, se supera por la actividad del nivel por encima del mismo. Así la ilusión del plano físico, denominada *maya*, se supera con la cualidad aspiratoria del cuerpo emocional. Cuando la aspiración es lo suficientemente elevada logra un control de la actividad del elemental físico.

La ilusión del plano astral, lo que denominamos espejismo, se supera con la luz del alma enfocada sobre el mismo por el cuerpo mental.

La ilusión del cuerpo mental se denomina, simplemente, ilusión. Se dispersa con la luz del alma, que denominamos intuición. Con el uso correcto de la intuición, se supera el aspecto ilusorio del plano mental.

Otro nombre para la intuición, que destruye la ilusión, es *buddhi*. Proviene del nivel *búddhico* de la triada espiritual del alma. La función que *buddhi* tiene sobre el plano mental es poner fin al sentido de la separación. La ilusión de cualquier tipo, física, emocional, y mental, es el resultado del defecto básico en nuestra conciencia de que estamos separados cuando no lo estamos. Ese es el comienzo del espejismo. Tan pronto como percibes que estás separado, comienza el espejismo. Puedes ver cuán endémico es el espejismo en la raza, porque ese es nuestro mayor defecto al observar la realidad. Nos experimentamos como duales. Estamos nosotros y está eso 'allí fuera'. No obstante somos uno y lo mismo. No hay separación. No hay dualidad. Mientras experimentemos la dualidad, experimentamos espejismo de algún tipo en algún nivel.

Exista una entidad nacida de nuestras constantes experiencias de la personalidad. Cuando el alma se encarna, crea una personalidad. La suma total de todas las experiencias de la personalidad, durante eones de tiempo, recibe el nombre de 'El Morador en el Umbral'. A través de diversas vidas uno trata con la ilusión del plano físico, *maya*, luego el espejismo del plano astral, y seguidamente con las ilusiones del plano mental. Finalmente, el Morador en el Umbral, la suma total de todos estos espejismos, o irrealidades, o sentido de dualidad, conoce al alma, el 'Ángel de la Presencia' como se la denomina, y se enfrenta a su verdadera realidad. Un día todo ese espejismo se disipa y la persona está libre al fin de la ilusión.

**¿Es posible para mí evitar confundir como mías las opiniones de otras personas y condicionarme a ser tal y tal cosa? (CJ Mayo 2000)**

Sí, es posible. Cualquier cosa es posible. Podría ser difícil para algunas personas y más fácil para otras. Hay algunas personas que nunca se doblegan ante las opiniones de personas, que están tan seguros de estar en lo cierto que no significa un problema. Para la persona que formula la pregunta, por supuesto, lo es. Es algo común, una lucha entre el alma y la personalidad. Algunas personalidades, con ciertos rayos, podrían ser más bien inseguras de sí mismas y muy prestas a adoptar las opiniones y formas de pensar de otras personas, y utilizarlas como un ejemplo de cómo actuar. A causa de su aspiración, que básicamente es una cualidad del alma, que proviene en un principio desde el alma a través del cuerpo astral, intentan hacer lo mejor. Son estimulados por la idea de una causa. No hay nada de malo en ello.

Es una cuestión de encontrar un equilibrio entre nosotros mismos y nuestra propia vida, y el sentido de la realidad, el sentido común, y la inspiración de servir a una causa. Es una cuestión de establecer un ritmo que puedas sostener de forma inteligente y activa.

**¿Cuál es la mejor actitud para el trabajo de la Reaparición?**

Algunas personas son estimuladas durante un tiempo, realizan un trabajo tremendo y luego no hacen nada durante meses. En todos los grupos en todo el mundo hay personas que de pronto comienzan a asistir a las reuniones grupales justo dos o tres semanas antes de que yo venga. No pueden hacer lo suficiente con el grupo. Estas son las personas que realmente se consideran que están preparando el camino para Maitreya. No lo están. Están haciendo algo para sentirse satisfechos y aliviados. Un ritmo constante es aceptar el trabajo que ha de hacerse y realizarlo porque ha de hacerse, llevándolo a cabo de forma impersonal, objetiva. Esta es la mejor forma de proceder y que puedes mantener de forma indefinida.

El trabajo de estos grupos, cuya labor es hacer el acercamiento inicial al público, lo describe el Maestro Djwhal Khul, a través de Alice Bailey, como el trabajo más difícil de todos, excepto para los grupos políticos. Hay muchas personas que les agrada trabajar, incluso en formación grupal, durante un corto periodo, mientras sea divertido, interesante y nuevo. Cuando se vuelve difícil, cuando tienen que trabajar durante un largo periodo, durante años y años, entonces es el tipo de trabajo que, como decimos en inglés, "separa a los hombres de los niños".

**Ha dicho que la tolerancia es una necesidad. ¿Pero si no tienes tolerancia cómo puedes ser tolerante? ¿Debería guardarme aquello que veo en otros, sin tener en cuenta lo que veo, pensando que son mis espejismos?**

Podrían no ser tus espejismos. Debes ser tan objetivo como te sea posible. Si no tienes tolerancia, debes conseguirla. Si no tienes dinero, debes ganártelo o pedirlo prestado, consíguela de alguna manera. Si es dinero, lo lograrás. Si es tolerancia lo que necesitas, podrías lograrlo o no. Depende de ti. Nadie más te puede dar tolerancia. Es algo que deber surgir de ti mismo, una visión del mundo. Si ves que algo falta en ti, debes intentar incorporarlo. Eso significa autoobservación. Sin condenarte a ti mismo, debes ser consciente de tus motivos. ¿Eres tan puro, recto, tolerante, generoso y justo como te gustaría que fueran las otras personas?

**Me gustaría tener su interpretación sobre la utilidad del sentido común en relación a la superación de los espejismos. (CJ Mayo 2000)**

El sentido común no es sólo útil en relación con la superación de los espejismos, es absolutamente esencial. Desafortunadamente, el así llamado sentido común es el menor sentido común que existe. Uno podría decir que de todas las cualidades ausentes en la mayoría de aspirantes y discípulos en relación con la vida en general, y por tanto con sus espejismos, la ausencia más frecuente es precisamente la falta de sentido común. Esto es especialmente cierto en relación con ciertos rayos como el 2º rayo y probablemente, sobre todos, el 6º rayo. De todos los rayos, el 6º rayo parece ser el más carente de sentido común, porque siempre está enfocado en el plano astral y refleja todas sus esperanzas, deseos e ideales en cada acontecimiento que experimenta. Se siente como el centro del universo, su única realidad en todo lo que siente, anhela, piensa, y aspira. Por tanto, no tiene sentido común.

El uso de la palabra 'tipo Nueva Era' se refiere en particular al tipo de persona que estamos tratando que cree que todo lo que siente, anhela, se dedica, es la única realidad, cuando la mayoría de ello es irreal. Es simplemente aspiración. Se trata de aquél que normalmente es una espina clavada en el cuerpo de todo grupo, que siempre está en lo cierto mientras que los demás miembros del grupo están siempre equivocados. No tienen el sentido común para decir: "¿Es probable, dada la naturaleza de la vida, que yo siempre esté en lo cierto y ellos siempre estén equivocados? ¿Es factible?" La respuesta, por supuesto, es 'no', pero nunca llegan a esa respuesta porque nunca se formulan la pregunta.

¿Qué es el sentido común? Obviamente no es común. Es muy poco común, especialmente en grupos Nueva Era. El sentido común es más la inteligencia innata de la raza de seres humanos realzada y refinada por la cualidad del alma, hasta el punto que puede tocar el factor *manásico* o de inteligencia. No es exactamente intuición, pero comparte algunas de sus cualidades con lo que es la verdadera cualidad de la intuición del alma. Es un tipo de conciencia despierta inteligente que da, sobre todo, un sentido de la proporción. Eso no es sólo útil sino absolutamente esencial para superar los espejismos.

**(1) ¿Cuál es la característica que más obstruye a los discípulos? (2) ¿Qué características se consideran muy positivas en el discipulado? (Junio 2000)**

(1) Temor, inercia, interés propio, apego, ambición. (2) Valor, desapego, constancia, sentido de la proporción, aspiración.

**¿Si, como discípulo, conozco ciertas tendencias neuróticas que tengo dificultad de controlar, debería hablar de mis problemas con otros**

**miembros del grupo? ¿O debería intentar olvidarme de ellos? (Junio 2000)**

Si hablar ayuda, ¿por qué no hacerlo? Considera estas tendencias como espejismos y abórdalas bajo esa perspectiva.

**¿Disminuirán nuestros espejismos (samsaras) e ilusiones por la emanación del amor de Maitreya en el Día de la Declaración, y nos permitirá esto evolucionar conscientemente? (Julio/Agosto 1997)**

No todos y no totalmente, en absoluto, pero se avanzará mucho en este aspecto.

## Valor y desapego

**¿Cómo la falta de valor nos mantiene sumidos en el espejismo? ¿Es el valor importante para la vitalidad del grupo?**

El valor es absolutamente esencial para cualquier discípulo. Si no eres valiente, nunca te convertirás en un Maestro. Tenemos que aprender a vivir solos *en conciencia*, para poder convertirnos en Maestros. Estar privado de toda orientación, toda indicación superior, estar completamente solo *en conciencia* en el mundo, que es lo que sientes cuando te conviertes en un iniciado de cuarto grado porque te ves privado del alma. Hasta ese momento el alma ha sido el aspecto superior de lo cual podías ser consciente. Cuando avanzas, te haces cada vez más consciente de ser un alma, pero llega un momento en la cuarta iniciación en la cual esa conciencia despierta acaba. Eso es lo que Jesús estaba expresando cuando dijo: "Mi Dios, mi Dios, ¿por qué me has abandonado?" No es una cuestión de ser abandonado por Dios. Es una cuestión de: "¿Dónde te has ido? Pensaba que sabía quién era Dios, eso es, mi ser superior, mi alma, que es un reflejo exacto de Dios. ¿Qué ha sucedido?" Ya no está allí, porque ha vuelto a ser reabsorbida en el Ser, que es todo deidad, la Divinidad misma.

Después de la cuarta iniciación estás solo de una forma en que nadie en esta habitación jamás lo ha estado. Eso requiere valor. El Maestro está absolutamente solo, aunque uno de una Hermandad. Tienes que ser capaz de estar totalmente solo para ser un Maestro, y eso significa que tienes que desarrollar valor. La manera de desarrollarse es mostrar valor en cualquier situación; afronta la situación, y crece en valor. Si creces en valor en las pequeñas cosas, hace que el valor sea más sencillo en grandes cosas, como estar solo en todo el cosmos. Es un pensamiento aterrador a menos que tengas valor. Así que no tener valor te mantiene sumido en los espejismos en el sentido de que nunca creces.

El espejismo es el resultado del tipo de conciencia que no cambia. La misma naturaleza de la vida es cambio; es esencial. No existe nada más real en todo el cosmos que el cambio. El cambio sucede y no tienes control sobre él excepto de formas muy pequeñas en tu propia mente. El cambio que sucede mientras la vida encuentra nuevas formas, nuevos modos de expresión, está fuera de tu control.

El primer pez que salió del mar y continuó viviendo en la tierra seca experimentó un cambio que nunca se contempló. Existe un mecanismo que denominamos aspiración, que por su misma naturaleza empujó al pez fuera del agua hacia tierra firme. Aspiró a una condición diferente. La naturaleza del deseo es espejismo, pero al mismo tiempo existe en cada roca y piedra, en la materia misma. No existe tal cosa como materia muerta; toda la materia es consciente. Es la conciencia del átomo, el principio del deseo inherente en cada átomo del universo, la que condujo al pez fuera del agua y hacia tierra firme, para convertirse en mamífero y en última instancia en un ser humano.

Ese proceso es concebido por el Logos, no sólo como una posibilidad física; es concebido en primer lugar, como todo, en términos energéticos. Las energías lo hacen inevitable. Así que el cambio tiene lugar de la criatura marina a la criatura terrestre desde el principio del deseo mismo, la aspiración, la naturaleza mismo de la vida. Se necesita valor para hacerlo. No todos los peces lo hicieron al principio. Se acercarían a la orilla y dirían: "Oh, no, no para mí. No está mojado allí fuera. ¿Cómo voy a sobrevivir?" Pero entonces apareció algún pez, probablemente del 4º rayo, que dijo: "Está seco allí fuera. ¡Muy bien, allí voy, seguidme!" ¿Es el valor importante para la vitalidad del grupo? Por supuesto. El valor es probablemente lo que falta en la mayoría de grupos. Se necesita valor para hablar públicamente a personas escépticas sobre la Reaparición, incluso a tus amigos y familia. Se necesita valor para nadar contra la marea de la opinión pública, para hablar abiertamente sobre un tema tan controvertido. Esa es la razón por la que muchas personas prefieren dedicar su tiempo a Internet. Es mucho más fácil.

**¿Son las experiencias de soledad en las primeras etapas del sendero iniciático un indicativo de lo que uno se encontrará mientras progresa? (Enero/Febrero 1999)**

Sí, hasta cierto punto. En algún momento u otro del progreso de nuestras vidas tenemos que aprender a permanecer solos. La soledad, en el sentido al que me refiero, es ser desapegado. Tenemos que alcanzar un punto donde lo que nos ocurre no es tan importante; lo que otras personas piensan de nosotros, no es importante para nada; lo que otras personas nos dicen y por mucho que nos agravien, no es importante, se supera fácilmente. Tenemos que ser capaces de recibir crítica y no criticar. Si debiéramos poner todo en una palabra, el desapego es la clave del proceso evolutivo.

El desapego es eliminar el yo. El apego es ver al yo como el centro del mundo. El desapego es olvidarse de que existe un centro del mundo y que se trata de nosotros. El desapego es utilizar el equipamiento físico, astral y mental para expresar el alma, dentro de nuestras posibilidades. ¿Cómo podemos hacerlo? A través de la creatividad. No diciendo: "¡Soy el alma, soy el alma! ¡Debo irradiar mi luz del alma, mi intuición, mi conocimiento, mi sabiduría!" Eso es un espejismo, todavía permanecemos en el centro del universo. En su lugar, no volvemos impersonales. Apenas pensamos en nosotros en ese sentido. No estamos luchando con nosotros mismos para hacer esto o aquello. Luchamos con el trabajo –salir fuera, dar a conocer, hacer el trabajo a tiempo para una fecha límite. Es el trabajo, la difusión, la meditación, el estudio, la creciente conciencia despierta, el serpenteante reloj espiritual, el resorte espiritual.

Eso sólo es posible si trabajamos de forma desapegada. Maitreya aboga por la honestidad de mente, sinceridad de espíritu y desapego. El más importante de ellos es el desapego. Sólo podemos ser verdaderamente honestos en nuestra mente si estamos desapegados. Sólo podemos ser sinceros en nuestro espíritu si estamos desapegados. Por supuesto, sólo podemos estar desapegados cuando somos sinceros en espíritu y honestos en mente. Los tres trabajan juntos, pero llegan al desapego –desapego de identificaciones erróneas: nunca pensar que este cuerpo es el Ser o que nuestras emociones son verdaderas. Nuestras emociones nunca son verdaderas. Pensamos que nuestras emociones no sólo son ciertas sino que están justificadas y son la cosa más auténtica que podemos sentir en ese momento. Ninguna emoción es real, es un sueño. Estas fantasías nunca son verdaderas.

La emoción es una fantasía, un espejismo de los planos astrales, en los cuales flotamos como en el sueño. Pensamos que nuestras emociones son verdaderas y reales, y que este cuerpo es real. Si pudieras ver tu cuerpo desde el ángulo del alma, lo verías como algo transparente, como una imagen en una pantalla de cine. Toda la vida del plano físico es una pantalla de cine, y sabemos cuán real es la pantalla del cine. Mientras permanecemos cautivados, lo tomamos como algo real. Esencialmente, es una pantalla plana con imágenes de la 'vida' emitidas sobre ella, no es real. Lo menos real de todo son nuestras emociones, nuestros sentimientos –aquellos preciosos sentimientos de ira, desencanto, autocompasión y el resto.

**(1) ¿Cómo podemos empezar a desapegarnos de nuestros cuerpos físico, astral y mental? (2) ¿Es desde la voluntad de nuestro propio ego? (3) ¿Cómo puedes desapegarte de la mente sin utilizar esta misma mente?**

No se trata de desapegarse *de* estos tres cuerpos, sino de desapegarse de *identificarnos* con ellos como el Ser. Esto produce un incremento de la conciencia despierta de quien somos en realidad.

## ¿Qué impide nuestros pasos hacia la iniciación grupal?

~~~

### Regla Once

**(1) El logro de una interrelación grupal no sentimental.**

**(2) Aprender a trabajar con las fuerzas de destrucción de una manera constructiva.**

**(3) La consecución del poder de trabajar como una Jerarquía en miniatura, y como un grupo que ejemplifica la unidad en la diversidad.**

**(4) Cultivar el poder del silencio oculto.**

(De: Alice A. Bailey, *Tratado sobre los Siete Rayos, Tomo V: Los Rayos y las Iniciaciones*, Lucis Trust, Londres, 1960)

~~~

**Han pasado varios años desde que usted nos habló sobre la posibilidad de la iniciación grupal y nos instruyó a trabajar hacia ella. ¿Tiene alguna idea adicional sobre la razón por la que no hemos avanzado para alcanzar la iniciación grupal?**

La principal razón es que es difícil. Es la cosa más difícil de alcanzar para cualquier grupo en el mundo, lo que muestra por qué nunca se logró. Si hubiera sido fácil, los grupos lo hubieran logrado muchas veces antes. Durante siglos los Maestros han intentado varios experimentos con grupos, con la esperanza de que uno u otro lo lograría o estuviera cerca de lograr la iniciación grupal, y eso nunca sucedió. Cada experimento fracasó. Lo hicieron por diversas razones, principalmente por los espejismos existentes en todos los discípulos.

Una de las principales razones de su fracaso ha sido la ausencia de una idea poderosa y magnética que pudiera mantener unido a un grupo de individuos que no se conocen entre sí y están dispersos en todo el mundo, como es el caso de este grupo específico. Yo hablo de los grupos japoneses, norteamericanos, sudafricanos, europeos, australianos, neozelandeses, etc., pero en realidad todos son miembros de un grupo. Ese grupo está trabajando en la actualidad con la colosal y magnética idea de la Reaparición del Cristo, la exteriorización del trabajo de la Jerarquía Espiritual. Si eso no es lo suficientemente magnético y poderoso para mantener estos grupos unidos, entonces nada podrá hacerlo. No puedo pensar en una idea, y obviamente los Maestros no habían sido capaces hasta ahora, que pudiera ser tan poderosa como para mantener unidos a los grupos con sus propios trasfondos y tradiciones, esparcidos por todo el mundo, que podrían o no haber estudiado las Enseñanzas de la Sabiduría Eterna.

¿Por qué no hemos avanzado? El espejismo es la razón para no haber sido, hasta ahora, de incluso comenzar a poner en práctica el proceso necesario para inducir la iniciación grupal.

Se me preguntó recientemente si podría avanzar y tratar con un aspecto adicional de las enseñanzas de los requisitos, Regla XII en lugar de la Regla XI, porque esta última, se pensó, había sido bien y meticulosamente estudiada, digerida, y quizás puesta en práctica. El Maestro dijo: "Ningún grupo ha *comenzado incluso* el proceso de poner en práctica los cuatro requisitos de la Regla XI". Hasta que lo sean, nada puede tener lugar en dirección de la iniciación grupal.

La regla más difícil de todas, pareciera, la que realmente centra la atención de la personas precisamente en sus espejismos, es el requisito de relaciones grupales impersonales. Eso parece ser arduo para todo grupo, por los espejismos de la personalidad de simpatía y antipatía. El requisito de lograr relaciones grupales impersonales es que éstas no deben basarse en simpatía o antipatía. Estos son opuestos, y uno debe ir más allá de los pares de opuestos, cualquiera sea la forma en que se expresen. Nos agradan algunas personas y podemos trabajar con ellas, y nos disgustan otras y no podemos hacerlo. Estas reacciones personales no tienen sitio en los grupos ocultistas.

Los grupos ocultistas no tratan de personalidades. Son la expresión en el plano físico de una agrupación de almas que se juntan a través de la ley kármica, necesidad ashrámica, y propósito o intención del alma. Eso hace que el grupo ocultista pueda tomar la iniciación grupal. No estamos hablando sobre un grupo de personas que forman un equipo de fútbol, o un grupo de personas de negocios que crean una nueva empresa. Eso es algo completamente diferente. Esto es un grupo de almas trabajando conscientemente a nivel del alma, encarnándose al mismo tiempo por necesidad ashrámica. Los Maestros saben qué discípulos, en cualquier momento, con ciertas estructuras de rayos, con cierto punto de evolución, pueden, posiblemente, ser estimulados y guiados hacia una relación que hará posible la iniciación grupal —es quiere decir, relaciones grupales impersonales.

La mayoría de personas no pueden ser impersonales. Este es el quid de toda la cuestión. Si puedes ser realmente impersonal, puedes hacer casi cualquier cosa. La objetividad y la impersonalidad son las insignias del discípulo que está preparado para la iniciación. La mayoría de las personas demuestran, incluso si han tomado la primera iniciación, que la cáscara de la impersonalidad parece muy difícil de romper.

**¿Si a uno no le agradan los otros miembros del grupo o la forma en que trabajan y abordan las cosas pero uno quiere trabajar para el Emerger de Maitreya y los Maestros, qué debería uno hacer? (Junio 2000)**

Intenta elevarte por encima del nivel de gustos y aversiones, y verles, como también lo es uno, *almas* en encarnación intentando lo mejor para la misma causa. En otras palabras, intenta ser más tolerante, más desapegado, más impersonal en la relación grupal.

**Usted ha dicho que hemos hecho poco o ningún cambio en los últimos dos años para introducir más influencia del alma en nuestro trabajo grupal. Cuando se trata de iniciación grupal, no sólo no nos hemos tomado en serio la Regla xi, sino que algunos de nosotros incluso no la comprendemos. ¿Es así porque, como el Maestro lo indica en Su mensaje 'Unidad', ponemos demasiado énfasis en las diferencias individuales y de personalidad? (Enero/Febrero 2002)**

Sí, por supuesto, ¿qué otra cosa? Es exactamente eso. No las diferencias de personalidad de otras personas sino las tuyas propias, poniendo demasiado énfasis en tu propio yo, tu propia personalidad, tu propia opinión diferente, y no sólo en aquellas de otras personas. Todos hacen esto, así que no existe un consenso real, pero también porque fundamentalmente no puedes ver a los otros miembros del grupo de forma correcta.

Lo que debería motivar al grupo a trabajar como un todo, y que es esencial para la unidad grupal, es un amor implícito entre todas las personas en un grupo. Pero no es un "te quiero, cariño", cada día. Esas no son correctas relaciones grupales. Es un amor implícito y sobreentendido que une a todas las personas. El verdadero factor de unión es el trabajo, para el cual todos han venido por sí mismos, de su nivel del alma. El trabajo es lo importante. Así que todo lo que hagan, lo hacen para el trabajo como colaborador. Es específicamente el trabajo lo que constituye el núcleo fundamental de toda la actividad del grupo. No tiene que ver con crear relaciones agradables con otros miembros, llevarse bien con los demás, no hablar con un tono muy subido, no hacer saber tus propias ideas con demasiada frecuencia. Se trata del trabajo, poniendo delante el trabajo y *olvidándote de ti mismo*. Si las personas se olvidaran de sí mismas, tendrían correctas relaciones humanas. Es sencillo porque entonces trabajarían como almas, y ya que el alma sólo sabe de correctas relaciones humanas, se vuelve instintivo.

Trabajarían en relación con sus colaboradores como almas y automáticamente crearían el tipo correcto de relaciones que hace avanzar hacia la puesta en práctica de la Regla xi. La gente piensa que no deben tener relaciones personales. No debe *construirse* sobre relaciones personales. No significa que no debas tener relaciones personales, pero lo que hagas debe construirse alrededor del trabajo y no alrededor de relaciones personales. La gente no comprende esto y así continúan de la vieja manera, pensando: "¿Me agrada esta persona?" o: "No puedo trabajar con esta persona".

Habrá personas en el grupo con las cuales no querrás trabajar. No te gusta la personalidad. Quizás se trata del rayo que no te agrada, o la forma en que fueron educadas. Existen muchas razones por las que te pueda gustar o disgustar, pero ese no es el nivel en el cual debes trabajar. Trabajas con personas por el trabajo, que es la reaparición del Cristo. Eso colorea la cualidad de lo que haces. Por tanto tienes que trabajar con personas con las cuales, normalmente, nunca trabajarías.

No tiene que ver con las necesidades o hábitos de la personalidad, sino con el reconocimiento de la respuesta del alma de la otra persona a esta inmensa idea. No existe una idea más grande en todo el mundo. Lo que está sucediendo ahora es el acontecimiento más importante en 98.000 años. El Cristo está *en el mundo*, no sólo alguien del que lees en un libro. Es el regreso al mundo del Cristo, más Jesús, más los demás Maestros, fuera en el plano físico como un grupo por primera vez en 98.000 años.

### ¿Es posible avanzar hacia la iniciación grupal sin unidad de grupo? (Enero/Febrero 2002)

No, es absolutamente imposible. Si no tienes unidad de grupo, no tienes las cualidades en el grupo que necesitas para la iniciación grupal. Debes estudiar la Regla XI. En la Regla XI hay cuatro principales requisitos que cada miembro del grupo debe ser capaz de demostrar en formación grupal. A menos que puedan hacerlo, no tienen unidad de grupo. No sólo no tienen unidad de grupo, están, de momento, muy lejos de la iniciación grupal.

### En las reglas para la iniciación grupal, existe la regla sobre el uso constructivo de las fuerzas de la destrucción. No he comprendido eso para nada. (Enero/Febrero 2002)

El uso de las fuerzas de la destrucción de forma constructiva es utilizarlas para destruir los espejismos que impiden las correctas relaciones. Hemos debatido las consecuencias que la crítica destructiva tiene en la unidad grupal. Si los miembros de un grupo van por allí criticándose entre ellos, lo que hacen de vez en cuando en algunos grupos, no pueden haber correctas relaciones. Existen grupos que parecen no desear para nada la unidad, en los cuales el deseo por la unidad parece inexistente.

No puedes tener unidad si no existe el deseo por ella. Esa es la razón por la que el Maestro lo deja muy claro, lo primero es tener el deseo de unidad. Tienes que considerarlo como un tesoro que proporciona una inmensa riqueza a la vida del grupo porque se relaciona con la naturaleza fundamental de nuestra vida, de toda vida, porque formamos parte de la Vida Una. Existen algunos individuos que, por su estructura de rayos, punto de evolución, educación, una combinación de razones, siempre están criticando, siempre están rompiendo la unidad de un grupo. Tienen que ser diferentes y por tanto son destructivos.

Mientras que los demás desean sencillamente continuar llenando los sobres o realizando el diseño de un cartel. Siempre son las personas que no hacen nada las que son destructivas. Utilizan el conflicto en su propia naturaleza para trastornar la unidad espontánea que existe cuando un grupo de personas que todas creen en la misma causa están trabajando a gusto para promoverla y lo hacen de una forma totalmente unificada y no complicada.

Las personas deben aprender, y lo encuentran muy difícil. Esa es la razón por la que estas reglas fueron dadas. Sin que ellas formen parte de tu naturaleza, instintivamente en el trabajo grupal, el grupo nunca llegará a la iniciación grupal. Esta es la verdad, me temo. Es muy difícil. La gente no parece comprenderlas. Si entienden las palabras, no comprenden la necesidad de ellas.

**¿Cuál es el equilibrio entre tener un líder de grupo, como en una mini-jerarquía, y tener total participación grupal?**

No es una cuestión de equilibrio. Son cosas diferentes. No debes ver la capacidad de actuar como una mini-jerarquía como un requisito de diferencias jerárquicas en el grupo. Lo que el Maestro Djwhal Khul está diciendo es que automáticamente, en cualquier grupo, habrá personas en diferentes niveles. Quizás alguien está alrededor de 0.95, y varios que acaban de tomar al primera iniciación, 1.0 hasta 1.2, por ejemplo. Habrá aquellos un poco más avanzados que tienen 1.3 hasta 1.5. Luego podría haber uno o dos entre 1.5 y 1.7. Rara vez, podría haber alguien por encima de 1.7.

Lo que el Maestro Djwhal Khul quiere decir es que tiene que haber alguien en cada grupo que tiene una relación *consciente* con la Jerarquía, eso es lo ideal. Yo llevo a cabo esa labor en este grupo –considerando este grupo como todas las personas de todos nuestros grupos en todo el mundo. Tiene que haber personas que tomen los requisitos de la Jerarquía como los interpreto yo y los pongan en práctica dentro de lo posible en el mundo: producir libros, revistas y literatura de todo tipo; organizar reuniones, contactar con los medios de comunicación, actuar como contacto entre yo y el mundo.

Yo hago eso además de mi propio trabajo –el contacto con los Maestros y la difusión real y práctica de la información. Luego están aquellos que sólo hacen Meditación de Transmisión. No están demasiado involucrados en el trabajo de cada día pero a menudo colocan carteles y ese tipo de trabajo. Dar de tu tiempo y energía es servicio. El grupo automáticamente se amolda a esta situación de mini-jerarquía, pero debe ser consciente.

No es una cuestión de equilibrio entre tener un líder de grupo en una mini-jerarquía y tener completa participación grupal. *Siempre* tiene que ser lo último. Yo trabajo en Londres cada día, y no pienso que las personas de Londres tienen ningún sentimiento de no participar.

**¿En todos los aspectos del trabajo grupal es mi espejismo, a saber temor, lo que hace que reprima mi propia opinión cuando oigo a tal o tal persona decir otra cosa? Me veo a mí mismo decirme que debo trabajar en una mini-jerarquía, lo que significa que esa persona podría ser más elevada y, por tanto, debería reprimir mis propias ideas y escuchar las de ellos en su lugar. (CJ Mayo 2000)**

Sí, ciertamente se trata de un espejismo. Específicamente yo diría el espejismo del 2º rayo en el cual la timidez y temor de la personalidad de 2º rayo (no alma) está en este caso racionalizando ese temor al crear una excusa para ello aceptando la idea de una mini-jerarquía y, por tanto, sometiéndose a las ideas de otras personas.

Los Maestros forman un jerarquía de acuerdo a Sus varios grados. Así, naturalmente, un Maestro de quinto grado aceptará el consejo, la conciencia despierta, las decisiones del Cristo, Maitreya, como norma porque Él es un iniciado de séptimo grado y sabrá cosas que el iniciado de quinto grado, a pesar de ser un Maestro, no podría saber. Pero los Maestros también trabajan como una democracia. Cada Maestro tiene el derecho de expresar su opinión sobre cualquier tema, pero, por supuesto, Él sólo lo hará si piensa que tiene algo importante que añadir. No se trata sencillamente de expresar una opinión. En nuestros grupos no existe ninguna persona mucho más elevada que otra por lo que otros deberían someterse a los pensamientos de alguien que ellos piensan es más elevado. Las diferencias en evolución en los diferentes grupos es mínima.

El trabajo como una mini-jerarquía no significa rendir un respeto indebido a las ideas de los demás. Significa trabajar a tu propio nivel. Significa que si eres 1.3 o 1.5, trabajes a ese nivel. No pretendes trabajar al nivel de 3.5, que significa recostarse y observar trabajar a los demás y dirigirles. Conozco grupos en los cuales personas que no han tomado aún la segunda iniciación actúan como si fueran iniciados de sexto grado.

**¿Incluso si tienes 1.2, podrías estar expresando conciencia de 1.0? (CJ Mayo 2000)**

No es posible ser más elevado o inferior que tu propio nivel. El nivel está designado por el área de conciencia, la polarización. Hasta 1.5 a 1.6 la polarización es en el plano astral. Eso significa que es imposible ser otra cosa que polarizado astralmente mientras estés en ese nivel. No obstante, casi todos avanzan de forma irregular, no con todos los aspectos haciéndolo al mismo ritmo. Así que alguien podría ser muy avanzado en cierto punto de su ser y menos en otro. Por ejemplo, el iniciado de tercer grado tiene control sobre los vehículos físico, astral y mental. El nivel vibratorio de los tres cuerpos está sincronizado, vibrando juntos al mismo ritmo. No obstante, sólo tienes que mirar la historia de la vida de algunos iniciados de tercer grado para descubrir que podría ser bastante desigual. Depende de sus rayos y su capacidad de sintetizarlos en los diferentes niveles. Esa persona es un alma viviente pero desde un punto de vista medio, podría realizar acciones que no estén al nivel que uno podría esperar en su punto de evolución.

Por ejemplo, Adolf Hitler no era una persona muy agradable. De hecho, fue un verdadero horror, pero ya era un iniciado de segundo grado. Desde el punto de vista de un alma era perfecto. Desde el punto de vista del hombre, incluso como iniciado de segundo grado, fue probablemente una de las personalidades más peligrosas que hayamos creado hasta ahora.

~~~

Cada hombre es un faro y esparce su luz para su hermano. Haced brillar vuestra lámpara y dejadla que alumbre y muestre el camino. Todos son necesarios, cada uno.

Nadie es demasiado pequeño o demasiado joven para formar parte de este Gran Plan para salvar y rehabilitar nuestro mundo.

Decidíos a hacer esto y estad seguros que Mi ayuda no os será negada.

*Del Mensaje Nº 13 – 19 de enero de 1978*

~~~

## Poner en práctica los requisitos para la iniciación grupal

**¿Cuánto deberían los grupos centrarse directamente en estudiar los requisitos para la iniciación grupal, o el progreso hacia la iniciación grupal sucederá de forma natural mientras trabajamos de forma cooperativa en la Reaparición?**

Hasta cierto grado, sí, si la actitud del grupo es correcta. No obstante, podemos imaginar que estamos trabajando de forma cooperativa para la Reaparición y no realizar el más mínimo progreso hacia la iniciación grupal. No es tanto el estudio sino la puesta en práctica de los requisitos. Eso es exactamente lo que el Maestro dijo. Ningún grupo ha incluso comenzado a poner en práctica los requisitos. El principal obstáculo es la falta de relaciones impersonales. La gente no es capaz de ser impersonal.

Si estás trabajando verdaderamente de forma cooperativa, probablemente estáis trabajando en correctas relaciones, pero no sucede simplemente de forma natural. Nada realmente sucede por sí mismo. Es como Maitreya dijo: "El hombre debe actuar y realizar su voluntad". Si deseas que algo suceda, debes llevarlo a cabo, debes actuar para realizarlo.

Este es uno de los problemas para muchas personas del 6º rayo. Tienden a imaginar que si pueden visualizar algo, ponerle un nombre, ya está allí. Pero no es real. Es un sueño, sólo una visión astral. Es una posibilidad pero hasta que realmente no la pongas en práctica y la conviertas en realidad en el plano físico, no existe más que como un sueño. Los norteamericanos ven su vida como un sueño. "Lleva a cabo tus sueños". Esta frase es presentada a los norteamericanos para "vivir tu sueño", ¿pero a qué te refieres con "sueño"? Será diferente para personas distintas –una vida confortable, un matrimonio fructífero con multitud de niños, un buen colegio para ellos para que puedan crecer y conseguir un buen empleo. Es todo muy artificial.

Estoy hablando sobre la capacidad de personas poderosamente influenciadas por el 6º rayo de visualizar, en realidad de concebir un ideal. Ese ideal podría ser terrible para algunos, pero ellos lo conciben como el ideal. Uno concibe la mejor de todas las vidas posibles –paz, prosperidad, y abundancia para todos, negro y blanco. Uno lo presenta a todos como la propia idea de la vida, pero hasta que comiences a llevarla a cabo, no existe. Sólo es un sueño astral, imaginación, una idea idealista.

Ese es el problema, y yo lo encuentro tanto en los grupos como en la nación en su conjunto.

Por supuesto que no sólo sucede en Estados Unidos. Encuentro lo mismo allí donde el rayo está trabajando de forma poderosa en los grupos –la idea de que si puede nombrar algo, concebirlo, idealizarlo, entonces, sin hacer que se forme, sin estructurarlo en el plano físico, tienes la sensación de que se ha realizado. Pero no se ha hecho para nada. Se trata tan solo de un sueño, te despiertas y no está allí. Cuando los norteamericanos se despierten, verán que la libertad y la justicia no existen en Norteamérica, al menos no para todos. Existe para la gente blanca en su conjunto, pero no para los 30 millones de personas que viven por debajo del umbral de la pobreza, y ciertamente no están presentes para las personas negras en su conjunto, y ciertamente no para el mundo en su conjunto. Es sólo un sueño, una idea.

Si trabajas de forma cooperativa, probablemente estarás haciendo el tipo correcto de actividad en relación a la Reaparición, pero eso no es lo mismo que trabajar en un grupo de una forma impersonal por sobre y más allá de las simpatías y antipatías. Esa es la razón por la cual la impersonalidad es tan rara. Existen otros factores, pero ese es el primero, y, parecería ser, el factor más difícil en la creación de correctas relaciones humanas.

**¿Cuál es la relación entre la iniciación grupal y el trabajo de la Reaparición? ¿Qué es más importante? ¿Es suficiente enfocarse en el trabajo de la Reaparición y dejar la iniciación grupal como un efecto secundario?**

No es 'uno o el otro'. Si estás llevando a cabo correctamente el trabajo de la Reaparición *como un grupo*, estarás abordando los requisitos para la iniciación grupal. La cuestión es cómo lo haces. ¿Lo haces realmente de las formas descritas en las cuatro reglas de la Regla xi? ¿Tenéis realmente relaciones grupales impersonales? ¿Realmente trabajáis como una mini-jerarquía? ¿Realmente respetáis la ley del silencio oculto? ¿Realmente utilizáis las fuerzas de la destrucción de forma constructiva? Si la respuesta a cualquiera de estas preguntas es no, entonces eso es lo que tenéis que hacer. De otra forma, estás jugando con la idea de la iniciación grupal.

Tenéis que trabajar en la labor de la Reaparición comportándose como si fuerais esta mini-jerarquía, comportándose con relaciones grupales impersonales, respetando el silencio oculto, y utilizando las fuerzas de la destrucción de forma constructiva. Así es como se hace. No es uno o el otro. Uno, mientras se lleva a cabo, debería involucrar la acción del otro.

**(1) ¿Cuando se dice que el progreso de un miembro de un grupo beneficia a todos en el grupo también se puede leer en el sentido inverso? (2) ¿Es también posible que los fracasos y debilidades de uno o varios miembros sean un freno para el resto del grupo? (3) ¿Es cierto, en otras palabras, que un grupo es tan fuerte como su eslabón más débil? (Junio 2000)**

(1) Sí. (2) Sí. (3) Esto no necesariamente es el caso.

**(1) ¿Si algunos grupos tienen más éxito desde el punto de vista Jerárquico esto significa que cada miembro pone más 'esfuerzo' del alma en todas las actividades en que se involucran? (2) ¿También podría ser que mientras algunos miembros son menos evolucionados, otros lo equilibran permitiendo que más involucración de sus almas o intuición se manifieste en el trabajo grupal? (Junio 2000)**

(1) Sí. (2) Sí, en efecto.

**¿Ha habido algún tipo de progreso en el equilibrio alma-personalidad otorgado a los diferentes grupos desde su charla temática sobre Espejismo en 1999? Muchos grupos han realmente mejorado sus actividades y muchas más personas están muy ocupadas y realizan mucho más trabajo de difusión como nunca antes; ¿ha cambiado eso el equilibrio actual? (Junio 2000)**

No. No es realmente una cuestión de cuán ocupado o trabajador es un grupo o intenta serlo. Es una cuestión de la relación entre la aportación del alma del grupo y aquella que surge de la personalidad separativa. En dónde la aportación del alma sea elevada el trabajo será de una gran calidad y, por supuesto, esto se aplica al contrario.

**¿Cuál debería ser la actitud correcta para el servicio? Algunos de nosotros parecemos trabajar por hábito y rutina (y algunas veces aparentemente sin ninguna alegría), otros por una aspiración idealista que algunas veces nos arrastra hacia actividades que no han sido estudiadas detenidamente, otros parecemos trabajar a trompicones y cuando nos viene bien, mientras que otros parecen encontrar algún tipo de satisfacción personal en el trabajo. (Junio 2000)**

En la mayoría de los grupos en esta (temprana) etapa de actividad grupal, se pueden encontrar algunas o todas estas actitudes. La actitud ideal es de una dedicación sostenida e impersonal a la causa grupal llevada a cabo con alegría – y, preferiblemente, con humor y tolerancia.


[Para más detalles sobre iniciación grupal, ver Benjamin Creme, *La Misión de Maitreya, Tomo II*, capítulo 19, 'Hacia la iniciación grupal']

Mis queridos amigos, estoy verdaderamente feliz de estar aquí una vez más entre vosotros, y de indicaros algunas pautas para el futuro.

Mi labor será enseñaros cómo vivir juntos pacíficamente como hermanos.
Esto es más sencillo de lo que imagináis, amigos Míos, ya que sólo requiere la aceptación del Compartir.
El Compartir, realmente, es divino.
Subyace a todo progreso para el hombre.
Por medio suyo, hermanos y hermanas Míos, podéis entrar en correcta relación con Dios; y esto, amigos Míos, subyace a vuestras vidas.
Cuando compartís, reconocéis a Dios en vuestro hermano.
Esta es una verdad, sencilla, pero hasta ahora difícil de comprender por el hombre.
Ha llegado el momento de evidenciar esta verdad.

Por Mi Presencia, la Ley del Compartir se manifestará.
Por Mi Presencia, el hombre crecerá hasta Dios.
Por Mi Presencia y la de Mis Hermanos, la Tierra Nueva del Amor será conocida.
Aceptad, amigos Míos, esta simple Ley en vuestros corazones.
Manifestad el Amor a través del Compartir, y cambiad el mundo.
Cread a vuestro alrededor la atmósfera de paz y alegría, y conmigo haced nuevas todas las cosas.

Mi Venida presagia cambios;
y asimismo, dolor por la pérdida de las viejas estructuras.
Pero, amigos Míos, las viejas botellas deberán romperse – el vino nuevo merece algo mejor.
Amigos Míos, hermanos Míos, estoy cerca de vosotros ahora.
Percibo encima y alrededor de vosotros vuestra aspiración de Amor y Alegría.
Sé que esto está muy extendido en la humanidad; esto hace posible Mi Regreso.

Dejadme desvelaros vuestra divina herencia.
Dejadme mostraros las maravillas de Dios que aún os esperan.
Permitidme tomaros simplemente de la mano y llevaros al Bosque del Amor,

al Claro de la Paz,
al Río de la Verdad.

Tomad Mi mano, amigos Míos, y sabed que esto es vuestro, ahora.

*Del Mensaje Nº 82 – 12 de septiembre de 1979*

~~~
~~~

# Explosión de Espejismo

*[El siguiente artículo es una versión editada de la charla temática ofrecida por Benjamin Creme en mayo de 1999 en la Conferencia de Meditación de Transmisión celebrada en Shiga, Japón.]*

Nunca puedes trabajar más de la cuenta, con demasiada frecuencia o constancia con el espejismo. Al acercarse el día del emerger de Maitreya, he descubierto una súbita explosión de espejismo en los diferentes grupos, no sólo aquí en Japón sino en todo el mundo.

Los espejismos que parecían dominados, controlados, superados hace años, han florecido súbitamente en un renacimiento del espejismo. Parecería que cuanto más poderosas se vuelven las energías de Maitreya en el mundo – la energía de equilibrio, las energías de Acuario – más estimulan y activan los espejismos en los grupos. Puedes comprobarlo en el mundo exterior: repentinas explosiones de guerra en distintas zonas; explosiones extraordinarias, incluso entre niños jóvenes, que van a su colegio y disparan a sus compañeros; erupciones inesperadas de lo que fundamentalmente es el espejismo humano. Es la reacción del plano astral a la entrada de las grandes energías espirituales de Maitreya. Uno habría esperado que los grupos espirituales, especialmente aquellos conectados con el emerger de la Jerarquía, tendrían control sobre la situación, más allá de este espejismo, pero no parece ser el caso.

Maitreya se ha hecho más disponible. Ha realizado más apariciones con una apariencia u otra a muchos miembros de los grupos en todo el mundo, y esto ha estimulado su reacción astral. Esto funciona de dos maneras: la sobreestimulación de aquellos inmediatamente involucrados en las apariciones, que quizás es de esperar, y fundamentalmente no es demasiada nociva. Mucho más dañina es la respuesta de otros miembros a las experiencias de aquellos que han tenido algún tipo de contacto con Maitreya. En lugar de disfrutar de la buena fortuna de los individuos que han tenido el contacto con Maitreya, frecuentemente han habido fuertes reacciones de celos, que son muy perjudiciales para los individuos que las experimentan y para el grupo en su conjunto.

Existe una reacción general ilusionada astral al sentimiento de que el momento se está haciendo cada vez más propicio para la aparición de Maitreya. Algunas reacciones sobreestimuladas están teniendo lugar en todo el mundo. Maitreya no viene realmente para entusiasmarnos. Viene para enseñarnos el arte de vivir. Aunque cabe esperar este entusiasmo, debería ser controlado y canalizado de forma útil. Esto requiere, muy importante, la honestidad con uno mismo y con el grupo sobre la naturaleza de nuestras reacciones. Cuando comprendes que has respondido a sucesos en términos de espejismo, no es bueno dejarlo a un lado y decir: "Bueno, realmente no he sentido eso". Sólo cambiarás y crecerás cuando admitas abiertamente a ti mismo y a los demás que realmente tu respuesta era un espejismo, fue maliciosa, envidiosa u odiosa. No puedes aparentar ante ti mismo o ante el grupo, porque siempre seguirá dentro tuyo hasta que digas la verdad. Sólo entonces se pueden tener correctas relaciones grupales. Eso es lo ideal, por supuesto, y lo ideal rara vez se alcanza, desde luego no ahora, pero el grupo debería *aspirar* hacia ese tipo de honestidad.

Atañe a los grupos espirituales trabajar de una forma diferente de los seres humanos o grupos 'comunes'. Una persona espiritual, y por tanto un grupo espiritual, es alguien que ha aceptado la dimensión espiritual propia, de que son almas en encarnación. Por tanto, las relaciones grupales deben ser de un tipo diferente a las relaciones humanas cotidianas y comunes como lo son actualmente.

Las relaciones humanas comunes con otras personas están basadas 100 por ciento en su personalidad, y por tanto en el espejismo. Ya que la inmensa mayoría de la humanidad está astralmente polarizada, esto es inevitable. Pero un aspirante o discípulo está intentando elevar el punto de polarización a una mayor altura. Habiéndose hecho consciente del alma, su identidad espiritual, deberían buscar, y normalmente lo hacen, polarizarse a un nivel espiritual. El hombre medio que no es un aspirante pasa mucho de su vida en la competencia, en relaciones maliciosas, odios y resentimientos antiguos, reacciones de celos al éxito de otras personas. En lugar de compartir con placer el éxito de sus amigos y vecinos, frecuentemente tienen reacciones maliciosas y resentidas que niegan el logro de la otra persona. Esta es la realidad del mundo exterior del que todos formamos parte.

Un grupo esotérico se reúne como resultado de una necesidad Jerárquica, el impulso del alma y la relación kármica. El aspirante o discípulo es una persona que tiene un pie en el mundo exterior y un pie en la dimensión espiritual. En lugar de identificarse con la norma y lo común en el mundo exterior y de actuar de aquellas variadas formas negativas, deben aprender a controlar esas reacciones puramente astrales. Este control sólo puede proceder de arriba, del plano mental. Los aspirantes y discípulos deben aprender a controlar sus reacciones sensorias y emocionales de malicia, orgullo, ambición, temor y resentimiento desde el plano mental.

A través del cuerpo mental, el alma puede arrojar su luz en cualquier situación. Puedes convertirlo en una situación muy sencilla de razonamiento. ¿Es mi respuestas realmente espiritual? ¿Contribuye a la cohesión y bienestar del grupo? ¿O es personal, maliciosa y negativa, llena de crítica hacia los demás? El sentido común y la honestidad te darán las respuestas a estas preguntas. La mente te dará el sentido común, pero si no hay honestidad de mente no verás la reacción como un espejismo. Si no lo ves como un espejismo, nunca se marchará.

Creo que es necesario instaurar ciertos convenios en todo grupo. El primero debería ser que la expresión entre todos los miembros del grupo debería ser una de buena voluntad. El resentimiento y el odio deben arrojarse por la ventana. Los celos y los antiguos resentimientos son muy perjudiciales para el grupo, pero existen en todos ellos. La crítica, igualmente, debe considerarse como algo destructivo. Daña a la persona que es criticada; daña a la persona que la profiere, y daña al grupo en su conjunto.

## Encuentros con los Maestros

La mayoría de las personas de los grupos han tenido una experiencia de Maitreya de una forma u otra, pero sólo un número muy pequeño ha escrito realmente sobre ellas y han sido confirmadas, o incluso recordadas o reconocidas por lo que realmente fueron. Aquellos que han tenido experiencias, y que les han sido confirmadas como experiencias genuinas de Maitreya o de uno de los Maestros, normalmente reaccionan de una de las dos maneras. Pueden llenarse del espejismo de ser tan 'especiales' por haber sido contactados por el Instructor del Mundo, Maitreya. Si han tenido varias de esas experiencias, creen que realmente deben ser muy especiales. Otros, abordándolas de forma diferente, piensan: "No puede ser verdad. No puedo creer que hubiera sido Maitreya porque no me merezco tal experiencia".

Ambas reacciones son el resultado del espejismo. Una, el espejismo de la auto-denigración, es considerarse inferior a lo que uno es. Maitreya da experiencias a los grupos, así que ¿por qué no? El espejismo de la humildad artificial y el espejismo de la 'persona importante' son igualmente espejismos. El espejismo de empequeñecerse es quizás más aceptable que el espejismo de engrandecerse, pero aún es un espejismo.

Muchas personas tienen experiencias reiteradas de Maitreya. Si eso les crea el sentimiento de que son de alguna forma especiales, importantes o avanzadas de alguna manera, probablemente es el peor espejismo. Muy frecuentemente cuando Maitreya da una experiencia, lo hace para señalar algún espejismo en esa persona. No es porque es tan especial sino porque necesita de experiencias reiterativas para que le llegue el mensaje.

Tuvo lugar recientemente la experiencia más obvia de espejismo en relación a Maitreya a causa de un malentendido de la forma en que Maitreya trabaja en relación a los grupos, a lo que realmente está haciendo. La historia publicada en *Share Internacional* fue la experiencia original y auténtica. [Ver 'Cartas al Editor' en el apéndice de este capítulo– "El anillo perdido", "Encontrado el anillo perdido", "Interpretación repetida".] Una mujer de uno de los grupos pasó junto a un puesto en el que un hombre vendía joyas artesanales. Ella escogió algunas y él le entregó de regalo un anillo. Luego, ella perdió el anillo y entre tanto se confirmó que el hombre era Maitreya. Ella anhelaba encontrar al hombre nuevamente para sustituir el anillo pero el hombre y el puesto ya no se encontraban en ninguna parte. Un año después, encontró al mismo hombre y pudo comprar el mismo anillo. El mismo día, otra miembro del grupo también llegó al puesto y recibió del hombre un anillo de regalo. El suceso fue confirmado por mi Maestro como un contacto con Maitreya. Él era el hombre en el puesto que vendía joyas.

Se corrió la voz de que Maitreya tenía un puesto donde vendía bellas joyas artesanas realizadas con conchas marinas por muy poco dinero, uno cuantos cientos de yenes (unos pocos dólares americanos). Cuando se descubrió que este hombre tenía un puesto regularmente, todos fueron a comprar todas las joyas que pudieran. Ya que había un letrero en el puesto que decía "Se arreglan joyas", incluso trajeron sus propias joyas rotas para que el hombre las reparara – ¡creyendo que era Maitreya, el Instructor del Mundo! ¡Una mujer incluso pidió recoger su joya reparada no en el día en que él le sugirió sino en un día que le era más conveniente para ella! Sólo las primeras experiencias publicadas en la revista fueron de Maitreya. El resto fue puro espejismo por parte del grupo.

## Los muchos disfraces de Maitreya

Maitreya trabaja de distintas formas en términos de contacto. Algunas veces se aparece de una forma que se parece mucho a cómo Él es, como cuando se apareció en Nairobi, Kenia, por ejemplo, y fue fotografiado. Las ropas serán diferentes, pero el rostro será más o menos el mismo.

O Él se aparece como alguien que conoces, como yo. Él se apareció en mi última conferencia en Nueva York. Una mujer me vio llegar al vestíbulo del hotel donde tenía lugar la conferencia. Tomé el ascensor hasta el último piso, en dónde se celebraba la conferencia. Un minuto después me vio bajar de nuevo, pasar junto a ella, salir del edificio a la calle. Pero yo no hice aquello. Permanecí en la sala e impartí la conferencia. Ella afirmó que había bajado nuevamente y me había marchado, que era yo, sin lugar a dudas. *Excepto que era Maitreya.* Él frecuentemente opta por alguien como clave para evocar lo 'familiar'. Ella comentó: "Quedé conmocionada. Se me pusieron los pelos de punta. Se me puso la piel de gallina. Cuanto le vi a usted bajar de nuevo pensé, '¿Para qué ha vuelto a bajar?'" Era Maitreya asemejándome a mí en todos los aspectos.

También hizo lo mismo a una pareja belga que conozco. Subió a un autobús detrás de ellos y se sentó frente a ellos. Ellos miraban atónitos como yo estaba sentado frente a ellos – ¡excepto que tenía la piel negra! O algunas veces Él se parece a mí pero es mucho más alto, para que tengas a alguien a quien reconocer. Esa es la pista que te da para que le reconozcas.

La mayoría de las veces Él se aparecerá de cualquier forma – un anciano, un joven, una anciana, una joven, incluso un niño – que exige que utilices tu intuición para reconocerle. En muchos de estos casos, aunque sea muy diferente – un hombre, una mujer, un hombre bastante común – Él hace algo extraordinario o inusual. Viniendo a alguna de mis conferencias, quizás, y asegurándose de que es reconocido al comportarse extrañamente, como hizo recientemente en Osaka, cantando: "Soy un hombre normal que vengo del campo. Estoy totalmente fuera de lugar en este entorno". O pretendiendo parecer tan borracho que apenas puede mantenerse de pie, o dejando caer todo lo que lleva en sus bolsillos, recogiéndolo y volviéndolos a vaciar. Y a la vez yendo de un sitio a otro como un rayo. Estas son indicaciones de que este hombre no es lo que parece.

Estas personas aparentemente reales son 'familiares', formas mentales creadas por Maitreya como un hombre, mujer, niño, o quizás una persona extraña o graciosa deliberadamente creada por Él en su imaginación. Cuando esa forma mental no está allí, Él tampoco lo está. En contados casos, Él crea la forma mental con la apariencia exacta de una persona real. Si las vieras juntas, apreciarías que son exactamente idénticas, pero habrá una cierta diferencia en lo que sientes. Una será especial. La otra será la persona real. Conozco varios casos en que esto ocurrió. Una persona normal en un grupo debería ser capaz de ver la diferencia porque aunque la forma mental y la persona real parecen idénticas, la diferencia es que la forma mental está alimentada por la conciencia de Maitreya y la persona real no lo está.

Aquí es donde el grupo que se involucró con el joyero se equivocó. Maitreya puede hacer que la persona real hable como si estuviera pensando y haciendo lo que está haciendo pero las ideas provienen realmente de Maitreya. Él entra en la actividad diaria de una persona común pero nada de lo que la persona ha dicho realmente tiene algo que ver con Maitreya. La primera vez que le vio era una completa visualización de Maitreya del hombre, el puesto, su compañero, las joyas, etcétera. Todos los contactos posteriores fueron con el joyero mismo, no Maitreya. Allí es donde se involucró el espejismo del grupo.

Maitreya ha dicho: "No corráis tras de mí. No me reivindiquéis. No tratéis de guardarme en vuestro bolsillo. Si lo hacéis, me perderéis". Pero el grupo olvidó aquello, pensando: "¿Recibiste eso de Maitreya? Yo quiero lo mismo. Yo también quiero un poco. Es de Maitreya, con toda Su energía en ello". Así que todos fueron corriendo a comprar joyas. El negocio del joyero prosperó, ¡y las joyas se fueron encareciendo!

Eso es un inmenso espejismo de no reconocer la diferencia entre Maitreya y el hombre sobre el cual Él estaba basando Su forma mental. El error del grupo no es muy importante, lo que si es importante es la reacción ilusoria resultante de los otros miembros del grupo. Surgieron resentimientos, celos y acusaciones personales, que no tenían ninguna base – acusaciones contra personas que no tenían nada que ver con todo el proceso o que simplemente habían sido arrastradas por la histeria general.

¿Por qué creéis que Maitreya montó este puesto, esta ilusión del joyero? Tenía que haber una razón. Él ya sabría la reacción anticipadamente. ¿Pensáis que simplemente le estaba haciendo una broma al grupo, haciendo que todas esas mujeres compraran cantidades exageradas de joyas? No, es una lección para los grupos sobre la realidad de la sociedad de consumo. En cada nación existen aquellos que tan solo les agrada comprar, comprar y comprar. Yo no se cuánto hay de realidad en ella, pero fuera de Japón, los japoneses tienen la fama de encantarles comprar, comprar y comprar. En parte tiene que ver con la estructura social de regalar, por ello las personas están siempre comprando para obsequiar. Durante aproximadamente los últimos 20 años, ha habido una tremenda expansión económica en Japón causada por el consumismo. Es parte de la sociedad consumista en la que vivimos, y en la cual muchos japoneses están atrapados. Esto es lo que Maitreya quería indicar.

Si alguno tiene muchos prejuicios sobre la bebida, podrían tener una experiencia de Maitreya bebiendo cerveza o estando borracho. Entonces descubren que es Maitreya, o le reconocen. Ellos piensan: "¿Por qué se ha aparecido como un borracho o bebiendo? Quizás debería ser un poco más tolerante con la bebida". O tienen un gran prejuicio con el tabaco y tienen que compartir un taxi con alguien que está encendiendo un cigarrillo tras otro, una y otra vez. Ellos piensan: "¿Cómo podré sentarme al lado de alguien que huela tanto a tabaco? Odio esto." Entonces descubren que la persona no huele nada a tabaco aunque se ha fumado 10 cigarrillos. Otra vez una señal para ser más tolerante. En el caso de las joyas, si puedes conseguir esa preciosa joya artesana por unos pocos cientos de yenes, no tienes que ir y comprarlas todas. Es una prueba.

## La necesidad de la intuición espiritual

Hubo una ocasión de una aparición del Maestro Jesús a una mujer en uno de los grupos [japoneses] que duró un mes entero. El Maestro Jesús no se presentó como el Maestro Jesús sino como otra persona, y por último pidió permiso para quedarse en el piso de esa persona, que se utiliza para la Meditación de Transmisión. Dio explicaciones muy específicas a varias personas del grupo. [Ver 'Cartas al Editor' en el apéndice de éste capítulo: "Invitado"]

Lo importante desde un punto de vista del espejismo es – bueno, hay dos cosas aquí. Obviamente no abres la puerta a cualquiera. No invitas a todo el que encuentras por primera vez a venir y vivir contigo, compartir tu oficina o lo que sea, sin alguna buena razón, sin que ellos te hubieran dado alguna impresión de sinceridad y valor. Por supuesto, que existen timadores de la confianza que podrían engañar casi a cualquiera; son tan ingeniosos, tan experimentados, que la persona más atenta en el mundo podría ser engañada. En este caso particular debía haber habido algo del Maestro Jesús que no sería algo ordinario. La persona involucrada tuvo la intuición, la percepción, de reconocerlo. Surge la pregunta: ¿por qué los demás no tuvieron esa percepción de la verdadera naturaleza del hombre? ¿Piensan como las personas comunes, creen que las personas siempre realizan timos de la confianza? En otras palabras, fiarse de la forma externa, la idea y concepción externa de la gente, que nueve de cada diez veces podría ser lo más sensato que hacer. Cuando es el Maestro Jesús, como resultó ser, deberán estar presentes algunas otras cualidades. Tiene que haber habido algo que le dio a la persona en cuestión la confianza para invitarle a quedarse. Él permaneció durante un mes y le dejó un carta.

Esto es algo que cada uno debe cultivar; este sentido de intuición, percepción espiritual. Así que sabes lo que confiar y ves instantáneamente lo que no vale la pena. La clave es el corazón; tu puedes confiar en el corazón. Tu mente te dará todo tipo de ideas que surgen del sitio de donde procedes, de cómo se te ha educado, pero el corazón siempre te dirá lo que es verdadero y lo que es falso. Por supuesto el espejismo de los otros miembros del grupo es muy claro. No tienen derecho a insistir en imponer sus ideas en el individuo. Ella siguió a su corazón, así que hizo lo correcto. Se equivocó al tirar la carta que le había dejado después que las ideas de los otros fueran impuestas en ella – pero la había guardado durante dos años.

El problema con el espejismo es, como el Maestro Djwhal Khul ha escrito, un problema mundial – el problema más importante y difícil al que se afronta la humanidad. Es la base de todo nuestro dolor, sufrimiento y fechorías, y cuanto antes la humanidad en su conjunto puede iluminar la niebla del espejismo, antes progresará en su evolución.
(*Share International*, Enero/Febrero 2000)

~~~

En vuestras manos, amigos Míos, descansa la clave de esta Aparición.

Haced saber el hecho de Mi Presencia entre vosotros y acelerad Mi Emerger.

Por todas partes haced saber esta verdad y reunid alrededor Mío a vuestros hermanos y hermanas.

Cuando Me veáis y oigáis os daréis cuenta que conocíais desde hace mucho tiempo las Verdades que Yo expreso.

Dentro de vuestros corazones descansa la Verdad de Dios.

Estas sencillas verdades, amigos Míos, subyacen toda existencia.

Compartir y Justicia, Fraternidad y Libertad no son conceptos nuevos.

Desde el principio de los tiempos la humanidad ha unido su aspiración con estas estrellas que llaman.

Ahora, amigos Míos, anclémoslas en el mundo.

*Del Mensaje N° 105 – 5 de junio de 1980*

~~~

# Explosión de Espejismo: Preguntas y respuestas

*[Las preguntas sin fecha de publicación son de las conferencias de 1999 en EEUU y Japón, y fueron publicadas en **Share International**, Enero/ Febrero 2000. La preguntas con la marca 'JC' son de la conferencia japonesa en 2000 de Benjamin Creme que no han sido publicadas hasta la fecha]*

## Respuesta del corazón contra respuesta mental

**Usted ha dicho que la mente siempre racionaliza las cosas y que el corazón dice la verdad, que la respuesta del corazón siempre es correcta y que se debe confiar en el corazón. ¿Cómo se puede distinguir lo que viene del corazón y lo que viene de la mente?**

Siempre sabes dónde se encuentra el corazón. La mente trabaja a través del cerebro, y siempre puedes determinar si tu respuesta es desde el corazón o desde el cerebro porque éste siempre racionaliza, mientras que el corazón intuye. Si quieres saber lo que tu corazón dice, sitúa tu atención en el corazón *en el lado derecho del cuerpo* (no el corazón físico) que es donde se asienta el alma en el cuerpo. Si encuentras una reacción allí, sabrás la respuesta, sí o no, correcto o incorrecto.

Si estás experimentando desde el plexo solar, eso no es más digno de confianza que el cerebro. Siempre podrás distinguir la diferencia (una vez que la reconozcas) entre el plexo solar, la reacción astral/emocional, y la reacción del corazón. Son dos sensaciones diferentes. Si es del plexo solar, reconócela e ignórala. Si llegas a una respuesta con el cerebro por deducción – poniendo de un lado esto y del otro aquello y comparando a ambos – podrías llegar o no a una respuesta correcta. Si experimentas lo que está ocurriendo en el corazón, podrás confiar en esa reacción. Te dará la intuición de que eso es lo correcto de hacer y lo otro no lo es.

Siempre encontrarás que la respuesta del corazón, desde el punto de vista de tu personalidad, es completamente impersonal y objetiva. No tiene en cuenta tus gustos y aversiones. Es altruista y no crítica. Si hay involucrado crítica, diferencias de personalidad, gustos y aversiones, entonces sabes que no proviene del corazón. Si es del corazón, tienes una intuición de clara precisión aunque a veces llena de dificultades. Si está en contra de las inclinaciones naturales de tu personalidad, si es difícil y si es una intención bien definida de correcta acción, entonces puedes confiar en ella. Si es, por ejemplo, para el bien del mundo, de la sociedad, del grupo, incluso si es desagradable para ti como personalidad, entonces es probable que provenga del corazón más que de la mente.

El alma, trabajando a través del corazón, no está intentando convertir a la personalidad en masoquista, pero muy frecuentemente las intenciones e impulsos del alma no concuerdan con los gustos y aversiones de la personalidad. Descubrirás que la apelación del corazón siempre es impersonal, objetiva y no tiene nada que ver con tus gustos y aversiones.

**(1) ¿Hay alguna diferencia entre 'emoción' y 'sentimiento'? (2) Yo diría que la emoción es astral mientras que el sentimiento es algo del corazón. (Mayo 1997)**

(1) Sí. (2) Estaría de acuerdo – si se sabe cómo separar ambos y reconocer la diferencia.

**Entiendo que el espejismo es como una niebla en el plano astral. ¿Cuál es la relación entre el espejismo y la mente? También se habla de la honestidad de mente. ¿Podría explicar la relación?**

El problema para la mayoría de personas es que no tienen honestidad de mente. Piensan una cosa, dicen algo diferente, y hacen algo opuesto. ¿Por ello cómo puedes confiar en la mente? Sólo puedes confiar en la mente si existe honestidad de mente. Siempre hay honestidad de corazón, pero la persona puede reconocerla o no. Por ello las personas intentan solucionar sus problemas desde la mente. Pero la mente trabaja a través del cerebro, y la persona está así confundida sobre lo que realmente quieren hacer o pensar o creer porque no hay honestidad de mente. Nunca la hubo. Así no hay una continuidad de confianza en la mente.

La mente que es honesta puede reflejar la luz del alma. El alma utiliza el cuerpo mental, la mente, para mostrar la realidad que las formas de espejismo evitan que veamos. Esto gradualmente produce un grado de iluminación mental de los problemas de espejismo, y alcanza, por último, la polarización mental. Hay un cambio de la polarización astral a la mental y, a su debido tiempo, a la polarización espiritual. Esa es la meta.

**¿Son la honestidad de mente y la conciencia despierta del corazón una misma cosa?**

No. Son dos formas diferentes de abordar la realidad. La mente, por supuesto, tiene conciencia despierta. Es a través de la mente que el alma puede ver las acciones del cuerpo astral y esparcir su luz en los espejismos del plano astral. Pero si careces de honestidad de mente, no observas los sucesos astrales objetivamente. Los miras de una forma parcial, para que te sientas bien. Eso es autoengaño.

**¿Conducirá la conciencia despierta del corazón a la disipación del espejismo?**

La honestidad de mente y la conciencia despierta del corazón conducirán a la disipación del espejismo. Todo lo que te vuelva más desapegado, que lo consiguen estas dos cosas, disipa el espejismo. El espejismo y el desapego son opuestos.

**¿Cómo distingue entre intuición y respuesta instintiva y emocional?**

La mayoría de las personas afrontan todo desde una forma de pensamiento condicionada y habitual, condicionada por sus prejuicios, que inhiben la función de la intuición. La intuición es una función del alma, por la cual la luz del alma se vierte en el cuerpo mental, y el cuerpo mental puede observar las diversas necesidades de atención. Algo surge, la persona lo observa, y tiene que reaccionar de una forma u otra. La manera normal, media, es reaccionar de la forma que lo hicieron ayer, o hace un año, de la forma que suelen hacerlo, condicionados por sus prejuicios, sus concepciones sobre la naturaleza de la vida. Toman una rápida decisión, un pensamiento rápido, y casi siempre se trata de una reacción astral/emocional, para nada intuición.

Una decisión debe tomarse, y aportas a ella lo que eres en ese punto. Eres siempre más de lo que sabes pero normalmente la mayoría de personas aportan sus procesos mentales habituales para afrontar cualquier situación. Estos, a menos que la persona esté mentalmente polarizada, estarán considerablemente condicionados por su imaginación astral, su reacción astral/emocional a cualquier impresión o experiencia. La intuición difícilmente encuentra un momento en el cual poder contribuir a la situación.

## Perseguir a Maitreya

**Siento que debería probablemente enfocar mi atención más en cómo podría difundir la información en lugar de estar buscando siempre alrededor intentando reconocer a Maitreya. Veo que cuando no estoy enfocado en ver a Maitreya, me olvido de mi mismo y hago algo. Me encuentro haciendo algo bueno para este trabajo.**

Obviamente todo aquel conectado a este trabajo le gustaría tener una experiencia de Maitreya. Es así de cierto que conozco personas que buscan una experiencia todo el tiempo. Cada vez que pasan cerca de una persona sin hogar piensan: "Quizás es Maitreya. ¿Es ese Maitreya?" Quieren ver a Maitreya todo el tiempo. Se concentran en ello siempre. Y, por supuesto, la mayoría de ellos no tienen una experiencia.

Por otro lado, existen aquellos que podrían necesitar una experiencia, que están desesperados, o muy enfermos o infelices. Maitreya o el Maestro Jesús podría aparecerse a ellos para darle esperanza, estimularles, hacerles sentir más optimismo de cara a la vida. Conozco a muchas personas que han tenido experiencias de este tipo, incluso hace 10 o 15 años, antes de que hubieran escuchado de Maitreya. Los Maestros saben quién se involucrará en este trabajo mucho antes de que realmente se involucren. La gente súbitamente recuerda a una persona o experiencia que no se parece a nada de lo que habían experimentado hasta entonces – muy frecuentemente en periodos de tensión, dificultad, profunda depresión y tristeza.

Estoy bastante de acuerdo de que es mejor simplemente continuar con el trabajo, y si tienes una experiencia pues mucho mejor. Si no la tienes, aún está bien, no hay problemas. Pero ir ansiando y deseando una experiencia de Maitreya es una pérdida de tu tiempo y energía. Te aparta de lo real, que es preparar al público para que reconozca a Maitreya. Esta es otra forma de 'perseguirle'.

Conozco un hombre que vivía en Londres, que tuvo las más extraordinarias experiencias de Maitreya. (Se de personas que darían un brazo para tener una de tales experiencias.) Sin embargo a pesar de ello, y del estrecho contacto con Maitreya y con los swamis con los cuales Maitreya trabaja, él aún corre detrás de Maitreya. Intenta sacarle una foto, soborna a personas que cuidan de los templos para que le digan cuándo Maitreya estará allí, e invitará a sus amigos para que vayan y le fotografíen. Él no necesita hacer esto; veía a Maitreya todo el tiempo. Pero intentaba ayudar a sus amigos. Nunca consiguió ninguna fotografía. La cámara siempre se atascaba cuando intentaba utilizarla. Yo le advertí de ello. Le dije: "Si le persigues de esta manera, te alejarás cada vez más de Él". Eso fue exactamente lo que pasó.

Cuanto más le persigas, más lejos estará de ti. Debes estar desapegado incluso de Maitreya. Incluso si yo se dónde se encuentra nunca voy a ese sitio. Si sé que va a estar en una reunión, nunca iré a ese sitio. No es necesario darle la mano a alguien que es real. Él es real para ti en tu corazón o no lo es. Si Él está en tu corazón, no tienes necesidad de verle o de darle la mano.

## Rayos y espejismos

**Para conocer nuestros espejismos objetivamente, ¿no necesitaríamos saber nuestra estructura de rayos y cómo se expresan esos espejismos?**

Todos los rayos tienen sus espejismos específicos. Algunos tienen más que los otros, y todos son igualmente perniciosos. Los rayos con los espejismos más graves, el mayor número de espejismos, son el 6º, el 2º y el 1º.

Los principales espejismos del primer rayo son un sentido de superioridad, la terquedad, un sentido exagerado de la importancia de uno mismo, y un separatismo como resultado de estos espejismos. La persona de 1$^{er}$ rayo es frecuentemente arrogante. Por tanto, el principal espejismo de ese tipo es el orgullo.

Los espejismos del 2º rayo son normalmente aquellos de autodenigración, empequeñecerse a uno mismo. A causa de que la persona de 2º rayo encuentra dificultad de manejar situaciones en el mundo exterior, tienden a ser tímidos en relación a otras personas. En su forma extrema, se convierten en alfombras que todos caminan sobre ellas. Uno de los espejismos de la persona de 2º rayo es que nunca pueden decidir una cosa. Poseen una gran empatía y pueden ver todos los aspectos de cualquier tema. A causa de esta empatía, tienen la tendencia de no tener un punto de vista propio porque siempre pueden ver el punto de vista de los demás. La empatía es algo maravilloso, pero si acabas sin tener ningún punto de vista propio, llegas a ser más bien inútil en una situación grupal porque siempre estás cambiando de opinión. La timidez y estar distante son los principales vicios de este rayo.

El 6º rayo es el que más espejismos tiene de todos los rayos. Las personas de 6º rayo poseen los espejismos de todos los demás rayos juntos. Tienen las características de arrogancia y orgullo del 1ᵉʳ rayo, que atribuyen a su fuerza de voluntad, ambición y empuje para el poder, y confunden estas cualidades con la voluntad. Es deseo expresado. A causa de que el deseo es muy poderoso, creen que es voluntad. Toda persona, probablemente sin excepción, que me han dado sus estructuras de rayos para que las mirara, si tenían un doble 6 en la personalidad, 6 en el rayo principal y 6 en el subrayo, creían que tenían una personalidad de 1ᵉʳ rayo. Siempre lo confunden con el 1ᵉʳ rayo porque son tan conscientes en ellos mismos de este principio del deseo – sólo que lo llaman voluntad.

La persona de 1ᵉʳ rayo actúa de una forma poderosa sin incluso ser consciente de ello. No piensan en términos de poder. Simplemente lo hacen. La voluntad actúa, y es un tipo de acción completamente diferente del principio de deseo del 6º rayo. Por tanto, el 1ᵉʳ rayo, excepto en un individuo relativamente evolucionado, puede ser peligroso porque puede ser muy destructivo. La persona de 1ᵉʳ rayo frecuentemente tiene orgullo, incluso a un nivel elevado, pero también amplitud de visión y una capacidad de ver la situación en su conjunto que los otros tipos de rayo no poseen.

La persona de 6º rayo, a causa de su poderosa energía de deseo, puede hacer casi cualquier cosa si lo desea suficientemente. Pueden escalar montañas. Pudieron encontrar su camino desde Nueva York hasta San Francisco a través de las Montañas Rocosas, cuando no había caminos, con hombres salvajes con arcos y flechas atacándoles todo el tiempo. Son grandes fanáticos.

El 1ᵉʳ rayo no teme. La persona de 1ᵉʳ rayo actúa sin temor porque ni siquiera piensan en ello. El 6º rayo realiza acciones poderosas y energéticas sin temor porque su deseo es tan fuerte que superan el temor. La mayoría de personas en casi todos los grupos de este tipo en todo el mundo tienen muchos rayos 6; de otra forma no estarían en el grupo. Poseen un idealismo marcado, y responden a la idea de una causa. Se han dedicado a la causa. Ese idealismo es necesario para preparar el camino para Maitreya. Debes responder a la idea antes de que te hayas encendido lo suficiente para hacer algo al respecto.

Aunque es muy energético e idealista, muy dispuesto a actuar valerosamente, la persona del 6º rayo normalmente no puede trabajar con el grupo. Pueden trabajar *para* el grupo pero no *con* el grupo. Son personas extremadamente separatistas. Es así de cierto que la mayoría de los problemas en casi todos los grupos son el resultado de la incapacidad de las personas del 6º rayo para trabajar con el grupo. Pueden hacer todo tipo de cosas para el grupo, pero no pueden trabajar con el grupo como un miembro común al mismo nivel que todos. Son altamente individualistas pero no pueden poner su individualidad al servicio del grupo.

Estas personas siempre piensan que todos en el grupo están equivocados excepto ellos, y que saben mejor que cualquier otro. Existe una lucha constante entre las personas de este tipo y el grupo en su conjunto. Pasa lo mismo en todo el mundo. Tales individuos no deben ostentar una posición de poder en un grupo porque a menudo abusan de ella. Rara vez comprenden la necesidad grupal, el bien del grupo, y trabajan para ello, pero con sus propias condiciones. El autoengaño es el principal vicio de este rayo.

Las personas de 3er rayo tienen muchos espejismos, el principal de ellos es una gran capacidad de racionalización. El 3er rayo, especialmente cuando se encuentra en el plano mental, racionaliza todo. Cada acción, cada reacción, es racionalizada hasta que la persona se siente confortable, por ello existe una gran deshonestidad en las personas de 3er rayo. El 3er rayo tiende a ser 'la araña en el centro de la telaraña'. Tales personas les gusta poner un dedo en todos los pasteles. Manipulan y crean pequeñas camarillas de sus amigos que pueden influenciar. No poseen un sentido real de conciencia despierta grupal, o de conciencia grupal. Son hábiles haciendo dinero y pueden manipular el mundo físico exterior bastante bien, pero en términos de conciencia espiritual están muy limitados. Tienden a estar activos por amor a la acción –no pueden quedarse quietos.

El 2º rayo es lo opuesto. Las personas del 2º rayo tienen un contacto muy rápido y fácil con el alma sin ningún esfuerzo, y así se vuelven muy introvertidos. Esto significa que en el plano físico exterior están limitados. No encuentran eso fácil. Las personas del 3er rayo encuentran muy fácil controlar el plano físico exterior pero encuentran realmente muy difícil el contacto con el alma.

Las personas del 5º rayo, especialmente aquellas con un 5º rayo a nivel mental o cerebral físico, están tan retraídos en el plano mental que son muy críticos con aquellos que no ven lo que ellos sí ven. Ellos ven claramente, pero de una forma muy limitada, en una zona muy estrecha. Son más bien arrogantes sobre su capacidad de ver claramente, olvidándose del mundo que existe más allá de su punto de vista limitado, del cual no tienen la menor visión. Muchos científicos están muy influenciados por el 5º rayo. La tecnología moderna es un fenómeno del 5º rayo. Alcanzas una visión muy aguda y clara de cada pequeño problema y una completa falta de conciencia despierta del mundo en su totalidad, el mundo de los diferentes planos de conciencia. La mayoría de los científicos están completamente en contra de cualquier punto de vista esotérico. Nunca se les ocurre pensar que existe mucho más mundo del que pueden llegar a ver en sus microscopios y medir.

Los espejismos y vicios del 4º rayo son diversos. Fuerom resumidos por el Maestro Djwhal Khul (a través de Alice Bailey) como egocentrismo (al cual yo añadiría exhibicionismo –comunicación 'exagerada'. Muchos conocidos animadores y artistas pop poseen doble rayo 4º –principal y subrayo– en la personalidad); preocupación, inexactitud, falta de valor moral, fuertes pasiones, indolencia, extravagancia. Yo añadiría dilación y autodramatización.

Los espejismos del 7º rayo fucron resumidos por el Maestro Djwhal Khul como formalismo, intolerancia, orgullo, estrechez mental, juicio superficial, opinión propia demasiado consentida. Yo añadiría una marcada inflexibilidad y lejanía.

Todas las personas de estos rayos tienen virtudes. Sólo estoy hablando de sus espejismos. No tenemos que hablar de las virtudes porque siempre serán positivas. Los espejismos son las tendencias destructivas.

**Con el comentario del Maestro Djwhal Khul en mente sobre las personas del rayo 6º que toman un puesto de poder y autoridad, yo siempre conscientemente he cooperado desde detrás del grupo, siendo impersonal en lugar de tomar el liderazgo, debido a mi estructura de rayos. Supongo que esto es así porque el 6º rayo tiene mucho peso en ella.**

Uno de los principales espejismos de la persona del 6º rayo es el autoengaño. La persona de 6º rayo es realmente muy idealista. Pero confunden el ideal por realización. Yo no me lo creo si una persona de 6º rayo dice: "Conozco mis posibles fallos. Sé que querré dominar y controlar el grupo, así que permaneceré detrás y no me abriré paso adelante. Trabajaré desde detrás de la escena y no seré muy comunicativo". No conozco a la persona en cuestión así que no puedo afirmar si estoy en lo cierto o no.

Esa es la intención, estoy seguro, pero apostaría hasta el último céntimo a que esa no es la realidad. Es el autoengaño del 6º rayo.

Tomemos un ejemplo objetivo fuera del grupo o personalidades. Miremos a Estados Unidos de América –2º rayo de alma, 6º rayo de personalidad. El ideal de EEUU es que ve la fraternidad del hombre. Se considera el defensor de la paz, la justicia y la libertad en todas partes del mundo. Realmente posee el ideal. Todos 'saben' que un norteamericano es más 'libre' y 'liberado' que cualquier otra persona. Pregunta a un norteamericano, y recibirás esa respuesta. "Sí, creemos en la justicia. Creemos en la libertad para todos". ¿Negros y blancos? "Sí, negros y blancos." Pregunta a un norteamericano negro, especialmente en el Sur, si se siente libre. ¿Percibe que tiene justicia? Recibirás una respuesta muy diferente. Existen norteamericanos, y existen otros norteamericanos.

Desde la Segunda Guerra Mundial, Norteamérica ha invadido más países que cualquiera otra nación –desde Corea del Sur y Vietnam, en adelante. Si no han invadido un país de hecho, lo han alterado ayudando a los rebeldes de allí –trabajando a través de grupos, proporcionando armas y dinero. Para eso está la CIA, para alterar el orden de otras naciones.

Esa es la realidad, pero el *ideal* es justicia y libertad para todos, al estilo norteamericano. Existen alrededor de 265 millones de personas en EEUU, y, oficialmente, 33 millones viven por debajo del umbral de la pobreza. Ese es el autoengaño más descarado, y es el resultado de la tendencia del 6º rayo.

Al igual, la persona que escribió esta pregunta, yo creo, siente: "Tengo muchos rayos 6º. Sé lo que el Maestro Djwhal Khul dice que no se le debe dar poder y autoridad porque siempre abusan de ella, así que permanecerá detrás de la escena. Eso será lo mejor y más honesto que podría hacer". Porque tienen la idea, piensan que es lo que realmente están haciendo. Rara vez llevan a cabo el ideal. Tienes que ser una persona muy avanzada para llevar a cabo el ideal.

**¿Por qué un alma de 6º rayo daría a su vehículo una personalidad de 6º rayo, un cuerpo astral de 6º rayo, y quizás también una mente de 6º rayo?**

Sucede con frecuencia –algunas veces doble 6, doble 6, doble 6. Conozco a personas con esa estructura de rayos. Se hace para llevar todo el asunto hasta un punto culminante para que en una encarnación específica cuando la persona haya logrado cierto grado de evolución, quizás en alguna parte entre 1 y 1.5, son capaces de reconocer el espejismo cuando lo ven escrito en grandes letras. El alma proporciona esas estructuras de rayo con tal énfasis para hacer que los espejismos sean tan obvios que incluso esa persona pueda finalmente reconocerlos, después de todas esas encarnaciones en las cuales permanecieron dentro de una niebla. Pueden comenzar a ver porque sus espejismos son tan fuertes, tan claros.

**¿Por qué el alma centra su foco en la personalidad de 6° rayo cuando el 6° rayo posee tales espejismos?**

Mi experiencia es que en la mayoría de los casos el alma se enfoca en el cuerpo mental para que la persona, en esa vida o en la siguiente, podría alcanzar la polarización mental. Si el foco del alma está en la personalidad de 6° rayo, podría ser, como dije anteriormente, para hacer que los espejismos sean tan obvios que esa persona pueda verlos. Y, con esperanza, permita a la perfección del alma reflejarse a través de la personalidad de 6° rayo. La virtud excepcional del 6° rayo, que, por supuesto posee el alma, es el autosacrificio. Esto no significa que la personalidad de 6° rayo tenga, necesariamente, una fuerte capacidad de autosacrificio. Si fueran avanzados lo sería, pero ese no es siempre el caso. Si tomas las cualidades más elevadas, las virtudes del 6° rayo –autosacrificio, visión, capacidad de visionar el ideal, idealismo, devoción, firmeza, lealtad– y los conviertes en sus opuestos, obtienes los vicios del 6° rayo. En lugar de lealtad tienes al Judas, deslealtad. En lugar de visión tienes autoengaño. En lugar de devoción tienes devoción ciega durante un tiempo y luego a veces el extremo opuesto. El separatismo es el mayor vicio del 6° rayo.

Todos conocen al individuo. Cada grupo lo tiene: una persona llena de ideales para y sobre el grupo, pero no puede trabajar con el grupo, sólo para el grupo. No pueden trabajar con otras personas, no pueden verse al nivel de otras personas y trabajar con ellas. Siempre saben más, por lo que no pueden trabajar con nadie. Exagero, por supuesto, pero esa es la tendencia.

Hasta que ves al espejismo como algo irreal, no puedes hacer nada al respecto. Estás inmerso en él y eso es todo lo que puedes hacer. Así que el alma resaltará la posibilidad de espejismos en la personalidad o cuerpo astral, a veces en el cuerpo mental, para poner los espejismo delante, hacerlos tan grandes y obvios que la persona al final les vea por lo que son.

**¿Cuál es la función del 1er rayo dentro de las relaciones cooperativas, especialmente en lo que concierne el liderazgo? (Mayo 1998)**

Esa pregunta, en mi opinión, es una manifestación de la idea incorrecta que la mayoría de personas de 2º y 6º rayo tienen sobre cómo es el 1er rayo. Siempre se cree que la persona de 1er rayo es un líder, y ciertamente muchas personas de 1er rayo tienen grandes cualidades para el liderazgo. Esta cualidad, no obstante, no es exclusiva del 1er rayo. Si así fuera, habrían relativamente muy pocas personas en el mundo que fueran líderes, porque hay relativamente muy pocas almas de 1er rayo en el mundo. Y ya que estamos en un sistema solar de 2º rayo, ese 1er rayo es siempre el primer sub-rayo del 2º rayo. No hay un 1er rayo puro en este sistema solar.

El 1er rayo siempre se considera como el que sigue adelante con una total falta de temor, lo que le hace ser un gran líder, que inspira a los demás. Eso puede ser, y a menudo lo es. Hitler era una persona de ese estilo, ¿pero hizo algo de bueno para el mundo? No sirvió para nada de bueno al pueblo alemán, y causó enorme daño a muchos millones de personas. Veinticinco millones de personas murieron sólo en Rusia luchando contra los ejércitos de Hitler. Seis millones de judíos y quizás un millón de húngaros, gitanos, polacos y personas de distintos grupos étnicos murieron en los campos de exterminio con Hitler.

Como cualquier otro rayo, el 1er rayo puede ser destructivo o constructivo, pero no es el único rayo para el liderazgo. Es relativamente escaso en los grupos que yo conozco personalmente y conozco ya la estructura de rayos de muchos cientos de personas en los grupos de todas partes del mundo. El 1er rayo es tan poco común que encontrarías muy pocas personas en estos grupos con una alma de 1er rayo. Ocasionalmente, se encuentra una mente de 1er rayo. La personalidad de 1er rayo es, afortunadamente, relativamente poco común, porque es difícil de manejar. Pocas personas tienen un cuerpo astral de 1er rayo. El único rayo que todavía no he visto nunca en el cuerpo astral es el 5º rayo. He conocido un cuerpo astral de 7º rayo, algo muy escaso. El cuerpo astral de 3º rayo es también, naturalmente, relativamente poco común.

La mente de 1er rayo es un tipo particular de mente, una mente potente, que cuenta con una amplia visión de las cosas, y que puede enfocar las ideas con poder y es por tanto muy influyente. Si observas las estructuras de rayos al final del libro *La Misión de Maitreya, tomo III* (o en tomos anteriores) se observa que un gran número de estos iniciados tenían una mente de 1er rayo. Si se trata de grandes generales del ejército o de reyes, se pueden encontrar también personalidades de 1$^{er}$ rayo, y muy a menudo cuerpos físicos de 1$^{er}$ rayo. Se encontrará una mente de 1$^{er}$ rayo en personas que fueron muy influyentes en sus vidas en cualquier tipo de trabajo en el que estuvieran implicados. Esto no significa que fueran líderes, sino que fueron líderes del pensamiento. No fueron necesariamente líderes políticos, aunque muchos lo fueron – como Hitler, Tito, Mao Tse-tung y Winston Churchill. Todos ellos demostraron esa cualidad de mente.

## Rayos del alma

**¿Se manifestaría el rayo del alma como espejismo?**

No, nunca. El alma no tiene espejismos. El espejismo es el resultado de la incapacidad de la cualidad del alma para manifestarse puramente a través de la personalidad o los vehículos.

**El alma no tiene espejismos, ¿pero por qué una persona que no tenga el rayo del alma en cualquier rayo de la personalidad expresa el espejismo del rayo del alma?**

La personalidad expresa los espejismos. Aunque el alma no tiene espejismos, al ser perfecta, el problema es que en el nivel de la personalidad, los espejismos, que son los aspectos opuestos de la cualidad del alma perfecta, se expresan. Esa es una razón.

Otra razón es que el rayo del alma, cualquiera que sea, no es la fuente de todos los aspectos. Comparte estos aspectos con otros rayos. Si posees un cierto espejismo, que reconoces en la personalidad o nivel mental, bien podría tratarse del opuesto de la virtud de varios rayos, porque estas cualidades, hasta cierto grado, son compartidas. Algunas cualidades del 2º rayo, por ejemplo, son compartidas por los rayos 4º y 6º. Algunas cualidades del 1$^{er}$ rayo son compartidas por el 3º. Las cualidades del 3$^{er}$, hasta cierto punto, son compartidas por los rayos 5º y 7º. No está tan bien delimitado como pudieras imaginar. Si observas la lista de espejismos, o las virtudes y vicios de los diferentes rayos, verías que algunos de ellos tienen dos, tres o cuatro vicios comunes.

Otra razón es que nadie se encuentra en su primera encarnación. Todos han tenido a todos los rayos una y otra vez como parte de su equipamiento en diferentes vidas. Estas cualidades ya están introducidas dentro del 'sistema'.

**¿Qué cuerpos –astral, mental, alma, etc.– son más responsables del espejismo?**

Tienes que descartar al alma. El alma no es responsable del espejismo, sino que lo son la personalidad, el cuerpo astral y el cuerpo mental. La falta de desapego de la personalidad es la causa real del espejismo.

[Para más información sobre los Siete Rayos, ver Benjamin Creme, *La Misión de Maitreya, Tomos I y II.]*

## Cómo enseñan los Maestros

**¿Nos enseñarán directamente los Maestros cuando emerjan? De otra forma el mundo entero no puede cambiar.**

Los Maestros no van a administrar la vida por ti. No van a decir: "Deberías hacer más de esto y esto y aquello". Mi Maestro no lo hace conmigo. Si quiero saber algo, debo preguntarle. De otra manera Él nunca dice una palabra. Y debo preguntar de la forma correcta, de lo contrario podría recibir una respuesta e interpretar mal su significado.

Por ejemplo, al principio, si estaba leyendo un libro, y encontrara algo y pensaba que intuitivamente había entendido su significado, decía: "¿Se trata de esto?" Y el Maestro decía: "Exactamente, exactamente". Lo hizo durante muchos meses. Pensé que yo era bastante bueno, comprendiendo todo eso. Pensé que mi intuición estaba funcionando realmente. Pasó mucho tiempo hasta que comprendí que "exactamente" no significaba que yo estaba exactamente en lo cierto. Significaba: "Exactamente. Eso es lo que tú estás diciendo". Los Maestros son muy precisos. Él no diría: "No, no. Eso es incorrecto". Eso me llevaría a una táctica diferente. Eso sería algo que Él no tendría el derecho a decirme. Sería un infringir de mi derecho a enseñarme a mí mismo. Debes enseñarte a ti mismo, no preguntar o esperar que un Maestro lo haga.

**¿Podría darnos algunos ejemplos de cómo usted se libró de sus propios espejismos?**

Fui conducido por mi Maestro, y el proceso para liberarme de espejismos e ilusiones fue tan intenso que es muy difícil para mí proporcionar una idea de ello. Fue como someterse a un profundo y continuo psicoanálisis durante 20 horas al día. No ir una o dos veces por semana al analista y hablar durante una hora de una forma agradable y acogedora, sino continuamente, como si Él estuviera sentado sobre tus hombros, pasando por el proceso más doloroso de liberación de espejismos e ilusiones. Sin parar, minuto tras minuto, día tras día, con esa voz dentro de tu cabeza. Ocasionalmente Él se disculpaba por tener que hacer esto. No puedes escaparte de la voz de un Maestro. Él podía hacer que Su voz fuera más alta que cualquier pensamiento que pudieras fabricar. Puede imitar cualquier ruido en tu cabeza. Puede imitar las voces de otras personas, y podrían pasar varios minutos hasta que me diera cuenta de que no era esas personas sino el Maestro. Pueden realizar cualquier cosa mágica. No sabría por dónde comenzar. Oiría la voz de alguien. Conocería a esa persona, y entonces debía decidir si era cierto o no. Me volví astuto. Diría no, esta vez no lo has logrado. De ninguna manera consideraré que se trata de tal o cual persona. La voz sería la misma pero había algo que faltaba.

Es como mostrarte en primer lugar todas tus debilidades, escogiendo tus puntos débiles y luego insistiendo en ellos una y otra vez, hasta que piensas: "Uf, puedo dejar tranquilo a ese, simplemente olvidarme de él", después de pasarlo moradas quizás durante varios días sólo con una cosa. Fue tan duro, y hace tantos años, que apenas me acuerdo. Conozco el sentimiento, y conozco algunas de las cosas, pero realmente no puedo dar instancias precisas excepto decir que Él tomaría lo que hoy considero una debilidad, que en su momento yo podría haberlo sabido o no; pero tanto si lo veía o no, seguro que me libre de ello. Él trabajaba con ahínco hasta que yo lo veía desde todos los puntos de vista; puntos de vista que podía ver, pero también puntos de vista que incluso nunca pensé en ellos, hasta que esa debilidad estaría muy clara, podría desplazarme a todo su alrededor. De esa forma podía renunciar a ella. Podría tratarse de una ilusión o un espejismo, algunas veces uno y otras veces el otro.

Llega un momento en que se puede conquistar el espejismo, pero el problema se convierte en ilusión. Cuando es mental, es ilusión. En la práctica funcionan de la misma manera.

**En la vida normal experimentamos reacciones que si somos lo suficientemente conscientes captamos como espejismos en ese momento, pero que podríamos tener que esperar meses antes de que aparezca una circunstancia en donde la reacción regresa a nosotros. Parecería que su Maestro creó estas circunstancias y concentró las experiencias de toda una vida.**

Eso probablemente es una buena descripción de esta situación. Es como si todo fuera concentrado, así que en semanas o meses uno experimenta el equivalente de años del tipo de psicoanálisis más doloroso e intenso. No es psicoanálisis en el sentido usual pero no puedo pensar en otra palabra para ello. Es una presentación psíquica. Él sencillamente, por así decirlo, suavemente plantearía una palabra o idea. "Analicemos esto". Y entonces Él haría que yo me relacionara con ello. Así que yo realizaba todo el análisis, todo el trabajo de aproximación a ello. Él no decía que haga eso o aquello, o que yo era un niño malo o bueno. Nada de eso para nada. Es presentarse uno a sí mismo. "¿Te parece bien eso para ti? ¿Eres feliz con esto? Porque Me has mostrado que eso es lo que eres, esto es lo que eres". Es como un espejo. Te está mostrando a ti mismo, y continúa mostrándote, hasta que dices: "Nos ocupamos de eso ayer". Él diría: "Bueno, quizás lo hicimos y quizás no. Analicémoslo de nuevo". "¡Oh, no!" Realmente doloroso. Y Él se disculparía.

Los Maestros son tan considerados y educados. Yo pregunto: ""¿Cuál es esta estructura de rayos? ¿Cuál es esa estructura de rayos?" Yo soy tan descortés. Y Él dirá: "Sería Creme tan amable de…", y yo debía recordarlo. "Sería el Maestro tan amable de…", en lugar de: "¿Qué es eso? ¿Qué es esto? ¿Cuántos? ¿Cuál es el porcentaje?" La diferencia entre yo y la cortesía de un Maestro es total, absoluta. La gente me hace preguntas todo el tiempo, y yo adquiero el hábito de sencillamente girarme hacia Él rápidamente para tener una respuesta. Incluso cuando estoy solo lo hago. Eso es vergonzoso, terrible.

Pero el Maestro en este caso se disculpa. Él dice: "El Maestro se disculpa de hacerte pasar por esto, pero es necesario, doloroso pero necesario". ¡Es un proceso terrible!

No obstante, me ha dado el desapego necesario para hacer mi trabajo: hablar a cualquier audiencia, grande o pequeña, sobre estos temas controvertidos, a un mundo muy escéptico, sobre un escenario o en televisión o radio; ser abiertamente adumbrado por el Cristo, el Señor Maitreya, y no decir una palabra a la audiencia durante una hora –y mantener su absorta atención.

# Apéndice – Cartas

**Nota del Editor**: Durante varios años, algunos de los Maestros, sobre todo Maitreya, el Maestro Jesús y el Maestro de Tokio, han asistido a las conferencias y meditaciones de Benjamin Creme. También se aparecen con diferentes disfraces a un gran número de personas, en especial aquellas involucradas en el trabajo de la Reaparición. Las personas protagonistas de estas experiencias envían cartas al editor de *Share International* y si son auténticas –una experiencia de un Maestro– son confirmadas por el Maestro de Benjamin Creme y se publican. Aquellas que no son auténticas, esto es 'ordinarias', no son publicadas. El espíritu y la moral de los grupos involucrados en el trabajo de la Reaparición ha sido fortalecido inmensamente de esta manera.

Estas experiencias son dadas para inspirar, guiar o enseñar, a menudo para curar e inspirar. Después de la experiencia, las personas, a menudo deprimidas e infelices, se sienten inconmensurablemente aliviadas y alegres. En muchas apariciones, y esto ha sucedido probablemente durante cientos de años, los Maestros actúan como 'ángeles' salvadores –por ejemplo en accidentes, durante tiempos de guerra, terremotos, etcétera. Muy a menudo, también, Ellos llaman la atención, o comentan, de una forma graciosa, alguna intolerancia fija (por ejemplo contra fumar o beber) que posee el individuo en cuestión.

Ellos usan un 'familiar', o forma mental, que parece totalmente real, y a través de la cual los pensamientos del Maestro pueden expresarse. Estos familiares toman formas diversas y variadas: Ellos pueden aparecer como un hombre, una mujer, un niño, a voluntad. Algunas veces utilizan la 'imagen' de una persona real, apareciendo con un disfraz casi idéntico a ese individuo. Las siguientes cartas ilustran este procedimiento, en especial en la historia del joyero japonés.

## El anillo perdido

Estimados Editores,

De camino hacia la sala de Meditación de Transmisión en abril de 1998, andaba por una calle cerca de la estación Asagaya en Tokio, y observé a un vendedor callejero que vendía bisutería. Ofrecía colgantes de conchas a unos 300 yenes (unos 3 dólares aproximadamente) cada uno. Había una mujer que hablaba con él mientras seleccionaba el colgante que quería. Ya que estaban tan baratos, me detuve en la parada. Escogí varios colgantes y se los mostré al vendedor.

Él detuvo su conversación con la mujer, levantó la vista y me miró a mí. Cogió uno de los colgantes que había seleccionado y dijo: "Este es caro. Cuesta 1.800 yenes (unos 18 dólares), pero sólo le cobraré 1.200 yenes porque no lo sabía". Luego cogió un anillo y dijo: "Le daré esto. Acérqueme su mano". Cuando le di mi mano izquierda, dijo: Este es caro. Es para su pequeño dedo meñique". Me lo pasó por el dedo. Para mi asombro, encajaba perfectamente, a pesar de que tengo unos dedos bastante pequeños. Quedaba muy bonito puesto y me sentía feliz. Mientras me iba, me dijo: "Vuelva otra vez". He pasado por esa calle semana tras semana, pero no lo había visto nunca anteriormente ni tampoco lo vi después. Recuerdo que oí decir a la mujer que hablaba con él: "A menudo te compro estas cosas". Pensé que resultaba extraño.

Siempre llevaba el anillo puesto, incluso cuando me lavaba las manos, porque tenía miedo de perderlo. Un día, por alguna razón, no dejaba de pensar en ese anillo. Ese día fui a la Meditación, y estaba segura de que aún tenía el anillo cuando terminó. Pero de vuelta a casa, me di cuenta de que el anillo había desaparecido. Nunca me lo saqué del dedo. Fue como si hubiera desaparecido.

Cuando ese hombre me miró, sus ojos me recordaron a los de una mujer en bicicleta que vi hacía una año, y que en realidad resultó ser Maitreya. [Ver *Share International*, septiembre de 1998]. ¿Era ese hombre Maitreya? Si es así, ¿por qué desapareció mi anillo? ¿Quién era la mujer que hablaba con él?

T. K., Tokio, Japón.

*(El Maestro de Benjamin Creme confirma que el hombre era Maitreya. El anillo no desapareció, se le cayó a la persona que escribe esta carta. La 'mujer' era el Maestro Jesús.)*

## Encontrado el anillo perdido

Estimado Editor,

En abril de 1998, tuve un encuentro con Maitreya vestido de vendedor ambulante que me dio un anillo, y luego lo perdí. Me quedé muy triste por ello, y me sentía profundamente avergonzada por haber sido tan descuidada. No obstante, todavía conservo un colgante y un broche que le compré y siempre los llevo como talismanes.

Sufro una sensación crónica de desesperación en mi vida personal, pero también sé que sólo puedo vivir de la forma que mi alma me dicta, sin importar lo dolorosa o difícil que se vuelva mi existencia. Siempre he mantenido a Maitreya en mi memoria y le rezo para que me dé fuerzas.

El viernes 16 de abril de 1999, cerca de las 5.30 de la tarde, me encontraba de nuevo de camino hacia la Meditación de Transmisión. Recordé que había encontrado a Maitreya en esa zona más o menos a la misma hora hacía un año. Para mi sorpresa, vi el mismo vendedor en el mismo sitio. En vez de colgantes y broches en la parada, sólo los anillos se exponían de forma prominente, y había una etiqueta con el precio, que marcaba 300 yenes. Ya que siempre pensaba en mi anillo perdido, fui directa a esa parada de bisutería, y cuando me detuve, empecé a observar. Habían tantos anillos que no podía hacerme a la idea de cuál era el que había perdido. Cuando escogí uno, el hombre dijo: "Tiene una incrustación cúbica de circón". Y yo recordé que en realidad mi anillo perdido tenía tres pequeñas piedras de circón incrustadas en línea recta. El hombre añadió: "Está hecho para un dedo meñique". Y también recordé que era en verdad para mi dedo meñique. Lo hice pasar por mi dedo y encajaba perfectamente. Era exactamente el anillo que había perdido el pasado año. El hombre dijo, sonriendo, como si leyera mi mente: "¿Todo bien ahora?" Yo asentí con la cabeza y compré el anillo. En ese momento, estaba tan emocionada por haber recuperado el anillo perdido que no me importaba si ese hombre era Maitreya o no. Me sentía tan feliz que me olvidé completamente de la petición de mi hija de comprarle un anillo a ella si me encontraba de nuevo con este hombre. Cuando le miré a los ojos, el me devolvió la mirada por un momento. Eran del mismo color gris que los ojos del vendedor del año anterior.

Mientras me disponía a marcharme, me di cuenta de que había una mujer mayor de pie junto a él. No estaba ahí cuando vi al hombre por primera vez. ¿Era él Maitreya? ¿Quién era la mujer mayor? Si Él fue Maitreya, me dio una señal dos veces. ¿Quién podría esperar mayor apoyo que este? He renovado mi determinación de asumir una valentía real y vivir con fe. Haré todo lo que pueda y dejaré el resto en manos de Dios.

T. K., Tokio, Japón.

*(El Maestro de Benjamin Creme confirma que le hombre era Maitreya. La 'mujer mayor' era el Maestro Jesús.)*

## Interpretación repetida

Estimado Editor,

El 16 de abril de 1999, pasadas las 5.15 de la tarde, cerca de la puerta de entrada del depósito nocturno del banco Mitsubishi de Tokio en Asagaya, vi a un vendedor ambulante que vendía bisutería. El hombre llevaba una chaqueta con cuello y un sombrero de color marrón oscuro. Al principio estaba solo. No había ningún cliente a su alrededor, así que decidí detenerme cuando acabara de hacer la compra en un supermercado cercano. Al regresar, había dos clientes. Escogí un anillo de un estuche que marcaba 300 yenes, (unos 3 dólares), pero era tan pequeño que me sorprendió su medida, y lo volví a colocar en el estuche. (En ese momento, no me di cuenta de que era para un dedo meñique). Luego me fijé en los colgantes. Encontré uno cuyo diseño me gustaba, pero prefería que fuera un broche, en vez de un colgante. Lo sostuve en la mano, y le pregunté al hombre: "Esto es un colgante, ¿verdad?" Luego el vendedor me mostró un broche, diciendo: "Tengo esto". Era exactamente el mismo diseño que el colgante. "Está hecho de una capa inferior y superior de concha", dijo. Tenía un brillo muy bonito con unas líneas finas que lo atravesaban.

Escogí uno de los broches con forma de pájaro y pregunté: "Es esto un pájaro?" Él respondió: "Sí, en efecto es un pájaro. No encontrará nada igual por aquí". Yo añadí: "¿Lo hizo usted mismo?" "Todos los he hecho yo. Esa es la razón por la cual puedo venderlos tan baratos". Luego mostró un par de pendientes a otra clienta, diciendo: "Hice estos la pasada noche". Eran tan bonitos que no pude evitar comentarle a la mujer: "Le quedan muy bien". La mujer se volvió hacia mí y sonrió. Me sorprendió su belleza.

Luego me di cuenta de repente que había una mujer mayor con un sombrero de punto sentada al lado del hombre. Me preguntaba cuándo habría venido: "¿Es ella su esposa? Él contestó: "Hemos estado juntos durante sesenta años". Empecé a hacer cálculos en mi cabeza y pensé: "Esto significa que deben tener más de ochenta años. Bueno, el hombre parece mucho más joven y muy energético, pero la mujer si que parece tener esa edad ". La mujer sonreía sin decir ni una palabra y tenía aspecto de mucha serenidad. El hombre estaba bronceado y tenía muchas manchas que parecían bastante artificiales. Llevaba gafas, y sus ojos eran grandes, poderosos y penetrantes.

Finalmente, decidí comprar dos broches, uno a 300 yenes y otro a 900 yenes. Cuando le di los 1.200 yenes, dijo: "1.000 yenes ya estará bien". Luego me miró y dijo: "Acérqueme su mano". Extendí mi mano derecha. Él me dijo que le diera mi dedo meñique, y asombrada, hizo pasar un anillo en mi dedo. Era un anillo con tres pequeños cubos de circón en fila. Dijo: "Le daré esto". En ese momento me di cuenta de que estaba teniendo la misma experiencia que mi compañera, la Sra. K.. El hombre respondió: "Vuelva otra vez", y yo respondí: "Sí, así lo haré". ¿Podría por favor decirme si ese hombre era Maitreya, y quienes eran la mujer anciana y la clienta tan extraordinariamente bella?

H. N., Tokio, Japón.

*(El Maestro de Benjamin Creme confirma que el hombre era Maitreya. La 'mujer mayor' era el Maestro Jesús. La 'clienta tan extraordinariamente bella' era el Maestro en Tokio).*

## Invitado

Estimado Editor,

A principios de agosto de 1995, un hombre entró en la sala de meditación de transmisión de Kyobashi en Osaka, Japón. Era delgado y mediría unos 178 cm de alto. Su espalda era ancha, y su cabello corto y negro. Sus ojos eran penetrantes. Tenía aspecto de ser un trabajador normal y corriente.

Él me había telefoneado con anterioridad y me había dicho: "Mi nombre es Mori. Te estás preocupando por algo ahora, ¿verdad? Lo puedo saber por el tono de tu voz". Sugirió que nos encontráramos para hablar, así que acordamos encontrarnos en la sala de Meditación de Transmisión. Tan pronto como me vio, me dijo que estaba encantado de que yo tuviera el aspecto juvenil que él había imaginado. Mientras hablábamos, mencionó que le gustaría experimentar la meditación. Luego preguntó si podía quedarse en esa habitación durante un tiempo porque quería escribir un artículo. Me sorprendió lo que pedía. Pero él sí que señaló mis problemas y fue tan amable de escucharme y aconsejarme, y no parecía ser una mala persona. De modo que obtuve la aprobación del propietario del edificio, así como de los miembros del grupo de meditación de transmisión, y le dejé que se quedara ahí durante un tiempo. Me contó algo sobre él: que tenía una casa en la ciudad de Shizuoka y que su hijo y hija vivían en el extranjero; su esposa era artista y tenía varios hobbies, incluyendo tocar el instrumento musical *koto*, y vivía una vida elegante. Su vida familiar transcurría felizmente, pero una mañana tormentosa decidió marcharse de casa y vagar por el mundo. Tuvo éxito en todo lo que hizo y estableció buenas relaciones con la gente de los distintos lugares que visitaba. En uno de esos lugares, tuvo éxito cociendo pan, pero al final traspasó el negocio a otra persona y siguió vagando por el mundo. Incluso me dio su tarjeta de visita en la cual decía que era director de una gran empresa de kimonos, y me comentó que su cuenta bancaria era cuantiosa.

Poco a poco empezó a gustarme ocuparme de él y esperaba acercarme donde él estaba cada mañana, y le traía el desayuno. Luego, él me leía la parte del manuscrito que había escrito el día anterior. Se había convertido en nuestra rutina. No obstante, cuando les hablé de él a los miembros del grupo de Meditación de Transmisión me aconsejaron que tuviera cuidado, que podía ser un timador, y que podía estar utilizándome; que yo era demasiado amable y que inspiraba demasiada confianza, etc. Yo le expliqué lo que el resto de miembros del grupo habían dicho porque quería ver su reacción. Su expresión pareció cambiar momentáneamente, pero luego volvimos a nuestra conversación habitual. Al cabo de una hora me fui de la habitación.

Un sábado por la mañana, después de la Meditación de Transmisión, les contó a los miembros del grupo que él nos mostraría la experiencia del Ser. Hizo un tubo con sus manos y las colocó frente a sus ojos, y dijo que el que estaba mirando es el Ser, y que el que era mirado en el otro lado del tubo eras tu. Todos estaban tan expectantes que se desilusionaron mucho con esa explicación y parecieron convencerse de que realmente era un impostor. El hombre dijo también que había un cierto color que iba bien a cada persona, y que el color blanco era el que me iba mejor, y que debería llevar más ropas de color blanco. A otra persona le aconsejó que llevara púrpura claro.

Un día, dijo que nuestras actividades tenían que darse a conocer más y que trataba de acabar su manuscrito y publicarlo en un libro. Tenía un amigo que era editor, etc. También mencionó que tenía intención de ir a Tokio y encontrarse con la Sra. T.I. de Share Japón, y que también iría a Londres a conocer a Benjamin Creme.

Al cabo de un mes se marchó repentinamente, y dejó una carta para mí. El contenido de la misma tenía que ver con las tres tentaciones de Jesús en el desierto. No hubo más noticias de ese hombre desde ese momento, y no oí que la Sra. T.I. se reuniera con él, ni tampoco sobre la publicación de su libro. Así que pensé que quizás se tratara de un impostor y tiré su carta, que hasta entonces había conservado como un talismán para mi apoyo espiritual.

He olvidado en gran parte el contenido de la carta, pero incluía los siguientes fragmentos:

*La primera tentación:*

Demonio: Si tú eres el Hijo de Dios, haz que estas piedras se conviertan en hogazas de pan.

Jesús: No sólo de pan vive el hombre.

*La segunda tentación:*

Si tú eres el Hijo de Dios, arrójate desde lo alto y tu Dios te salvará antes de que tu pie dé contra una piedra.

Jesús: El hombre no debe poner a prueba a su Señor.

*La tercera tentación:*

Demonio: Yo te daré todos los reinos del mundo y su gloria, si tú me adoras.

Jesús: Debes adorar al Señor tu Dios y a Él sólo debes servirle.

Al final de la carta, decía: "Muchas gracias. No la olvidaré. Espero volver a verla de nuevo en el futuro. Con amor."

Estaba escrito en dos páginas de un manuscrito de unas 400 palabras con una caligrafía firme y bastante característica.

Cuando ahora pienso en él, a veces me pregunto si pudo haber sido un Maestro. A pesar de que tenía un 99,9 por ciento de dudas, una parte de mí seguía atosigándome sobre ello y al final decidí descubrir qué pasaba. A pesar de que todas las personas me decían que era un impostor, yo no podía dudar el hecho de que él me ayudó a desviar mi atención de un problema personal que estaba afrontando en ese momento y me proporcionó un apoyo espiritual muy importante. Supongo que tiré la carta cuando fui lo suficientemente fuerte como para no necesitar más la muleta psicológica.

Si él era un Maestro, creo que cumplió con su promesa. Regresó (con un aspecto distinto) para visitar la sala de meditación de transmisión de Kyobashi dos años después, en abril de 1997, una semana antes de Pascua, y habló conmigo durante unos 30 minutos y meditó con el grupo durante tres horas. [ref: carta titulada "Una promesa es una promesa", publicada en *Share International*, septiembre de 1998. Ver debajo.)

PD: Por cierto, solíamos tener dos sillas en la sala de meditación de transmisión, pero en cierto momento esas sillas desaparecieron de la sala y nadie sabe lo que ocurrió con ellas. ¿Es de alguna importancia la desaparición de las sillas?

N. M., Osaka, Japón.

*(El Maestro de Benjamin Creme confirma que el hombre era el Maestro Jesús. Hizo desaparecer las sillas porque se sentó en ellas mucho tiempo, y estaban excesivamente cargadas energéticamente para los miembros del grupo.)*

## Una promesa es una promesa

Estimados Editores,

Un sábado por la mañana, en abril de 1997, una semana antes de Semana Santa, llegué a la sala de Meditación de Transmisión de Kyobashi (Osaka, Japón) unos 30 minutos antes que los demás. Luego un hombre entró en la sala, y preguntó si podía tomar parte en la transmisión. Yo le dije si ya había realizado Meditación de Transmisión anteriormente, y él contestó: "Sí, en un apartamento en Temmabashi". Al recordar que en ese lugar solía haber un grupo de Meditación de Transmisión, le dije que entonces ya debía saber cómo llevar a cabo esta meditación. Luego se acercó al tetraedro y preguntó: "¿Qué clase de instrumento es este?" En vez de correr el riesgo de darle una explicación inexacta, abrí el libro de Meditación de Transmisión, en la página donde hay una explicación sobre el tetraedro, y le pedí que la leyera. Luego se sentó delante de unas macetas que había en la habitación y empezó a hablar conmigo. La forma en que iba peinado me hacía recordar a un artista, y me dije a mi mismo que tenía la apariencia de ser un hombre soltero. Él dijo: "Soy soltero". Pensé que se estaría acercando a los 40 años de edad. Luego añadió: "Tengo 40 años". Le pregunté dónde vivía. Él dijo: "Tezuka-yama". Yo me reí entre dientes un tanto inconscientemente, y de forma juguetona, le di una palmadita en la espalda, mientras decía: "¡Esa es la razón por la cual todavía está soltero a la edad de 40 años!"

(Tezukayama es una parte de Osaka en la que viven personas ricas y pensé que debía ser el hijo de una familia adinerada). El hombre tan solo sonrió.

Pronto llegaron otros miembros del grupo y empezamos la meditación a las 10 de la mañana y acabamos a las 12 del mediodía. Él meditó con nosotros durante dos horas. Después dijo que estaba planeando irse al Prema (el otro centro de Meditación de Transmisión en Osaka). Así que le pedí que les pasara el mensaje de que habría una Meditación de Transmisión de Pascua de 24 horas en la sala Kyobashi al cabo de una semana. Todos nosotros salimos fuera de la sala y hablamos sobre los lugares donde debíamos colocar los carteles de la próxima conferencia de Benjamin Creme. El hombre aún seguía con nosotros, escuchando nuestra conversación con una sonrisa en su rostro. Yo le dije: "No hace falta que se quede más rato. Puede irse a casa".

Más tarde, les pregunté a las personas que meditan en el centro Prema si habían recibido el mensaje. Me dijeron que el mensaje estaba escrito en la pizarra pero que no vieron al hombre. Él cumplió su promesa, pero nunca fue visto de nuevo en ningún otro grupo de Transmisión después de ese día. ¿Quién era ese hombre?

N. M., Osaka, Japón.

*(El Maestro de Benjamin Creme confirma que el hombre era el Maestro Jesús.)*

~~~

Mis queridos amigos, estoy feliz de estar de nuevo con vosotros.
Mi plan consiste en que Mi Enseñanza preceda a Mi Presencia y prepare Mi camino.
Mi gente la difundirá a través de sus grupos y esfuerzo grupal.
Cuando la humanidad esté un poco preparada, Mi voz se escuchará.

Mientras tanto, Mis esfuerzos dan sus frutos, provocan cambio, acercamiento entre los hombres y las naciones, y traen una nueva esperanza al mundo. Voy a emerger pronto, pero antes indicaré el camino en la nueva dirección que el hombre, si quiere sobrevivir, debe tomar.

En primer lugar, los hombres deben verse como hermanos, hijos del Unico Padre. Esto es esencial si ellos desean adelantar un paso hacia la Divinidad.

En todo el mundo hay hombres, mujeres y niños pequeños que no tienen ni siquiera lo necesario para vivir; ellos se amontonan en las ciudades de muchos de los países más pobres del mundo.
Este crimen Me llena de vergüenza.
Mis hermanos, ¿cómo podéis ver a estas personas morir ante vuestros ojos y haceros llamar hombres?
Mi plan es salvar a estos, Mis pequeños, del hambre segura y de la muerte innecesaria.

Mi plan es mostraros que la solución para salir de vuestros problemas es escuchar una vez más la verdadera voz de Dios dentro de vuestros corazones, compartir los productos de este mundo tan abundante entre vuestros hermanos y hermanas en todas partes.

Necesito vuestra ayuda, recurro a vosotros para que Me ayudéis en Mi Labor.
¿Cómo puedo permanecer aparte y ver esta matanza, ver a Mis pequeños morir?
No, amigos Míos, eso no es posible.
Por eso he venido tan rápidamente entre vosotros una vez más, para mostraros el camino, indicaros el Sendero.
Pero el éxito de Mi Misión depende de vosotros: debéis elegir – entre compartir y aprender a vivir en paz como hombres verdaderos, o perecer totalmente.
Mi corazón Me indica vuestra respuesta, vuestra elección, y se alegra.

*Del Mensaje Nº 11 – 5 de enero de 1978*

~~~

# Tercera Parte
# Unidad

## La necesidad de la unidad

*Por el Maestro —, a través de Benjamin Creme*

La unidad debe buscarse con toda diligencia. En la unidad no hay sólo fuerza sino belleza. Cultivad la unidad como un sabio jardinero cultiva su jardín, cuidando atentamente cada brote y retoño. La unidad sigue a cada manifestación de amor auténtica y embellece cada logro del Espíritu.

Tomad la unidad como vuestra bandera y recorred el camino del poder. La unidad hace todas las cosas posibles. Sin la unidad nada es seguro; las más nobles posibilidades se convierten en polvo. El logro yace en la correcta utilización de las capacidades otorgadas; careciendo de unidad, puede desperdiciarse el más elevado potencial.

### Invencible

La unidad es una manifestación del Espíritu, pues la verdadera naturaleza de la humanidad es Una. Todo aquello que conduce a la unidad beneficia a la raza y da alas al viaje. La unidad es invencible; los de la oscuridad golpean en vano contra el escudo de la unidad. Se acerca la hora en que la unidad se logrará pero se han de dar ahora los primeros pasos en esa dirección. Es inútil esperar a que otros comiencen; el movimiento hacia la unidad debe hacerlo cada uno. Nada rasga tanto el tejido de la unidad como la crítica. Mil posibilidades se pierden de esta manera. Acallad la lengua de la crítica y proteged la preciosa tela tan cuidadosamente tejida.

Cada uno a su propia manera conoce el poder de la unidad; cada uno busca de su vecino la aprobación y el consentimiento, pero la conformidad mecánica de pensamiento aquí no tiene lugar. Cada movimiento en la dirección de la unidad añade poder a la totalidad y aligera la labor de los Trabajadores detrás de la escena. Cread la unidad y conoced la verdadera naturaleza del hombre. Conservad la unidad y permitid florecer al Espíritu del hombre. Enseñad la unidad y liberad el amor en el corazón de vuestro hermano.

## Paz

Si la humanidad quiere conocer la paz debe verse a sí misma como Una. Nada menos la conducirá a ese bendito estado. La paz se establecerá cuando reine la justicia y los pobres ya no mendiguen compasión. Sin justicia, la unidad es impensable y eludiría para siempre el alcance del hombre. Estableced, pues, el reinado de la justicia y traed la unidad y la paz a este agonizante mundo.

Mediante el compartir solo se confirmará la justicia. El compartir solo traerá la paz deseada por todas las naciones. Cuando los hombres compartan y destruyan los muros de la separación, conocerán por fin la verdad de su existencia e inundarán el mundo con fraternidad y amor.

Tomad el compartir como vuestra guía hacia el futuro. Liberad a vuestros hermanos de las garras de la pobreza y el dolor. Abríos a los impulsos del alma y estableced entre vosotros la Voluntad de Dios.

## Sacrificio

La Voluntad de Dios, Nosotros afirmamos, sera establecida. Mediante la unidad y el amor los hombres llegarán a compartir. Mediante el sacrificio y la razón los hombres encontrarán el camino a la justicia y la paz. La libertad y la fraternidad aguardan la acción del hombre. Todo se puede lograr.

Juntos, los hombres pueden realizar todo tipo de hazañas extraordinarias. Las posibilidades de cambio son ilimitadas, pero los hombres deben actuar conjuntamente para crear el nuevo mundo. Mediante la unidad solo los hombres vencerán. La fuerza de la unidad abrirá todas las puertas. Aferraos al ideal de la hermandad y dejad de burlaros de los esfuerzos de vuestro hermano. Comprended que él, también, se enfrenta a la tormenta y se esfuerza en la oscuridad.

## Una nueva Luz

Desde que el hombre existe, el hombre ha luchado. Siempre se han conocido las divisiones. Actualmente una nueva luz penetra en las vidas de los hombres para purificar al mundo de la intolerancia y la guerra. Ayudad a difundir la luz de la sensatez y la paz. Ayudad a crear las formas de justicia y libertad. Trabajad para construir la unidad que verá a los hombres salir adelante y los reunirá bajo la bandera del Cristo.

El futuro debe ganarse. Se necesitan todas las manos para el trabajo. Dejad que la unión interna se manifieste y juntad las manos para la labor.

# Unidad

*Por el Maestro —, a través de Benjamin Creme*

Cuando los hombres se juntan en grandes grupos adoptan un punto diferente de sí mismos y se ven entre ellos de una nueva forma. Se dan confianza, se fortalecen en sus deseos y se sienten atraídos hacia aquellos que apoyan su punto de vista. Esto parece natural pero ¿por qué es así?

Esencialmente, todos los hombres internamente buscan unidad y encuentran su reflejo en la conformidad de pensamiento e ideas. Este instinto se encuentra detrás de la formación de partidos políticos y otros grupos. El consenso ideológico actúa como un imán y fortalece la fuerza del conjunto.

Los grupos y partidos fracasan cuando la unidad interna es perturbada. La unidad es una cualidad del alma y es esencial para la cohesión del grupo. Un énfasis excesivo en los individuos y las diferencias de personalidad tiende así a debilitar los lazos unificadores que mantienen al grupo junto.

Este principio puede verse funcionar en cada departamento de actividad humana. La subida y caída de partidos, grupos e incluso de naciones están condicionadas por esta ley. La unión hace la fuerza, dicen los hombres, y así es, porque es la naturaleza esencial del hombre.

La unidad no es tan difícil de alcanzar en las primeras etapas de formación de un grupo; si el propósito de su comienzo es lo suficientemente magnético, sólo eso puede mantener junto a un grupo. Sin embargo, el tiempo trae diferencias y descontento. Voces fuertes y variadas surgen y buscan imponer su voluntad. Si el *deseo* por la unidad se pierde el grupo, inmediatamente, está amenazado.

## Interconexión

El propósito subyacente de toda vida es la creación de unidad, expresando así la interconexión de todos los átomos. Para la mayoría de los hombres, el cosmos es una colección de cuerpos materiales separados, infinitamente grande y distante, obedeciendo inertemente las leyes mecánicas de la materia. En realidad, el Cosmos, el Espacio Mismo, es una entidad viviente, la Fuente de nuestro Ser, nuestra Madre y Padre. Como almas, sabemos que esto es así, y buscamos dar expresión a la unidad fundamental de nuestra naturaleza.

Un grupo, por tanto, pierde su unidad por su cuenta y riesgo. Sin tal unidad no funciona como grupo sino ciegamente, sin propósito y cohesión, una colección dispar de actitudes y condicionamiento.

## Acuario

Estamos entrando en la Era del Grupo; Acuario, y sus energías, pueden vivirse y experimentarse sólo en formación grupal. La mayor cualidad de Acuario, también, es Síntesis. Su fusión y mezcla de rayos se impondrán en las vidas de todos hasta que, gradualmente, la alquimia más elevada alcance su propósito benéfico y la raza de los hombres sea Una. Así será. Así los hombres conocerán la verdad de que la Unidad *es* fuerza, la naturaleza esencial de nuestro Ser, el propósito que todos los hombres se esfuerzan por conseguir y hacia el cual todas las actividades de los hombres buscan dar expresión.

Cuando Maitreya mismo emerja en el futuro muy cercano, Él resaltará la necesidad de la unidad en todas nuestras tareas. Él mostrará cuán esencial es que encontremos una identidad de propósito, como hombres y naciones, para resolver los problemas humanos, poniendo así nuestras poderosas individualidades al servicio del grupo.

# Unidad – la meta de la vida

*[El siguiente artículo es una versión editada de la charla temática impartida por Benjamin Creme en la Conferencia de Meditación de Transmisión, celebrada cerca de San Francisco, EEUU, en julio de 2001.]*

Decidí elegir uno de los temas más importantes para esta charla. Todos los que asisten a esta conferencia piensan sobre la charla temática y lo convierten en su tema de enfoque, meditación y contemplación durante todo el fin de semana. Y poco a poco lo introducen en sus vida durante el resto del año. Eso es lo ideal. Por supuesto, lo ideal rara vez se consigue pero algo que se la acerque, quizás, saldrá de nuestras indagaciones.

He escogido el tema de la unidad. Utilicé en primer lugar el artículo sobre unidad que mi Maestro escribió para el ejemplar de julio/agosto 2001 de *Share International*, porque se trata probablemente de una de las afirmaciones más profundas que puede realizar cualquier persona, Maestro o quien sea.

He mirado hacia atrás en los artículos de *Un Maestro Habla* y encontré otro artículo sobre unidad –'La necesidad de la Unidad', que mi Maestro escribió en Septiembre de 1984. Es un artículo extraordinario. Él habla sobre el mismo tema desde otro punto de vista. La variedad de enfoque y la riqueza de estas dos versiones son bastante extraordinarias. Pienso que sólo la mente de un Maestro podría abordar un tema como este desde un punto de vista tan completo y sustancial, abstracto y sin embargo práctico.

## La necesidad de la unidad

*"La unidad debe buscarse con toda diligencia."* Eso da la impresión, verdad, de que la unidad no es algo que sucede espontáneamente, por casualidad. No es automático.

*"En la unidad no hay sólo fuerza sino belleza"*, algo más que fuerza, algo que está logrando esa belleza que sugiere y que se produce en el marco de la idea divina. La belleza es una expresión de una idea divina, y cuando nuestra expresión logra la revelación de la idea, se crea belleza. Esto subyace a todo gran arte, música, poesía y literatura; todos los grandes descubrimientos científicos del mundo; todas las grandes intuiciones, en términos religiosos, sobre la naturaleza de la realidad en la

cual vivimos. Todo ello logra una belleza, una radiación divina que sólo se encuentra cuando tocas las partes más elevadas y misteriosas de la vida. Cuando piensas en términos del significado y propósito de la vida, surge la belleza.

Igualmente, la unidad logra belleza porque refleja un propósito divino. Si es correcto decir que el propósito de toda vida es la creación de unidad, entonces realmente subyace a la idea divina en la mente del Logos de nuestro planeta. En otra palabras, es la voluntad de Dios de que la belleza exprese la fuerza y la realidad que denominamos unidad.

*"Cultivad la unidad…"* Debes cultivarla. No viene hecha, floreciendo por su propia naturaleza. El hombre ha denegado por tanto tiempo la existencia de un plan divino que no tiene que continuar mucho para comprender que un aspecto divino del plan divino como la unidad no ocurre por sí mismo. Debe cultivarse y nutrirse. Debe cuidarse al igual *"como un sabio jardinero cultiva su jardín, cuidando atentamente de cada brote o retoño"*. No es algo que simplemente crece de tal forma que si haces esto sucederá, y si no lo haces, tanto peor, sucederá otra cosa; no es una pérdida. Debe considerarse como un beneficio continuo, algo en que inviertes tu tiempo, energía y amor nutritivo, y de ello surge la belleza de la unidad que sólo puede alcanzarse de esta manera.

De igual modo, el mismo cultivo es necesario con cada grupo, nación o agrupación de naciones. Debes ver las diferencias entre grupos, entre naciones, entre individuos en los grupos y en las naciones, y buscar tender puentes entre esas diferencias –las diferencias de personalidad, los diferentes puntos de vista, los diferentes énfasis, las diferentes fuerzas de voluntad y propósito de los individuos– y de ello crear una unidad que refleje el Propósito Divino que la unidad misma expresa.

*"La unidad sigue a cualquier manifestación verdadera de amor y eleva cualquier logro del espíritu."* La unidad es una cualidad del alma. Expresa el aspecto del amor de Dios en su forma más cercana, profunda y sencilla. Tiene que ver con la fraternidad, con la relación. Es el logro de correctas relaciones humanas. La unidad sólo es imaginable en términos de correctas relaciones humanas, y allí donde estas relaciones falten, cuando no son correctas, entonces, ten la seguridad de que no existe la unidad.

*"Tomad la unidad como vuestra bandera y recorred el camino del poder. La unidad hace todas las cosas posibles. Sin la unidad nada es segu-*

*ro; las más nobles posibilidades se convierten en polvo.*" A menos que tomes la unidad como tu bandera, a menos que la sigas, la eleves y la muestres como tu propósito, no tiene lugar. Debes apuntar hacia la unidad. Debes cuidarla como si ya estuviera allí. Por ejemplo, este grupo que prepara el camino para la reaparición del Cristo necesita la unidad para realizar ese trabajo. Sin unidad nunca lo lograría. Esa unidad es el resultado de la atracción magnética que reúne al grupo.

Muchos de vosotros recordaréis al haber debatido los logros necesarios para la iniciación grupal, que una de las afirmaciones hechas era que sólo algo como la reaparición del Cristo tenía la fuerza magnética suficiente para reunir, y mantener unido, a un grupo tan variado como los diversos grupos que conforman al grupo que prepara el camino para el Cristo. Es grande, pero dada la población del mundo, es un número minúsculo de personas haciendo el trabajo. Sin la unidad interna incorporada por el poder magnético de la idea del retorno del Cristo, no podría hacerse; al igual que la iniciación grupal siempre ha fracasado como un experimento por parte de los Maestros que han realizado muchos ensayos con la humanidad, esperando llegar a formar un grupo que pudiera comenzar el trabajo de la iniciación grupal.

La necesidad de unidad es obvia. Un número pequeño de personas, entre 3.000 y 4.000, dispersas en todo el mundo, con la causa común del retorno del Cristo y de los Maestros, están intentando construir una resonancia lo suficientemente fuerte y clara para crear el clima de esperanza y expectación para el retorno del Cristo y de la Jerarquía Espiritual de Maestros; y también para la exteriorización del trabajo de los Maestros en el plano físico. Todo eso necesita la unidad para lograrse. Cualquier cosa que perturbe la unidad de esta unión de grupos de diferentes nacionalidades, dispersos por todo el mundo, es una amenaza al propósito básico de la existencia del grupo, que es preparar el camino para la exteriorización de nuestra Jerarquía Espiritual y sentar los posibles primeros pasos hacia la iniciación grupal. Se necesita una idea tan poderosamente magnética como la reaparición del Cristo para lograr la unidad necesaria. Cualquier cosa que lo altere debilita ese propósito.

Ningún grupo ha hecho ningún paso significativo hacia la iniciación grupal en los años en que lo hemos debatido, presentado como una idea a grupos. Ha demostrado ser muy difícil para las personas comprender el significado de los requisitos para la iniciación grupal, y mucho menos realmente cumplirlos. Debido a esa falta de comprensión, encuentran imposible centrarse en una disciplina o una serie de disciplinas que les conducirían un poco más adelante en el sendero hacia la iniciación grupal.

La iniciación grupal es absolutamente el resultado de la unidad. Esa unidad está relacionada con el poder de manifestar ese logro particular de iniciación grupal. Sin unidad nunca tendrá lugar. Quizás sólo tendrá lugar cuando el mundo en su conjunto alcance la unidad, que realmente lo hará si creemos a los Maestros. Ellos dicen que lo hará.

*"La voluntad de Dios, Nosotros afirmamos, será establecida. Mediante la unidad y el amor los hombres llegarán a compartir. Mediante el sacrificio y la razón los hombres encontrarán el camino a la justicia y la paz."* Los Maestros saben que al final el Plan se manifestará y que los logros necesarios tendrán lugar. Si no lo hacen, entonces no hay esperanza para la humanidad. Deben alcanzarse. Pero al igual que la unidad no sucede por sí misma —necesita nutrirse y cuidarse, cultivarse conscientemente— así los lazos que unen a los grupos y las naciones deben igualmente fortalecerse, nutrirse y cultivarse para conseguir el imperio de la ley, el imperio de la libertad, la justicia y el compartir en el mundo que hacen posible por sí mismos la unidad.

*"Sin la unidad nada es seguro; las más nobles posibilidades se convierten en polvo. El logro yace en la correcta utilización de las capacidades otorgadas; careciendo de unidad, pude desperdiciarse el más elevado potencial."* Cualquiera que sea el potencial de cualquier hombre, mujer, grupo, partido o nación, está en peligro a menos que tenga al mismo tiempo la capacidad de formar el tipo correcto de lazos y, por tanto, crear unidad entre las diversas unidades que conforman los grupos, partidos, naciones. Esto es completamente esencial. Tiene que ver, por supuesto, con los talentos dados. Existen hombres y mujeres de gran talento que se convierten en políticos de todo tipo, y luego quizás por la falta de este espíritu de unidad su visión fracasa. Se tienen agrupaciones espléndidas, sociedades formadas bajo la inspiración de un iniciado avanzado que florecen durante algunos años, trayendo al mundo niveles de pensamiento extraordinarios de los Maestros, y luego por alguna razón comienzan a perder su enfoque, su poder, su esencia de vida. Terminan siendo poco más que suministradores de sus propias formas mentales y su propia literatura que les fue entregada por el iniciado que comenzó el grupo, viendo poco o ningún propósito en relación con el mundo. Han perdido no sólo su unidad entre ellos, sino también su unidad con sus hermanos y hermanas en el mundo.

Esto es cierto para muchas así denominadas organizaciones y sociedades esotéricas u ocultistas. Han realizado su trabajo en el pasado, fracasado en el pasado y todavía fallan por su incapacidad de mantener viva la cualidad básica de la unidad, y por tanto, esencia de vida. Si no hay unidad, no hay esencia de vida. Como dice el Maestro: "*Sin tal unidad no funciona como grupo sino ciegamente*". Ya no tienen un propósito vivo en su trabajo y simplemente logran la expresión de condicionamientos ya conocidos, y cesan de elevarse y avanzar.

## Unidad – una cualidad del alma

*"Este principio puede verse funcionar en cada departamento de actividad humana. La subida y caída de partidos, grupos e incluso de naciones están condicionadas por esta ley."* La unidad es una cualidad del alma, y es esencial para la cohesión del grupo. *"Un énfasis excesivo en los individuos y las diferencias de personalidad tiende así a debilitar los lazos unificadores que mantienen al grupo junto."*

Esto me recuerda lo que surgió en la charla temática hace un par de años cuando a los grupos de todo el mundo se les dio el grado de involucración del alma y la personalidad en su trabajo, y por tanto pudieron ver instantáneamente cuánta unidad probablemente podían aportar a la unidad general de este grupo. Allí donde la involucración de la personalidad era elevada y el aspecto del alma bajo, poco tenían que aportar. A pesar de la actividad, a pesar de la aparente consistencia del trabajo, el logro en términos de unidad era relativamente pequeño. Cada grupo en todo el mundo encontró un grado de involucración del alma mayor o menor, y allí donde era elevado, estaban obviamente produciendo la mismísima cualidad de unidad que se necesita en el grupo en su conjunto. Allí donde la involucración de la personalidad era elevada en relación a la involucración del alma, entonces estaba teniendo lugar lo contrario.

Los grupos han cambiado muy poco desde entonces en mejorar la relación entre involucración del alma y personalidad en el trabajo. Allí donde la involucración del alma es elevada, normalmente ha sido el resultado de un trabajo intenso de unos pocos individuos que han alcanzado un grado de impersonalidad en su trabajo. Allí donde existe la impersonalidad, la capacidad de hacer el trabajo por sí mismo, no por ninguna experiencia o expresión de la personalidad o resultados distintivos, entonces el aspecto del alma de ese grupo era elevado. Allí donde la involucración de la personalidad es elevada, el logro de ese grupo en particular, desde el punto de vista de los Maestros, fue bajo.

Estas dos cosas van claramente juntas. Este logro de la unidad no es tan fácil de alcanzar incluso en un grupo que se mantiene poderosamente unido por la idea magnética de la reaparición del Cristo y el regreso de los Maestros al mundo. Sólo por ello se pensó que era posible, o incluso ahora se piensa que es posible, que este grupo de alguna manera tenga éxito allí donde todos los demás grupos anteriores a él fracasaron en alcanzar el movimiento hacia la iniciación grupal. Es tan esencial mantener la unidad del grupo, y las personas no ven lo que obstaculiza la nutrición de tal unidad.

Diría que mi principal labor en todo ese tiempo (además de impartir conferencias y escribir) ha sido sostener el espíritu del grupo, levantando la moral de los grupos. La larga espera por la aparición del Cristo, por Su emerger ante el mundo, más larga en una buena cantidad de años de lo que yo o incluso los Maestros esperaban que fuera, ha sido para muchas personas crucial. Muchos han aprendido a despreocuparse del problema, a simplemente hacer el trabajo impersonalmente y alcanzar el tipo de unidad en relación al trabajo que tenían al comienzo. Otros encontraron muy difícil lograr esto. Se marcharon de los grupos, se fueron de los grupos durante un tiempo y volvieron y nuevamente se marcharon de los grupos, o se han distanciado del trabajo verdadero de los grupos. Han mantenido una relación con la Meditación de Transmisión, y han asistido a conferencias como ésta cada año o de alguna manera con regularidad, y tienen el sentimiento de que formaron parte de una expresión unificada del trabajo para la reaparición del Cristo. Pienso que mucho de esto es espejismo. Muchas personas se estaban engañando a sí mismas, y quizás todavía lo siguen haciendo, de que su trabajo en relación a la causa, y la importancia para el mundo de la causa, se habían correspondido. Con un número relativamente pequeño de personas en cada grupo, el trabajo ha continuado. Ha sido amenazado hasta cierto punto de tanto en tanto. Puedo recordar casos en los cuales la unidad básica de los grupos mundiales, o grupos particulares, o una agrupación específica de un grupo, ha sido amenazada. Gente ha venido y se ha marchado, y han sentido una falta de certeza. Han quedado confundidos por una falta de certeza y se han preguntado si quizás se trata de un mito.

Yo no sé lo que pasa por la mente de las personas, pero si el mito es quizás que Maitreya no vive al fin y al cabo en el mundo, se trata de una queja o pensamiento totalmente válidos que tengan lugar en personas involucradas en el trabajo. Sin embargo, no tiene sentido para mí en relación a los cambios que están teniendo lugar en el mundo. Uno sólo tiene que observar los cambios extraordinarios (muchos predichos por Maitreya hace años), los increíbles milagros que tienen lugar a diario, para descartarlo. Comprendo totalmente que la gente sea muy impaciente. Ya que Maitreya todavía no ha aparecido, pienso que debilita la resolución y moral de las personas. Pero yo creo que la aparición de Maitreya tendrá lugar muy pronto. Basándome en la información que tengo el privilegio de tener, sé que así es el caso. Pero sé que la Ley no funciona en las formas que quisiéramos en relación a este gran acontecimiento.

Hasta ahora, Maitreya ha esperando un ciclo en el cual habrá la mejor respuesta posible por parte de la humanidad a lo que Él tiene que decir y que dar. Él sabe que el mejor ciclo posible comenzará con el colapso de las bolsas mundiales. Eso pondrá a la humanidad frente a la realidad por primera vez, y cambiará completamente nuestras expectativas. Mientras que eso no suceda, las acciones y expectativas de las potencias occidentales no concuerdan para nada con los planes de Maitreya. Desde el punto de vista de la evolución de la humanidad, del cambio de conciencia, y por tanto de valores que la humanidad necesita para avanzar bajo Su bandera, un colapso es esencial. Debemos responder *gustosamente* a Sus ideas: de justicia, libertad y compartir para todas las personas de la Tierra, no sólo para las potencias occidentales. Eso requiere una disolución de las estructuras sociales/económicas existentes que todavía no ha tenido lugar.

A menos que Maitreya infringiera la ley que rige nuestro libre albedrío, que es sacrosanto y que la Jerarquía nunca infringe, hay poco que pueda hacer Maitreya excepto esperar y hacer Sus milagros; y donde sea posible impresionar las mentes de los líderes mundiales que estén abiertos a la impresión, para traer más cambios.

La reaparición del Cristo es un advenimiento a largo plazo. No obstante, si tienes ojos para ver y oídos para escuchar entonces sabrías más allá de toda duda de que el Cristo está aquí en el mundo y nada puede hacerle regresar a los Himalayas, excepto para unas cortas vacaciones. Sé que ha vuelto allí una vez que yo sepa por tres semanas. Eso fue hace mucho tiempo.

Sin embargo, volviendo a nuestro tema, la unidad no se consigue con facilidad. Somos especialmente privilegiados en tener una idea tan poderosamente motivadora que puede producir esta atracción magnética que mantiene al grupo junto. *"La unidad no es tan difícil de alcanzar en las primeras etapas de formación de un grupo; si el propósito de su comienzo es lo suficientemente magnético, sólo eso puede mantener junto a un grupo*." No puedes tener una idea más poderosa que la reaparición del Cristo y la exteriorización del trabajo de los Maestros por primera vez en 98.000 años. Nos da un comienzo, y el Maestro no habría escrito sobre la unidad tan recientemente si no lo consideraría en serio. Ha habido un propósito detrás de Su escrito ahora y en 1984.

La unidad es esencial pero difícil de alcanzar. La idea magnética de la reaparición del Cristo reunió a los grupos en primer lugar. Por ello existe un grupo de varios miles de integrantes situado por todo el mundo cuyo trabajo es hacer la aproximación preliminar al público sobre ello. Pero tenemos esa idea mientras creamos en ella. Pero no la tendremos si no creemos en ella. Tampoco tenemos esa idea tan poderosamente magnética, incluso si creemos en ella, pero tenemos demasiadas formas diferentes de abordarla, demasiadas ideas ingeniosas de hacerlo saber, demasiados cismas en los grupos.

En las etapas tempranas todos están llenos de amor, o lo que consideran que es amor– y entusiasmo. Su aspiración astral es estimulada y se sienten inspirados, y es fácil hacer el trabajo de la reaparición del Cristo. Es fácil, por tanto, alcanzar la unidad necesaria que este grupo ha mostrado y todavía muestra al mundo. Lo que es difícil es hacerlo para siempre. En el caso de los grupos norteamericanos, hace 21 años que vine por primera vez a Norteamérica y se formaron los primeros grupos. Veintiún años es mucho tiempo para mantener una idea jerárquica.

## Todos los hombres buscan unidad

*"Esencialmente, todos los hombres internamente buscan unidad y encuentran su reflejo en la conformidad de pensamiento e ideas. Este instinto se encuentra detrás de la formación de partidos políticos y otros grupos. El consenso ideológico actúa como un imán y fortalece la fuerza del conjunto. Los grupos y partidos fracasan cuando la unidad interna es perturbada."*

Es un pensamiento extraordinario que *"todos los hombres"*, todos –hombre, mujeres, niños– buscan unidad. Eso es lo que hacen en sus vidas. ¿Alguna vez habéis pensado de que estáis buscando unidad? En realidad eso es lo que estáis haciendo. Vais buscando un grupo que tenga una idea con la que os podáis relacionar. Se llama la reaparición del Cristo y los Maestros de Sabiduría. Os unís a un grupo porque este grupo está relacionado con esa idea. La idea misma se despierta en vosotros. Es una idea del alma, y vuestra alma responde a ella. Esa es la razón por la cual os habéis unido a un grupo como éste.

No os unís a otros grupos, o alguno de vosotros lo hacéis. (Es un error pero no importa.) Desde el punto de vista del alma, debéis dar toda vuestra energía, todo lo que tengáis que merezca la pena, a este grupo. Eso es unirse. Si no dais toda vuestra energía, todo vuestro tiempo, entonces no estáis haciendo lo correcto. Si queréis unidad, no podéis ir escogiendo a conveniencia. Debéis darlo todo. (Bromeo, por supuesto, pero el pensamiento subyacente es importante.) Podrías sentirte atraído por el trabajo de otros grupos pero éste es el único grupo que trabaja para preparar el camino para Maitreya y Su grupo. Así que dejad el otro trabajo para otras personas.

Puedes expandirte en tu sentido del grupo, pero no puedes dar un poco de ti al grupo y pensar que eres parte del grupo. Si das un poco de ti, no eres el sabio jardinero que cultiva todo nuevo brote, cada nuevo pequeño crecimiento. Sólo puedes ir escogiendo a conveniencia desde el punto de vista de la personalidad. El alma no va escogiendo a conveniencia. Da todo lo que tiene. Eres más una persona si estás dando todo de ti a una causa que es más grande que tú.

## Dedicación

Tienes que estar dedicado. La dedicación es una cualidad del alma al igual que la nutrición, la recopilación, la lenta construcción de la unidad es una cualidad del alma. El grupo sólo funciona como un verdadero grupo cuando está funcionando bajo el impulso de su alma. Esto es algo que pienso, que quizás, algunas personas en algunos grupos no captan. Pueden oírlo pero no lo captan, y muy rápidamente se olvidan de ello. No lo hacen diariamente. Debe ser instintivo. Instintivamente das todo lo que puedes a una causa particular, cualquiera que sea. Esta resulta ser la reaparición del Cristo y el retorno de los Maestros al mundo cotidiano, y no puedo pensar en nada que sea tan importante para la humanidad.

Sin la presencia de los Maestros, creo, no alcanzaríamos el compartir, y por tanto la justicia, y así la paz que se precisa. Se precisa el espíritu galvanizado, la energía, la sabiduría, de los Maestros para crear las condiciones para elevar a la humanidad, para inspirarnos; y también para mostrarnos lo que nos sucederá si no cambiamos. La humanidad tiene que hacer los cambios por sí misma.

Hace mucho tiempo en el primer libro de Agni Yoga, Maitreya dijo: "*Por la mano humana y por el pie humano se construirá la Nueva Era*". Cada piedra, cada ladrillo, cada paso en el camino, debe darlo el mismo hombre. Pero no sucederá a menos que los Maestros regresen al mundo. No sucederá a menos que Maitreya no sólo se dé a conocer sino que se le permita inspirar a la humanidad a crear las condiciones que conducirán al compartir, la justicia y la paz. Eso requiere doblar todos los tendones, afinar todos los nervios, hacer que eso ocurra lo antes posible.

Maitreya está viniendo antes de lo programado. No está esperando a la caída de la bolsa: tan grandes son los problemas en el mundo, en particular el desequilibrio ecológico que hemos creado. La contaminación en nuestro planeta es ahora la primera causa de mortalidad del mundo. Destruye el sistema inmune y nos deja expuestos a cualquier tipo de enfermedad, incluso a dolencias que creíamos haber erradicado hace tiempo. Así que es esencial que Maitreya comience Su trabajo abierto lo antes posible.

También, es esencial que lo haga debido a la reciente nominación de un nuevo presidente norteamericano, que está trastornando el equilibrio de poder en el mundo con su objetivo de expandir el sistema norteamericano de defensa antimisiles. Existe un tratado de defensa antimisiles que fue firmado por Norteamérica y Rusia. Ha perdurado en el tiempo y ha acabado con la Guerra Fría y ha librado a la humanidad de una amenaza que ha estado con nosotros desde la Segunda Guerra Mundial y hasta hace diez años. En los últimos 10 años toda la atmósfera se ha aligerado por el trabajo que Maitreya realizó a través del Sr. Gorbachov para poner fin a la Guerra Fría.

## Complacencia

"*Esencialmente, todos los hombres internamente buscan unidad y encuentran su reflejo en la conformidad de pensamiento e ideas.*" Cuando esas ideas están conformes a lo que instintivamente piensas, o cuando tu lógica te dice 'eso es para mí', te afilias a un partido específico. Es así como se forman los partidos políticos. Encarnan ciertas ideas, ciertos ideales, y tú dices: "Eso es para mí. Realmente iré a por ello". La gente no vota porque piensan que no existen diferencias entre los partidos. Pero existen diferencias, por ejemplo, entre el Sr. Gore y el Sr. Bush.

Gore no fomentaría el gasto de 60.000 millones de dólares para expandir, unilateralmente, este sistema de escudo antimisiles. Está contrariando a los rusos. Está contrariando aún más a los chinos. Está trastornando el equilibrio de poder en el mundo. Eso preocupa muy seriamente a Maitreya. De hecho, Él ha dicho que se presentará aún más pronto de lo que se pensaba posible, incluso antes de la caída de la bolsa para la cual ha estado esperando años. Las crisis ecológica y militar que vuestro presidente ha provocado, y la crisis de Oriente Medio han hecho imperativo que Él se presente más pronto de lo que hasta ahora parecía posible. Pienso que el movimiento de exteriorización de Maitreya fomentará la caída de la bolsa. Esto hará recapacitar a la humanidad de la forma más rápida posible, enfrentándose a la realidad tal como es por primera vez.

En Norteamérica, no tenéis realmente noción de la situación incluso en las partes más pobres de Europa del Este, y mucho menos en el mundo en desarrollo, en África o India. África es un caso por sí mismo. La profundidad de la pobreza es de tal magnitud que las personas que viven en este país no pueden ni empezar a creer que exista. Vuestros medios de comunicación no ayudan porque han quitado de casi todos los puntos de emisión de los medios de comunicación cualquier señal de la miseria y pobreza del mundo en desarrollo.

Hay unos pocos programas en los medios de comunicación que lo dan a conocer, pero en su mayoría consideran que ese tipo de preocupación mediática es mala para los negocios. Si lo vieras, cambiarías de canal. Y si cambias de canal no verás los anuncios. Si no ves los anuncios, no comprarás los productos. Así que se aseguran de que no veas la miseria evitando su emisión en las pantallas.

## Interconexión de todos los átomos

*"El propósito subyacente de toda vida es la creación de unidad, expresando así la interconexión de todos los átomos."* Esta es la afirmación más extraordinaria, en mi opinión, realizada por mi Maestro. Maitreya también ha afirmado, como hecho de la vida, de que todos los átomos están conectados. Somos parte de esa materia y de todos los átomos en todo el cosmos. Esa interconexión, esa falta de separación en cualquier parte en todo el cosmos, lo hace real, hace manifestarse en vuestra mente que si os veis como un alma, si veis al mundo como el alma ve al mundo, así es como es. Veis el mundo donde cada partícula está interconectada.

Cada alma es una parte de un alma. No existe algo como un alma separada. Cada alma es un fragmento individualizado de una gran superalma, y esa superalma a su vez es parte de todo lo que existe en espíritu en el mundo. Y eso es todo lo que existe. Todo ello está diferenciado en la miríada de formas que vemos, incluyéndonos a nosotros. Nos vemos como la forma humana, altos o bajos, gordos o delgados. Existen una miríada de formas en todo el cosmos y cada una de ellas, incluyendo a todos los seres humanos, están interrelacionadas en el sentido de que todos son átomos. Sólo está la estructura atómica en todo el cosmos. De allí procedemos. Esa es, como el Maestro lo dice, "la Fuente de nuestro Ser".

*"Para la mayoría de los hombres, el cosmos es una colección de cuerpos materiales separados, infinitamente grande y distante…"* Está Marte. Está la estrella número XYZ allí fuera. Está una nebulosa allí fuera. Son tan grandes, tan distantes. No parecen tener nada que ver con nosotros. Pero lo tienen. La estructura atómica que las conforma es la misma estructura atómica que conforma nuestros cuerpos, la misma estructura atómica en todo lo que vemos y todo lo que podemos visualizar en el universo. En realidad: *"El Espacio Mismo, es una entidad viviente, la Fuente de nuestro Ser, nuestra Madre y Padre. Como almas, sabemos que esto es así, y buscamos dar expresión a la unidad fundamental de nuestra naturaleza."* Buscamos encontrar la conciencia despierta de la unidad de toda vida del alma allí donde podemos. Lo encontramos en grupos. Lo encontramos de alguna manera en los partidos políticos. Lo encontramos en naciones. Esa es la razón por la cual las personas se identifican con sus naciones. Esa es la razón, si eres norteamericano, que te identificas con Norteamérica. Si eres ruso, te identificas con Rusia, y así sucesivamente. Es por eso que si tienes una visión más amplia, no sólo te identificas con tu nación sino con la comunidad de naciones. Ves a todas las naciones como una.

No es bueno si sólo 180 naciones firman el Protocolo de Kioto. Vuestra nación (EEUU) sólo representa el 5 por ciento de la población mundial, por lo que no es esencial, podrías llegar a decir. *Es* esencial porque provoca el 25 por ciento de toda la contaminación del mundo. No obstante vuestro gobierno se niega a firmar el Protocolo de Kioto, que han firmado 180 naciones. No significa que realmente estén haciendo el trabajo –sólo están acordando limitar durante un tiempo la emisión de gases. Hay mucho más que deberían hacer, pero es un paso adelante. Vuestro gobierno, vuestro presidente, se ha negado a firmar. De hecho, él dice: "No podemos. Es contra los intereses norteamericanos hacerlo". Se nos debe permitir emitir más de esos gases.

Esta es la clave de todo. Todos buscan identificarse con algo mayor que ellos. Ese sentido de unidad es esencial porque todos lo buscan tanto si lo saben como si no. La unidad es la conciencia despierta del alma de la unidad del cosmos. Nada menos que eso. Y allí donde crees unidad en tu trabajo, en tu grupo, en tu nación, o en el grupo de naciones, beneficias a la humanidad.

*"Un grupo, por tanto, pierde su unidad por su cuenta y riesgo."* Todo lo que debilita la unidad de un grupo es peligroso para el grupo. *"Sin tal unidad no funciona como grupo sino ciegamente, sin propósito y cohesión, una colección dispar de actitudes y condicionamiento."* Así que no permitáis que nada os influencie para debilitar la unidad del grupo. Es esencial para la mismísima naturaleza del grupo de la forma que existe, para el trabajo que el grupo está realizando, y para cualquier trabajo futuro que se le pida hacer.

Afortunadamente, estamos entrando en la Era de Acuario. La cualidad de la energía de Acuario es Síntesis. La síntesis recoge actitudes dispares y variadas para fusionarlas y combinarlas en una. Crea la unidad desde esa variedad. La creación de unidad, según el Maestro, es la meta de toda vida. Ese es el propósito subyacente de nuestras vidas. Por tanto, puedes ver cuán importante es que se fomente y nutra esa unidad en todas las formas posibles. Todo lo que la deniega, matiza, reduce, debilita, está en contra de la vida del grupo, contra la vida del planeta si lo consideras en términos internacionales. Es absolutamente esencial que el pueblo norteamericano se una a todos los demás pueblos del mundo para recomponer la ecología del mundo. No hay forma en que os podáis librar de ello. No hay forma en que podáis esperar. Debéis forzar a vuestro gobierno a ver que es algo más grande que Norteamérica.

Norteamérica sólo tiene el 5 por ciento de la población mundial, por lo que es fácil que cualquier cosa sea mayor que Norteamérica. Tiene 4.500 kilómetros de ancho, quizás 1.500 kilómetros de norte a sur. Se siente como el mundo. El mundo comienza en Nueva York y finaliza en San Francisco. Siendo esto así, es muy fácil, si eres norteamericano, no sólo sentirte el mayor país, y militarmente el más poderoso del mundo, sino también el más importante. Pero no es el más importante del mundo. Desde el punto de vista económico actual es el país más rico del mundo. ¿Pero por cuánto tiempo será así? Tan pronto como las bolsas caigan, las personas que se consideran ricas serán pobres.

Eso que hizo caer a Roma, y también a cada civilización antigua, está aquí en Norteamérica. Es la misma situación. Lo habéis hecho funcionar durante demasiado tiempo, y demasiado lejos. Os volvéis codiciosos y egoístas, y hambrientos de poder. Cuando los hombres hacen esto, caen. Ninguna nación puede trabajar contra el plan de evolución para siempre. Durante un periodo corto, sí, hasta que se convierte en fuerte y poderoso, rico militar y económicamente. Pero el resto del mundo también está creciendo. Puede estar gimiendo, pero está gimiendo y creciendo. Crece en sus demandas. El resto del mundo está ahora creciendo en sus demandas para el mundo desarrollado –no solo Norteamérica, sino Europa y Japón, y el mundo desarrollado en general.

Estas demandas deben satisfacerse. No podemos crear la Nueva Era construida con justicia y compartir si no lo hacemos. No es posible, no podemos tener ambas cosas. Esa es la razón por la cual los Maestros están regresando al mundo ahora en lugar de más adelante, porque el tiempo es corto. La crisis es demasiado grande para que Ellos lo dejen por mucho tiempo. Entonces habríamos sobrepasado el límite. Así que debemos crear unidad en un sentido internacional. Individualmente no podemos, pero juntos sí. *"Juntos, los hombres pueden realizar todo tipo de hazañas extraordinarias. Las posibilidades de cambio son ilimitadas, pero los hombres deben actuar conjuntamente para crear el nuevo mundo. Sólo mediante la unidad los hombres vencerán. La fuerza de la unidad abrirá todas las puertas. Aferraos al Ideal de la fraternidad y dejad de burlaros de los esfuerzos de vuestro hermano. Comprended que él, también, se enfrenta a la tormenta y se esfuerza en la oscuridad."*

Eso es lo que todos estamos haciendo. Estamos fuera en la tormenta en pequeños botes, en la oscuridad. No podemos ver las estrellas, no vemos nada que nos guíe. Remamos contra la marea y a favor de ella, y buscamos una luz que nos guíe. Esa nueva luz, la luz que nos guíe, es el Cristo, si los hombres lo supieran. La luz de Su amor y sabiduría; la luz de Su visión del futuro; la luz de Su proximidad a la Fuente de Luz y la Luz misma. Él está aquí, listo para guiar a la humanidad fuera de las arenas movedizas, fuera de los torrentes, fuera de las tormentas que de otra manera prevalecerían. De esta forma, Él pondrá Su sello en este tiempo, el tiempo del retorno al mundo de los Hombres Sabios del mundo, los Inspiradores, los Guías.

Como el Maestro lo dijo: *"El primer paso es aceptar que todo es Uno, que subyaciendo a la diversidad de formas late el corazón de la Vida Divina Una. Cuando la humanidad comprenda esta verdad, emergerá una civilización basada en esa verdad que conducirá al hombre a los pies de la misma Divinidad. Entonces la puerta de los cielos se abrirá y el hombre se encontrará en un viaje sin fin. El cosmos, cercano y lejano, será el objeto de su estudio. El infinito le señalará siempre hacia adelante y comprobará su valor*". ('La ciencia Divina' por el Maestro —, a través de Benjamin Creme, *Share International* marzo 1986)

Ahora estamos haciendo pequeños experimentos y tocando los planetas, haciendo fotografías. En muy poco tiempo exploraremos todos los planetas de nuestro sistema en naves espaciales. Quizás no es esta generación, pero no demasiado adelante en el tiempo. Y en su momento iremos hasta los confines más alejados de nuestra galaxia.

Cuando el hombre vea al universo y a sí mismo como Uno, todas las cosas serán posibles. De eso trata todo. Debemos vernos como Uno y unidos con el universo. Que no hay diferencia entre nosotros y el universo; que estamos intrínsecamente relacionados con cada ser de la Tierra y todo en la Tierra; que la estructura atómica que nos conforma, también conforma todo lo que vemos en el cosmos entero, que sólo existe una unidad.

Por tanto, ese anhelo por la unidad, esa unión de grupos, ese crecimiento de grupos, y en esta nueva era de Acuario este esfuerzo grupal se convertirán en *el* esfuerzo. Nada de mayor importancia será intentado individualmente. Es la era del grupo, expandiendo la actividad hasta que el mundo entero esté trabajando junto expresando la unidad básica del planeta Tierra.

*"El hombre llegará a percibirse como una unidad integral en un vasto sistema que se extiende a las estrellas. Como un minúsculo punto de vida consciente amorosa, sin la cual el universo sería más pobre."* (ibid.)


Referencias: *Enseñanzas del Agni Yoga* (varias obras). Agni Yoga Society, Nueva York.

# Unidad – la meta de la vida:
# Preguntas y respuestas

*[Las preguntas sin fecha de publicación son de las conferencias de 2001 en EEUU y Holanda, y fueron publicadas en **Share International**, Enero/Febrero 2002.]*

## Unidad en la Diversidad

**La idea de unidad podría parecer aburrida. ¿Cómo afecta este pensamiento el deseo de unidad en una situación grupal?**

La idea de que la unidad tiene que parecer aburrida es un pensamiento que me horroriza. No puedo entender cómo puede entrar en la mente de alguien que haya entendido lo que estamos hablando. La meta de nuestra vida, lo hayamos comprendido o no, es el establecimiento de la unidad, representar la unidad que ya existe porque cada átomo en el universo manifestado está interrelacionado con cualquier otro átomo.

La unidad no es una simple idea que podemos adoptar o no; nos está impulsando en nuestro proceso evolutivo. Esta evolución, expansión de conciencia, debe ser un proceso de conciencia despierta creciente de la unidad y una síntesis de todos los aspectos posibles de la unidad que existan hasta que tenga la 'Mente de Dios', viendo la unidad que subyace toda la existencia.

Cómo eso puede ser aburrido me deja perplejo; muestra una tremenda diferencia de enfoque a la palabra unidad. Parecería que algunas personas en el grupo entendieron la unidad como una experiencia estereotipada, todos pensando de la misma manera, cada reacción, cada aproximación la misma. Si eso fuera unidad, por supuesto, se haría aburrida. Pero eso no es de lo que estamos hablando. Estamos hablando sobre la base fundamental de nuestra existencia. Si es verdad que la unidad es básica para nuestra existencia, nacida de la identidad de todos los átomos con todos sus homólogos, entonces la unidad es, quizás, muy diferente de lo que piensas.

Mi propia idea de unidad es de la máxima diversidad posible. Existen siete rayos, y estos en sus variadas relaciones producen todos los fenómenos que vemos y experimentamos. Por ello existe la diversidad infinita. Todas las naciones comparten estos siete rayos como almas y como personalidades. De esta manera obtienes cualidades muy variadas en las naciones.

Mi comprensión de los artículos del Maestro sobre 'Unidad' y 'La Necesidad de la Unidad', es que no sólo tienen que ver con el trabajo grupal; aunque Él los relaciona al funcionamiento de grupos. También los relaciona a la escena mundial. Realmente está hablando sobre relaciones internacionales y la necesidad de unidad en esa área; esa es la urgencia. Vuestras propias relaciones grupales necesitan la comprensión y crecimiento de la unidad, pero no tienen el mismo efecto en el mundo como, por ejemplo, la falta de sentido de Bush de la unidad necesaria para producir cooperación y así resolver los problemas del mundo. Sólo la unidad puede funcionar cooperativamente.

Sabemos que los exponentes más eficientes de la competencia, lo opuesto de la cooperación, han sido Norteamérica, los diversos países de Europa, Japón, Australia y Canadá. Un número muy limitado de países están, de hecho, protagonizando la escena. El mundo es un tipo de edificio mucho más complejo. Por tanto, los problemas relacionados con el desarrollo de dicho edificio, incluso el mantenimiento de su existencia física, requiere la cooperación y la paz, la capacidad de trabajar juntos para resolver los problemas que están amenazando la misma existencia del mundo. Estos son los problemas reales de los que habla el Maestro en estos artículos sobre la unidad.

Él relaciona los artículos con los grupos porque Él tiene varios grupos a Su cargo, y Él está desarrollando ambas cosas –las ideas en relación con los grupos y la escena internacional– porque los grupos se relacionan con el mundo. Los efectos en los grupos no tienen tanta relevancia comparado con los efectos que la unidad o la competencia tienen en el mundo, en nuestras relaciones internacionales. Si, por ejemplo, Norteamérica hubiera firmado el Protocolo de Kioto para la estabilización de la emisión de gases invernadero, hubiera sido una buena idea no sólo porque 180 lo vieron como una buena idea y, sin duda alguna, muchos norteamericanos también lo vieron, sino porque el Sr. Bush representa un cierto tipo de enfoque. Él representa el enfoque republicano del problema. Históricamente éste ha sido lo que podría considerarse en el mejor interés del país que representan, los Estados Unidos. Los representantes de cada país en cualquier momento dado sin duda cuidan los intereses más cruciales de sus naciones según ellos los ven. Algunas naciones están un poco más adelantadas, tienen un poco más de involucración del alma en su conciencia, y así miran a una escala más amplia. Son capaces de ver no sólo sus propios intereses personales sino también tener un punto de vista más amplio de tanto en tanto, y eso es bueno y útil. Así depende del punto de evolución alcanzado, y de la importancia de la idea o problema.

Yo diría que esa diversidad es la naturaleza fundamental de la vida de la humanidad. La individualidad de todo ser humano no es sólo un hecho; es uno de los grandes hechos de la evolución humana. La individualidad muestra la particularidad de cada persona. Como una extensión del individuo, cada nación es un alma con una personalidad. El rayo de la personalidad, o el rayo del alma, es más dominante, más influyente.

Desafortunadamente, en el presente, el rayo del alma está velado mayoritariamente por la actividad del rayo menor, el rayo de la personalidad, y la mayoría de naciones simplemente cuidan de sus propios intereses personales en la medida que pueden. Si son naciones grandes y poderosas como Estados Unidos o Europa, lo hacen con más efectividad que las naciones pequeñas que no poseen la influencia, internacional, para hacer oír sus voces o tener algún efecto en el conjunto.

La mayor diversidad dentro de la mayor unidad, o poniéndolo de otra manera, la mayor unidad con la mayor diversidad, es el ideal que la humanidad está buscando, y va alineado con el plan de nuestro Logos para el desarrollo de este mundo. No es una aburrida uniformidad –de hecho, es justo lo contrario. Maitreya en uno de Sus primeros mensajes [Nº 3] dijo: *"Dejadme llevaros de la mano y guiaros hacia esa tierra donde nadie carezca de nada, donde cada día sea diferente, donde la alegría de la fraternidad se manifieste a través de todos los hombres"*.

*"Donde cada día sea diferente"* es, para mí, una afirmación extraordinaria. Las únicas personas para las cuales cada día es diferente son los niños pequeños y las personas poco frecuentes que tienen suficiente dinero y tiempo libre para hacer lo que quieran, en donde pueden llenar su vida creativamente, momento a momento, así no existe el trabajo duro y pesado. El aburrimiento y el trabajo pesado surgen de la monotonía. En la unidad no existe la monotonía. No trata de repetición de ideas similares una y otra vez hasta que se hace aburrido. Es ver la vida creativamente, y así, cada aspecto, cada movimiento, de esa vida de forma creativa, nueva, momento a momento. Cuando estás en el estado de unidad del que el Maestro está hablando, ese es el estado de existencia eterna y creativa que existe para todos nosotros.

## Consenso

**¿Cuánto conflicto podemos tolerar en el grupo sin que amenace la unidad del grupo?**

La respuesta corta a eso es nada. Toda manifestación de conflicto amenaza la unidad del grupo. Del mismo modo, la unidad no es posible para grupos que no pueden crear un consenso. Si puedes crear un consenso, el conflicto no surge. No obstante, pocos grupos pueden crear un consenso continuado y así surgen conflictos muchas veces. ¿Cuánto afecta eso a la unidad del grupo? Lo afecta dependiendo de la violencia del conflicto. Si es muy violento podría amenazar la misma existencia del grupo.

No es un grupo si no tiene un grado, aunque no sea un grado perfecto, de unidad, porque la unidad es la mismísima naturaleza de un grupo. No puedes quitar la unidad y todavía tener un grupo. Entonces es otra cosa: personas con un conjunto de ideas diferentes; que airean sus ideas condicionadas, sus prejuicios personales. Eso no tiene nada que ver con la síntesis, el consenso de pensamiento, que es en esencia una expresión grupal. Esto surge de la naturaleza de la acción grupal.

La idea de un consenso ya ha surgido anteriormente. Hay algunos que piensan que no hay tal cosa como consenso, que en realidad no existe. Simplemente 'defiendes tus intereses' y ganas algunas ideas y propuestas y pierdes otras; eso es todo lo que hay. Eso no es verdad. Eso es profundamente materialista, y en mi opinión, un punto de vista erróneo de lo que es el pensamiento, lo que son las ideas. Cada idea que nos llega de alguna manera, quizás sólo tenuemente, tiene que ver con la vida real. Si es algo que tiene que ver con la vida real, tiene que reflejar la realidad. La realidad en algunas situaciones, no situaciones grupales, es que sacas a relucir tus propias ideas; ganas algunas y pierdes otras. Es un enfoque de persona de negocios. Obtienes algunas ventas y pierdes otras.

Ese es el punto de vista materialista de la vida. No nos concierne. No es relevante a la idea de unidad o cuánto conflicto podría aguantar un grupo unificado. Eso depende en la intensidad del conflicto. Si es un conflicto menor, la unidad del grupo normalmente se elevará por encima del mismo. Si es duradero, y existen algunos grupos en los cuales existe un conflicto duradero, es como una gota de agua cayendo sobre una piedra, desgastando la unidad de la piedra hasta que haya creado un agujero.

Lo mismo sucede en un grupo. Los conflictos menores son fáciles de resolver con buena voluntad y cooperación. La cooperación es algo absolutamente esencial para la creación de unidad porque es un aspecto de la unidad. Si tienes un punto de vista unificado del universo, de los problemas del mundo, reconoces que afectan a todos. Todos en el mundo están afectados por los grandes problemas como la contaminación, el calentamiento global, la subida del nivel del mar, etc. Estos problemas tienen que resolverse a través de la cooperación, no existe otra manera. Nadie puede decir que no le incumben. La vida en la tierra está amenazada. No me refiero sólo a los terroristas. El terrorismo es un efecto. Tiene su causa. Para comprender el terrorismo debes buscar la causa en vez del efecto, el terrorismo en sí. Su causa se relaciona con aquellos que tienen y aquellos que no tienen, con aquellos que ostentan el poder y aquellos ofendidos por ello, o que desean una parte de ese poder. No es la causa de desunión, sino un efecto del *malestar* que ya está allí, que se expresa entre ciertos individuos como terrorismo, como la forma más efectiva, barata, y , si eres un fanático, natural de mostrar tu disposición para morir por una idea. Las personas durante mucho tiempo han muerto por las ideas. Es el sacrificio extremo que es presentado al mundo por la experiencia pisciana. Mientras que la energía de Piscis produzca los efectos de la exclusión y la división, esa posibilidad continuará.

Si no tienes consenso en tu grupo, tendrás desunión. Si no puedes ni siquiera aceptar la existencia del consenso como idea, nunca tendrás unidad.

**¿Cómo podemos llegar a un consenso? (Enero/Febrero 1998)**

Existe sólo una forma de llegar a un consenso: la cooperación. Tan pronto como cooperas, se hace posible el consenso. Mientras se tenga competitividad en la presentación de puntos de vista, no logras ningún consenso, porque todos quieren que se adopte su punto de vista y que se convierta en la opinión general. Entonces se convierte en una mayoría, que no tiene nada que ver con el consenso. El consenso es la comprensión intuitiva, y por tanto de alma, de que un cierto proceso, si se le da realización, y por tanto acción, por parte de un grupo, es la sola y única acción que tomar en ese momento y espacio. De esta forma el consenso se convierte en una fuerza muy dinámica. Tan pronto como se logra un verdadero consenso tienes la energía entera del grupo – la voluntad, amor e inteligencia – del grupo, como conjunto, detrás. Es como si otra cosa, una voz sintética, se hubiera creado, una voz que aúna todos los puntos de vista dispares, todos los distintos matices, reservas. Todo eso de repente se fusiona de una forma intuitiva en el grupo que está realmente funcionando en total cooperación. La opinión final es reconocida, aceptada, y comprendida de la misma forma por todas las personas, y el consenso desciende de repente en el grupo con toda la energía del alma detrás de él.

La acción que proviene del consenso realiza el trabajo. Ese debería ser el objetivo de todas las acciones del grupo: hacerlas tan fusionadas y mezcladas que produzcan, por así decirlo, una vara de acero, sólida y afilada , que vaya directa a llevar a cabo su labor. De lo contrario es una cuestión de probar un poco aquí y un poco ahí. Es difuso, y por tanto relativamente inefectivo.

De vez en cuando una especie de inspiración actúa como el fuego sintetizador que provoca una acción natural y candente que va directamente al corazón de los periodistas o de las personas del mundo. Puedes reconocerlo cuando lo ves. No puedes planearlo; simplemente ocurre cuando el grupo coopera en tal grado que sus mentes, su intuición, fusionan una acción que es evidentemente la más natural y mejor forma de proceder. Esa es una forma mejor de trabajar que el resto. Descarta toda la cuestión de la crítica o el cuestionamiento. La misma acción se convierte en un crisol en el que todas las ideas, intentos, la inteligencia y la capacidad creativa del grupo se fusionan. Ese es un pensamiento de grupo, una acción de grupo, y no hay nada que se le pueda comparar.

## Prioridad

**A veces parece que se utiliza demasiada energía en alcanzar la unidad y cohesión grupal, a menudo sin resultados. ¿Cuál es la prioridad del grupo –crear unidad o hacer conocer la información?**

El trabajo de los grupos es hacer conocer la información sobre la reaparición. Haciendo esto puedes trabajar como un grupo o no. Si trabajas como un grupo entonces la unidad grupal se convierte en un factor, y si no trabajas como un grupo no se convierte en un factor.

Este grupo es diferente en el hecho que está trabajando para la reaparición, pero también trabaja para lograr posiblemente el comienzo de la iniciación grupal. Eso se va desarrollando y lleva tiempo. La reaparición tiene un tiempo de finalización. Maitreya aparecerá, la gente le verá. Ese aspecto particular del trabajo se acerca a su fin. El trabajo en curso de iniciación grupal ocupará, o debería ocupar, la atención de todos los grupos en cualquier sitio porque es básico en lo que estamos haciendo.

La Jerarquía nunca hace una sola cosa en cada momento. Con cada dispendio de energía Ellos hacen dos o tres o cuatro cosas que se desarrollan simultáneamente. Ellos fundaron un grupo, los trajeron a encarnación y les dieron esta inmensa y magnética idea de la reaparición del Cristo y la exteriorización del trabajo de la Jerarquía, que es lo suficientemente poderosa para unir a estos grupos dispares en todo el mundo, todas están activadas por la misma causa.

Como dije anteriormente, algunos grupos están más 'unidos' que otros. En algunos grupos el 90 por ciento de su actividad está dominada por el alma, dirigida por el alma. Hay otros grupos donde sólo el 30 por ciento de sus acciones están dirigidas por el alma, lo que significa que el 70 por ciento de sus acciones están dirigidas por el cerebro, desde el nivel de la personalidad. Eso marca una diferencia en la cualidad del grupo, en el tono, la nota hecha sonar ocultamente por ese grupo en particular. Los Maestros ven cada grupo en términos de la nota que hacen sonar, el grado de integración del alma.

Algunos grupos, por tanto, manifiestan más energía del alma y otros más energía de la personalidad en estos momentos. Eso se dio a conocer hace un par de años, y los grupos saben cual es cual: el grado en el cual están regidos por el alma y el grado en el cual están regidos por la personalidad. Aquellos en que el alma está más involucrada tienen menos problemas del tipo ya mencionado. Aquellos donde la personalidad es más visible, donde existe menos infusión del alma, tienen más problemas de este tipo.

Debemos aceptarlo. Así es como son las personas actualmente. Deben atravesar eso y desarrollar una dirección del alma e infundir el trabajo de su grupo con el alma. Se desarrolla. Pero todos están haciendo el mismo trabajo, hacer conocer la noticia, algunos con más efectividad porque están más infundidos con el alma; otros son menos efectivos porque están trabajando más desde el nivel de la personalidad. Todos, más o menos, lo hacen lo mejor que pueden.

## Confianza

**¿Cuál es el factor principal que impide la unidad en los grupos?**

El principal factor que impide la unidad en los grupos es la crítica, que el Maestro mencionó en el artículo. La crítica de individuos por parte de uno o más miembros es muy destructiva para la unidad del grupo.

La crítica, no obstante, es de dos tipos, constructiva y destructiva. La crítica en general es destructiva. No debería ser así. Existe la crítica positiva y constructiva. Por ejemplo, un Maestro o un instructor iluminado que señala a un discípulo o aspirante sus defectos, o malos hábitos o tendencias destructivas, está siendo constructivo respecto a una actitud destructiva. La persona podría no ser bastante poco consciente del carácter destructivo de su crítica, por ejemplo, y pensar que sólo está señalando lo que es obvio. Pero para la persona afectada, lo obvio podría no ser tan claro. Podrían ser totalmente inconsciente de aquello que, para el que critica, parece obvio para cualquiera.

Normalmente criticamos lo que no nos gusta en nosotros. Proyectamos eso en otros que no nos agradan demasiado. Al hacer eso nos libramos de ello por el momento, proyectándolo en otras personas y criticándoles por tener ese defecto, espejismo o forma de comportamiento específicos que nosotros podríamos tener todo el tiempo. Eso es muy destructivo. Destruye la unidad del grupo porque destruye la confianza entre los miembros del grupo.

Esa es la razón por la que, en el campo económico, es tan importante introducir el proceso de compartir en primer lugar, antes que cualquier otra cosa. Cada problema del mundo necesitará esto para su propia solución. El compartir por su misma naturaleza crea confianza. Compartir es una expresión del aspecto amor de Dios. Está en todos, pero en muchas personas está tapado, oculto, nunca ve la luz del día. Algunas personas creen estar completamente en contra del compartir, en grandes cosas como compartir los recursos del mundo desarrollado con el mundo en desarrollo. Piensan que no hay razón por la que tengan que repartir, como ellos lo ven, su riqueza ganada con tanto esfuerzo a aquellos 'tipos raros de cabellos largos' que son unos holgazanes, no hacen nada, y no tienen trabajo (porque no hay puestos de trabajo para ellos). Esto es muy difícil de superar.

Muchísima gente en Norteamérica es de la opinión que lo que haces en la vida (y también hay fortaleza en ello), es una mejor ganancia para ti, una mejor prueba de tu realidad, tu individualidad, de ser un hombre o una mujer, que un estado que proporcione bienes para que nadie padezca hambre. No hay trabajo para ellos, pero el estado proporciona los recursos para que todos coman. No ven que si el estado no lo hace, esas personas no comen. Si no comen, mueren. No ven la sencilla verdad que si no comes lo suficiente, te mueres de hambre. Millones de personas no comen lo suficiente para mantenerse vivas. De alguna forma estas personas están diciendo: "Bueno, no es mi culpa, y tampoco me incumbe."

En Norteamérica la idea de estar en un desierto que todavía se está construyendo es bastante poderosa aunque sean la cuarta o quinta generación que vive lujosamente bajo el sol de California. Trabajan en la industria de la alta tecnología que dista mucho de los primeros colonos que fueron en caravanas y vivieron en cabañas de madera hace un siglo y medio.

Las personas con este punto de vista específico tienen la sensación de que son pioneros. Tienes todo para ganar o perder, depende de ti. No depende del estado, o de un ayuntamiento. No depende del sheriff. Depende de ti como persona con una espada o una pistola para sacar de la vida lo que puedas. Es un espíritu pionero, que tiene una vitalidad fabulosa y que se expresa actualmente en su esplendor en la tremenda energía que se irradia a través de Estados Unidos. Está en su esplendor, todo lo mejor de Norteamérica. Pero también tiene su punto de vista estrecho que no recibes nada a cambio de nada en la vida. Tampoco tú pero las mismas personas invierten en la bolsa porque reciben algo a cambio de nada. No son muy coherentes.

Cuando compartes, creas confianza porque has expresado amor. Compartir es la expresión del amor. En una familia comparten todos los recursos según las necesidades de la familia. El sentido de ser una familia está muy poco desarrollado en este mundo. Al compartir uno crea la confianza que nos permite confiar en otras personas. Si muestras confianza, recibes confianza. Al compartir lo que tienes con otros, creas esa confianza sin la cual no pueden tomarse grandes decisiones. Sin confianza nunca habrá consenso con los problemas más importantes que preocupan a este mundo, que sólo se pueden abordar internacionalmente. De hecho, Maitreya ha dicho que todos –cada hombre, mujer y niño– deben ver el mantenimiento del planeta en sí como la principal prioridad del mundo. Todos deben participar. Tal vez sonrías con la idea de niños haciéndolo pero si hay una campaña en cualquier ciudad para el reciclado, los niños son los primeros en hacer que sus padres lo hagan. Salen fuera y organizan el reciclado. Son los mejores en ello. El reciclado es sólo una de las muchas formas en la cual los bienes de la tierra pueden preservarse para las generaciones futuras.

Cuando tienes confianza puedes hacer cualquier cosa. La principal razón de conflictos entre grupos es la crítica, porque afecta la confianza que es esencial. Al igual que puedes cambiar el mundo a través del compartir, y crear confianza, sin confianza en un grupo no puedes tener unidad. Es imposible. La crítica quebranta la confianza, y por tanto a la unidad.

**"Acallad el lenguaje de la crítica." ¿Eso también significa acallar el pensamiento?**

Sí, por supuesto. El lenguaje es el resultado del pensamiento. Tienes que pensar antes de hablar. El "lenguaje de la crítica" es una buena frase, y sabemos a lo que se refiere el Maestro. Él también se refiere a los pensamientos. El pensamiento destructivo que no se pronuncia es igual de dañino para la persona, para la persona a la que va dirigido, y para el grupo en su conjunto, como si fuera pronunciado, porque la persona se comporta de igual manera que si lo fueran a decir. Se refieren a ello todo el tiempo.

## Discernimiento

**Usted dijo que había demasiadas ideas ingeniosas. ¿A qué se refiere?**

Existen ideas ingeniosas y existen ideas ingeniosas creativas. Una idea que es creativa será ingeniosa; será nueva. Cualquier cosa creativa lleva implícito algo nuevo. Eso es lo que lo hace dudoso para algunas personas. Cualquier cosa nueva hace a las personas dudar sobre su veracidad o su calidad, pero tienes que utilizar tu sentido común. Cuando dije muchas ideas ingeniosas me refería a demasiados reclamos, trucos para aumentar las ventas, si se utilizaran en publicidad comercial. Normalmente, estas ideas de reclamo son inapropiadas para nuestro uso.

**¿Cuándo una idea creativa se vuelve demasiado ingeniosa, es decir, dañina para la unidad del grupo?**

Si es una idea creativa, no pienso que pueda ser dañina para la unidad del grupo. Si es una idea verdaderamente creativa, probablemente es manifiestamente beneficiosa para el grupo y por ello no va en contra de la unidad del mismo. Si es tremendamente creativa e ingeniosa quizás el grupo en su conjunto no la comprende, y no llega a ponerse en práctica. Pero no debería ser dañina para la unidad del grupo.

Las peores ideas son las destructivas. Cualquier idea que básicamente no sea verídica es dañina para el grupo. Una idea que no sea verdadera, pero que es aceptada por algunos como tal, es destructiva para la unidad de un grupo porque algunas personas creerán en ella y otros la rechazarán. Algunos dirán: "Es verdadera. Tal persona lo dijo. Debería saberlo. Siento que para mí es verídica". Otros dirán: "No creo en ella. No me parece cierta. Tiene la esencia del espejismo".

El problema con el espejismo es que es altamente infeccioso. Es como una enfermedad infecciosa que puede afectar a todo el grupo, y el grupo podría desmembrarse a causa del espejismo. Cuando el espejismo tiene que ver con ideas que son falsas, es muy destructivo para la unidad del grupo porque algunos lo considerarán verdadero. Su espejismo se amolda a sí mismo con el espejismo de lo falso, y no ven nada malo en ello. Otros que tienen más discernimiento pueden ver inmediatamente desde la facultad de discernimiento de la mente, que es el alma a través de la mente, que se trata de un espejismo, falso y no quieren tener nada que ver con ello. Y así surge la desunión dentro del grupo. Ese es uno de los medio más destructivos dentro de un grupo.

**¿Cómo podemos abordar este tipo de situación sin entrar en la crítica? ¿Cómo podemos tratar ese tipo particular de espejismo?**

Si piensas que algo es básicamente falso, no estás hablando de un tipo diferente de enfoque, una diferencia puramente de personalidad por la estructura de rayos, capacitación o hábito. Las personas tendrán todo tipo de ideas diferentes de cómo deberían hacerse ciertas actividades. La mayoría de disputas en grupos están en ese nivel. Pero podría ser una cuestión de: "¿Es aquello que estamos difundiendo verídico o no? ¿Es simplemente un espejismo, una idea falsa de un individuo específico que algunas personas creen que está diciendo la verdad?" Quizás esa persona piensa que está diciendo la verdad, pero los otros desde su punto de discriminación dicen que no es verdad. Entonces tienes que decir: "Para mí esto es un espejismo. Para mí no es cierto. No puedo continuar con esa premisa".

Para mí, durante los últimos 27 años de difusión de la información sobre el retorno del Cristo y la Jerarquía, ha existido un factor que he mantenido sólido y sobre todas las cosas: que lo que digo lo creo por mi *experiencia* que es cierto. No puedo decir lo que no creo que no sea verdadero. No lo puedo decir con convicción, por lo que no hay ninguna razón para decirlo. Cuando lo que dices es verdadero por sí mismo y lo dices con convicción que la experiencia personal te otorga, te creen. Si es cierto, tiene el poder que sólo confiere la verdad. Si es un espejismo, falso, una ilusión de la verdad, no tiene el mismo poder. Podría durar una noche o seis meses o un año, pero entonces desaparecerá como si nunca hubiera existido. Según todos los baremos de los medios de comunicación, esta información debería estar muerta y bien muerta hace mucho tiempo, y todavía ese no es el caso. De hecho, ahora se cree más que nunca antes.

**¿Así que es mejor no actuar sobre el espejismo?**

Aquellos que no creen en el espejismo no deben actuar sobre él como si fuera cierto. Aquellos que creen que una cierta cosa es cierta podrían estar equivocados o en lo cierto, pero ellos creen en ella, y actúan sobre ello. El tiempo dirá qué es cierto y qué es espejismo. La mayoría de las personas tienen espejismos. Ese es el problema. La mayoría de personas están en un nivel en su evolución en el cual el plano astral es su foco de conciencia. Esa es su área de sensibilidad para que cualquier idea sea registrada y valorada. Así que no pueden hacer otra cosa que tener espejismo en mayor o menor grado.

El proceso de convertirse en un discípulo es el logro del discernimiento, de construir en ti mismo una facultad discriminatoria para que instantáneamente sepas si algo tiene el tacto de la verdad. Tu propia alma a través de la mente te dice si es verdad, o te dice si es falso. Esto es lo más divisivo en un grupo porque habrá algunos que no poseen esa facultad de discriminación, y por tanto no pueden decidirse sobre ello. No lo saben. Quieren que alguien les diga lo que es verdadero y lo que no. Cualquiera que habla mucho o escribe libros, como yo, tiende a ser creído porque habla mucho y escribe libros. No hace que tus afirmaciones sean verídicas. Lo que revela tu verdad es tu discernimiento y la convicción con la que hablas.

Podrías preguntarte si estas ideas concuerdan con la información esotérica, retrocediendo hasta el *Upanishads* si fuera necesario, a través del *Bhagavad Gita*, a través de todas las enseñanzas dadas al mundo hasta

Jesús y el Corán. ¿Concuerdan con Blavatsky y Alice Bailey? ¿Existe un hilo conductor con todas ellas, o existen grandes discrepancias?

Si es verdadero, lo será para la naturaleza de la vida. Cuando es falso, va en contra de la naturaleza de la vida. La gente ama al espejismo. Más del noventa por ciento del mundo sufre espejismo porque ese es el nivel en el que viven. Esencialmente, el plano astral es irreal, pero para la mayoría de las personas es real. Por tanto, tiene el atractivo del espejismo. Llena las librerías astrales del mundo. Es una puerta de entrada para muchas personas a algo más elevado pero eso no significa que *sea* más elevado. Sólo significa que es una *puerta de entrada* a algo más elevado.

**¿Están las personas 'mejorando' de alguna manera, liberándose de los espejismos?**

Soy consciente por mis conferencias y entrevistas en radio y televisión que las preguntas son un poco más reales, que tienen menos espejismo aunque también tienen mucho de ello. Es lo mismo como en las falsas enseñanzas religiosas. Es condicionamiento. En un sentido el espejismo es condicionamiento. Es la mente condicionada la que busca una respuestas rápida y sencilla o mágica a los problemas del mundo. No hay respuestas rápidas y sencillas a los profundos problemas humanos, problemas del crecimiento de la conciencia. No necesitas un hombre del otro extremo de la galaxia para que venga y ponga su mano sobre tu cabeza y elimine tu ceguera y espejismo, y de pronto lo veas todo como en la mente de Dios. Eso suena bien en un libro pero son tonterías. Nadie vendrá desde el otro extremo de la galaxia para hacer eso a alguien que todavía no ha tomado ni la primera iniciación. Nadie incluso vendrá desde el otro extremo de la galaxia. Debes poner las cosas en perspectiva. El problema es que las personas no pueden hacer eso. No tienen la facultad de discernimiento para hacer eso, por lo que pueden creer cualquier cosa. Cuando crees *cualquier cosa* te metes en problemas.

**Pero las personas con espejismos también pueden hablar con convicción porque no sabrían que tienen espejismos.**

Precisamente. La persona que está divulgando la información con espejismo podría creer en ella completa y totalmente porque tienen tantos espejismos que no conocen la diferencia. Le viene del plano astral y es como sueños. Te vas a dormir y sueñas. Piensa en tus sueños. Si tus sueños fueran realidad, podrías hacer cualquier cosa. Podrías pensar cualquier cosa en tu sueño, y estaría allí, y puedes visualizar cualquier cosa que desees: Maestros que se reúnen contigo, decenas de Ellos, en alguna altiplanicie en los Himalayas o los Andes. Te das la mano con cada uno y Ellos se inclinan ante ti. Luego comprendes lo que nunca hiciste antes, cuán augusto, cuán grande, cuán evolucionado realmente eres. Y nadie lo nota, nadie viene a ti y te dice: "Sabes, tenías razón. Siempre sentimos eso sobre ti. Eres diferente". El espejismo es un campo minado.

Las personas están tan inmersas en ellas mismas que creen todo lo que experimentan, incluidos sus sueños astrales (porque todos los sueños son astrales) incluyendo sus sueños cuando están despiertos. Creen eso y piensan que es real, al igual que tu piensas durante unos segundos que tu sueño es real. Sales del sueño y dices: "Ah, fue sólo un sueño, qué lástima", o "gracias a Dios, era sólo un sueño". Es sólo un producto de tu imaginación astral. La mayor parte del tiempo estás demasiado ocupado buscando y pensando y haciendo para prestar atención a esta imaginación astral que está sucediendo. En algunas personas es tanta que reciben todo tipo de presentimientos y dicen: "Tengo la sensación. Siento que eso es así". Si eres un discípulo y sabes algo, no lo sientes, lo sabes. Lo sabes o no lo sabes, nunca lo sientes. Las personas enfocadas astralmente siempre sienten. "Tengo la sensación de que esto está sucediendo o va a suceder". Puedes estar seguro que no, porque es tan solo un sentimiento como cualquier otro sueño.

**Cuando cierta información es presentada por diferentes editoriales u otras fuentes, quizás somos capaces de ver que alguna información tiene mucho espejismo, pero en este país cuando está respaldada y publicada por un centro coordinador, entonces eso condiciona las mentes de las personas de si es verdadero o falso.**

Absolutamente. Buscan seguridad de lo que leen. No pueden leer todo, y quieren leer lo que es valioso. Lo que es valioso es lo que da una buena sensación, es interesante, satisfactorio, lo que alimenta sus espejismos, sus mentes, su imaginación, o les proporciona un nuevo punto de vista de la vida. En la mayoría de los casos los editores se ciñen a un tipo de literatura, y sabes cómo será el libro de esa editorial –realmente con mucho espejismo y dirigida al público lector menos evolucionado. Luego están aquellos con más discernimiento, y suben un peldaño. Quizás material proveniente del sexto plano astral en lugar del quinto. La mayor parte del material realmente lleno de espejismo –el espejismo de carne y bebida– viene del quinto plano astral.

El sexto plano astral es donde recibes enseñanzas inspiradoras más elevadas. Por ejemplo, *Un Curso de Milagros* fue dado por el Maestro Jesús a un discípulo que trabaja en el sexto plano astral. Ese discípulo lo dio a una médium (aunque ella no sabía que era una médium) que lo plasmó. Es bastante puro. Ese es un ejemplo de un nivel muy elevado de enseñanza proveniente de uno de los Maestros, que finalmente desciende hasta el plano físico pero desde el sexto plano astral.

Esta es la manera en la cual enseñanzas espirituales bastante elevadas pueden darse en los planos astrales. Normalmente, los Maestros evitan los planos astrales. Nunca trabajan en el quinto plano astral Ellos mismos, pero dan trabajo, o experiencias, de tanto en tanto, en el sexto astral, el plano que tiene más que ver con el corazón que el plexo solar. En los niveles más elevados del sexto astral, es relativamente puro. Todo es relativo. La aspiración del individuo podría permitir que se diera, si allí es donde son sensitivos. Depende dónde una persona es sensitiva.

Los Maestros sin duda les encantaría que todos los discípulos fueran sensitivos en los planos más elevados del alma, pero ese no es el caso. También les encantaría incluso si todos fueran sensitivos en el plano mental. Esto tampoco es el caso. Así, si quieren dar información, si quieren llegar a la mayor cantidad de personas posibles, los Maestros de vez en cuando extienden la red con un poco más de amplitud. Hay problemas relacionados con ello, pero Ellos utilizan personas de tanto en tanto que son sensitivos astralmente, y que sólo pueden recibir en el plano astral. Si puede ser el sexto plano astral, tanto mejor. A veces dan experiencias allí. Esa es la razón por la cual tantas personas se hacen conocer al mundo como Maitreya o el Cristo. Todas esas personas están respondiendo a la idea jerárquica de que el Cristo está regresando al mundo, pero piensan que son ellos.


[Nota del Editor – Existen siete niveles en el plano astral, siendo el séptimo el más elevado de los planos astrales. Por encima del plano astral, existen cuatro niveles del plano mental, siendo el cuarto el más elevado. Por encima del plano mental existe el plano del alma, el plano espiritual.]


## Unidad grupal

**Nuestro grupo debatió los diferentes métodos que todos utilizamos para divulgar. Eso es, enviando el Boletín Emergence, utilizando**

**varios conferenciantes locales, y últimamente haciendo uso de conferenciantes nacionales porque atraen a más gente. ¿Podría hablar sobre esto y otras cosas que contribuyen o obstaculizan a nuestro propósito grupal?**

Si todos están haciendo un trabajo divulgativo, y se trata del mismo material, y el material es verdadero, no existe diferencia. No hay prejuicio en ello. Si por otra parte, al divulgar, se usan falsedades, eso es algo completamente diferente. Cuando las personas divulgan falsedades es destructivo y dañino para la causa, dañino para el grupo como tal, y dañino para Maitreya y el Plan.

Los Maestros no buscan la perfección. Si lo harían nada se llevaría a cabo porque no existe la perfección en ningún sitio. Incluso aceptan a alguno de los individuos con más espejismos que yo he conocido como útiles a su manera; información surgida de fuentes que para mí provienen el 100 por ciento del quinto plano astral. Ellos lo aceptan como útil en traer la *idea* de los Maestros al mundo. Podrían estar totalmente equivocados sobre los Maestros, quiénes son los Maestros, cuál es Su función, cómo trabajan, y si son Maestros o Maestras. Existen todo tipo de 'enseñanzas' diversas sobre los Maestros.

Si las personas están divulgando información sobre el retorno del Cristo y los Maestros al mundo, nos incumbe que sea lo más precisa posible.

**Si la unidad no subyaciera toda vida entonces las fuerzas de la oscuridad no buscarían alistar conversos a su causa sino se contentarían en vivir aisladamente. Desconocer eso es su debilidad. Nuestro desconocimiento de eso es su fortaleza.**

Eso sería cierto si fuera verdad. Ciertamente nosotros desconocemos que esa es su fortaleza, pero ellos conocen que la unidad subyace a toda la vida. Ellos se consideran como los exponentes de esa unidad. Están en guerra con las Fuerzas de la Luz; no tienen amor en su composición. Han controlado a la humanidad durante más de 98.000 años y buscarán seguir controlándola. Pero no seguirán haciéndolo.

Saben sin lugar a dudas que cuando Maitreya y los Maestros aparezcan abiertamente en el mundo su control estará en peligro. Serán sellados en su propio dominio, que es simplemente sostener el aspecto materia del planeta. Allí no es maligno sino normal; ese es su papel. Su influencia respecto a la humanidad gradualmente llegará a su fin.

**¿Incluye una demostración de inofensividad el uso de la fuerza e incluso la ira?**

No incluye el uso de la fuerza pero podría incluir no el uso de la ira sino la aparición de la ira. Se conoce que los Maestros han gritado al límite de Sus voces en una aparente explosión de ira que, por supuesto, es ficticia. Es simplemente un tinte que Ellos podrían añadir para llamar la atención a lo que Ellos han dicho, o para hacer una crítica cuando sea necesario.

**¿La existencia continuada de reuniones de grupo regulares fomenta la unidad grupal, o producen una disipación de la energía grupal?**

Podrías tener reuniones de grupo cada día de la semana y eso podría fomentar la unidad grupal, o podrías tener reuniones de grupo cada día de la semana y podría producir todo lo opuesto, podría tan solo disipar la energía grupal. Depende de lo que hagáis en la reunión, cómo actuáis, cuán desapegados están los individuos del grupo. Cuán obsesionados están con sus propias ideas, o lo contrario. La obsesión con una idea que va en contra de la de los demás miembros del grupo es normalmente un espejismo y disipa mucho la energía del grupo.

**¿Hasta qué punto ayuda el uso de mantrams, específicamente El Mantra de la Unificación, a la unidad grupal?**

Existe mantrams y mantrams. Si todos iríamos por allí diciendo *"OM Mani Padme Hum"*, no creo que ayudaría mucho a la unidad grupal. Pero si utilizas "El Mantram de la Unificación"* a diario, no soluciona los problemas del mundo, pero tenderá a mantener tu mente enfocada en la necesidad de la unidad. Fue dado por el Maestro Djwhal Khul a través de Alice Bailey. Es bastante largo, pero puedes memorizarlo y decirlo a diario, tantas veces al día como quieras, y enfoca tu mente en la idea de la unidad, la unicidad de toda la humanidad. Es muy bello, y merece mucho la pena aprenderlo y decirlo.

* Ver Alice A. Bailey, *La Exteriorización de la Jerarquía*, Lucis Press, Londres, 1957.

~~~

**Tomad Mi mano, amigos Míos, y dejadme conduciros a cruzar el río.
Dejadme guiaros a cruzar el angosto puente.**

**Dejadme mostraros la belleza que reposa en el otro lado.
Esa belleza, amigos Míos, es vuestro verdadero Ser.**

**Ayudadme, amigos Míos, a ayudaros, y juntos transformemos este
mundo.**

*Del Mensaje Nº 130 – 20 de octubre de 1981*

~~~

# Fotos de fenómenos milagrosos

## "Aquellos que buscan señales las encontrarán"

Noticias de milagros relacionados con personas de todas las religiones (y aquellos que no profesan ninguna) llegan con cada vez más frecuencia a los medios de comunicación mundiales. Según el Maestro de Benjamin Creme, todas son señales del inminente emerger de Maitreya, el Instructor del Mundo, esperado por todas las religiones bajo diferentes nombres.

El 8 de noviembre de 1977, en el 10º mensaje que Maitreya dio a través de Benjamin Creme, dijo que Su presencia en el mundo iría acompañada de señales: "Aquellos que buscan señales las encontrarán pero Mi método de manifestación es más sencillo".

En junio de 1988, el colaborador de Maitreya dio a entender que las señales de la presencia de Maitreya aumentarían: "Él va a inundar el mundo con tales acontecimientos que la mente nunca podrá comprenderlos".

La portada de la revista *Life*, en julio de 1991, preguntaba: "¿Cree en los milagros?" e informaba que miles de fenómenos milagrosos inexplicables estaban ocurriendo en todo el mundo. "Indagué un poco", afirmaba el editor Peter Bonventre, "y resultó ser que había una sucesión de apariciones sagradas en todo el mundo… Hay un renacimiento espiritual en todo el mundo, y se trata de una de las grandes historias de nuestro tiempo".

En abril de 1995, la revista *Time* dedicó ocho páginas a su historia de portada sobre milagros, y concluía: "Las personas están ansiosas de milagros".

Las noticias de los medios de comunicación sobre milagros incluyen estatuas e iconos religiosos que lloran lágrimas, sangre verdadera e incluso perlas; las extraordinarias estatuas hindúes 'bebedoras de leche'; muchas apariciones o avistamientos de la Virgen; mensajes sagrados en frutas y verduras; aceite aromático curativo que rezuma de iconos y cuadros; luces de colores espectaculares en el cielo; cientos de 'cruces de luz' en ventanas, y 'círculos de luz' en edificios de todo el mundo; aguas curativas milagrosas y diversos relatos sobre rescates o encuentros con 'ángeles'.

En años recientes, la revista *Share International* ha informado del creciente número de milagros en todo el mundo al acercarse cada vez más el emerger de Maitreya. Un milagro excepcional es la mano de Maitreya manifestada en un espejo en España en septiembre de 2001.

*Job Mutungi, editor del Kenya Times, presenció la aparición milagrosa de Maitreya en Nairobi: "La figura alta de un hombre descalzo, con túnica blanca y barba apareció de la nada y se quedó de pie en medio de la multitud... Todos estaban murmurando algo. Las personas estaban estiradas en el suelo, llorando incontroladamente, en alabanza y veneración, en total sumisión a la ocasión... En claro swahili, que no tenía rastro de acento, el extraño hombre anunció que el pueblo de Kenia estaba bendecido..."*

*Maitreya se apareció misteriosamente 'salido de la nada' ante 6.000 personas en una reunión de oración el sábado 11 de junio de 1988 en Nairobi, Kenia. Él habló en swahili durante 15 minutos, luego desapareció, dejando decenas de personas curadas milagrosamente de sus dolencias. Las fotografías de este suceso fueron mostradas en todo el mundo por los medios de comunicación.*

## El acercamiento de Maitreya

Yo vengo a vosotros como un hombre sencillo.

Yo vengo como un Hermano y Amigo.

Yo os conduciré de regreso a vuestro Origen.

Yo estoy entre vosotros hasta el final de la Era.

Mi Amor siempre os rodea.

Mi Corazón late al mismo ritmo que el vuestro.

Mi mano os guiará y protegerá.

Mi Amor no tiene límites.

(Del Mensaje Nº 90, Mensajes de Maitreya el Cristo)


## La mano de Maitreya

La fotografía de la derecha muestra el último y extraordinario milagro: la huella de la mano de Maitreya mismo, manifestada milagrosamente en el espejo de un lavabo en Barcelona, España. No se trata de una simple huella de mano sino una imagen tridimensional con detalle fotográfico.

Publicada por primera vez en la revista *Share International* (Octubre 2001), la 'mano' es un medio para invocar las energías curativas y ayuda de Maitreya. Colocando tu mano sobre ella, o simplemente mirándola, la curación o ayuda de Maitreya puede invocarse (sujeto a la Ley del Karma). Hasta que Maitreya emerja completamente, y veamos Su rostro, es lo más cerca que Él puede venir hasta nosotros.

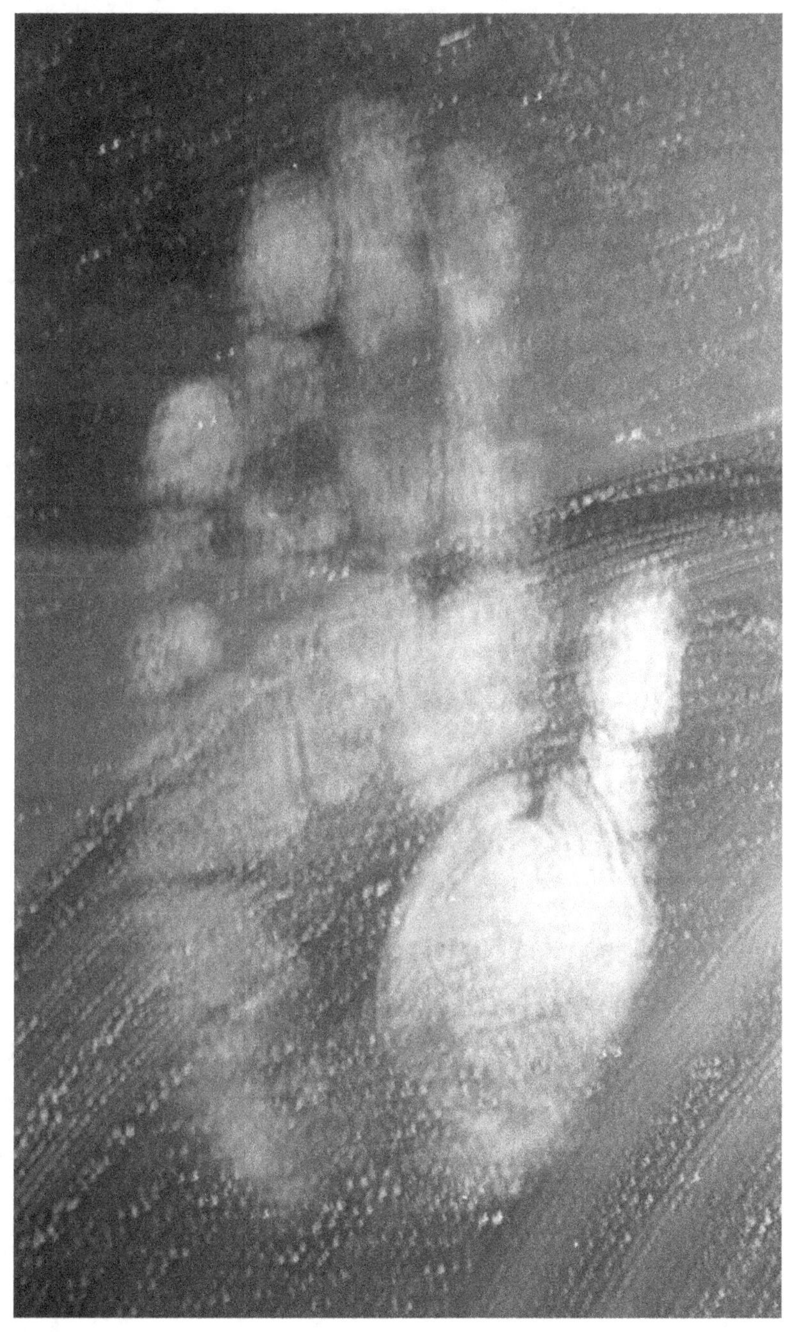

## **Adumbramiento de Benjamin Creme por Maitreya**

Al comienzo y final de cada conferencia Benjamin Creme es adumbrado por Maitreya durante unos 20 minutos cada vez. De esta manera Maitreya libera Su energía a la audiencia como una nutrición espiritual o bendición especiales. Muchas personas que poseen cierto grado de clarividencia han visto esto y lo han comentado pero hasta ahora no teníamos una fotografía del suceso.

Esta fotografía fue realizada el 26 de septiembre en Amsterdam en la conferencia de Benjamin Creme. La fotógrafa, Ellen Bernards, estaba sentada en la primera fila a la izquierda de la sala y tomó la fotografía justo cuando estaba comenzando el adumbramiento inicial de Maitreya.

Cuando la foto fue revelada, ella notó que en lugar de dos personas en la tarima –el Sr. Creme y el traductor Gerard Aartsen– habían tres figuras. El Sr. Creme, que llevaba chaqueta y corbata, estaba de frente a la audiencia mientras que la misteriosa figura está de cara a la cámara y, por cierto, no lleva corbata y los botones de arriba de Su camisa están desabrochados.

La vaguedad de las figuras está causada por la luz que emana de Maitreya durante el adumbramiento. Muchas personas, por ejemplo, ven al Sr. Creme literalmente desaparecer detrás de la luz.

*(El Maestro de Benjamin Creme confirma que la tercera figura es Maitreya.)*

Foto: Ellen Bernards

*En muchos países, estatuas e iconos de Jesús y la Virgen son vistos llorar lágrimas, sangre y aceite, e incluso moverse. Esta estatua de Adelaide, Australia, comenzó a llorar lágrimas de sangre en diciembre de 1992.*

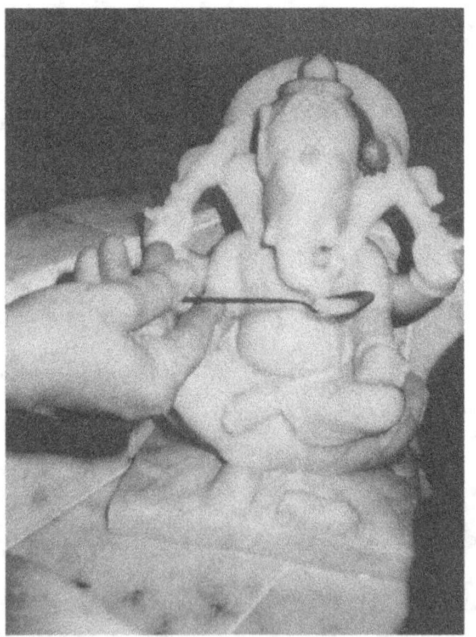



*Durante cuatro días en septiembre de 1995, las estatuas sagradas hindúes de todo el mundo 'bebieron' las ofrendas de leche. Millones de personas fueron testigos de la desmaterialización de la leche en este extraordinario fenómeno global.*

*'Círculos de luz' espectaculares están apareciendo en edificios, pavimentos y otras superficies, reflejados cuando el sol brilla. Share International está recibiendo un creciente número de fotos de 'círculos de luz' tomadas en todo el mundo.*

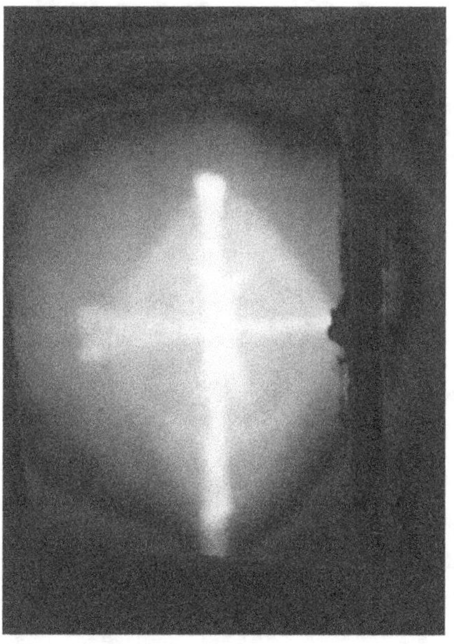


*Cientos de cruces de luz aparecen en ventanas en todo el mundo desde comienzos de 1988 en El Monte, California, EEUU. Muchas curaciones, tanto físicas como emocionales, están asociadas con las cruces.*

217

# Meditación de Transmisión

## — Una breve introducción —

**Una meditación grupal que proporciona tanto un servicio dinámico al mundo como un poderoso desarrollo espiritual y personal.**

La Meditación de Transmisión es una meditación grupal establecida para distribuir mejor las energías espirituales de sus custodios, los Maestros de Sabiduría, nuestra Jerarquía Espiritual planetaria. Es un medio de "reducir" (transformar) estas energías para que se vuelvan más asequibles y útiles para el público en general. Es la creación, en cooperación con la Jerarquía de Maestros, de un vórtice o depósito de energía elevada para el beneficio de la humanidad.

En marzo de 1974, bajo la dirección de su Maestro, Benjamin Creme formó el primer grupo de Meditación de Transmisión en Londres. Actualmente existen cientos de grupos de Meditación de Transmisión en todo el mundo y se forman grupos nuevos todo el tiempo.

Los grupos de Meditación de Transmisión proporcionan un enlace por el cual la Jerarquía puede responder a la necesidad del mundo. El motivo principal de este trabajo es el servicio, pero también constituye un poderoso método de crecimiento personal. Muchas personas están buscando formas de mejorar el mundo. Este deseo de servir puede ser poderoso, pero difícil de cumplir, en nuestras ajetreadas vidas. Nuestra alma necesita de un medio por el cual servir, pero no siempre respondemos a su llamada, y así producimos desequilibrio y conflicto en nuestro interior. La Meditación de Transmisión proporciona una oportunidad única para servir de una forma potente y totalmente científica con el mínimo de inversión de tiempo y energía.

Benjamin Creme realiza talleres de Meditación de Transmisión en todo el mundo. Durante la meditación él es adumbrado por Maitreya, el Instructor del Mundo, lo que permite a Maitreya conferir nutrición espiritual a los participantes. Muchas personas se inspiran para comenzar a practicar la Meditación de Transmisión después de asistir a tales talleres, y muchos reconocen haber recibido curación durante el proceso.

[Véase *Transmisión: Una Meditación para la Nueva Era* de Benjamin Creme, Share Ediciones]

# La Gran Invocación

Desde el punto de Luz en la Mente de Dios
Que afluya luz a las mentes de los hombres.
Que la Luz descienda a la Tierra.

Desde el punto de Amor en el Corazón de Dios
Que afluya amor a los corazones de los hombres.
Que Cristo retorne a la Tierra.

Desde el centro donde Voluntad de Dios es conocida
Que el propósito guíe a las pequeñas voluntades de los hombres—
El Propósito que los Maestros conocen y sirven.

Desde el centro que llamamos la raza de los hombres
Que se realice el Plan de Amor y de Luz
Y selle la puerta donde se halla el mal.

Que la Luz, el Amor y el Poder restablezcan el Plan en la Tierra.

La Gran Invocación, utilizada por el Cristo por primera vez en Junio de 1945, fue dada por Él a la humanidad para facultar al hombre a invocar las energías que podrían cambiar nuestro mundo y hacer posible el retorno del Cristo y la Jerarquía. Esta Oración Mundial, traducida a muchos idiomas, no está patrocinada por ningún grupo o secta. Es utilizada a diario por hombres y mujeres de buena voluntad que desean lograr correctas relaciones en toda la humanidad.

# La Oración para la Nueva Era

Yo soy el Creador del Universo.

Yo soy el Padre y la Madre del Universo.

Todo viene de Mí.

Todo regresará a Mí.

Mente, Espíritu y Cuerpo son Mis Templos,

Para que el Ser realice en ellos

Mi Supremo Ser y Devenir.

La Oración para la Nueva Era, dada por Maitreya, el Instructor del Mundo, es un gran mantram o afirmación con un efecto invocativo. Será una herramienta poderosa en nuestro reconocimiento de que el hombre y Dios son Uno, de que no hay separación. El 'Yo' es el Principio Divino detrás de toda creación. El Ser emana del Principio Divino y es idéntico a él.

La forma más efectiva de utilizar este mantram es decir o pensar el texto con la voluntad enfocada, mientras se mantiene la atención en el centro ajna en el entrecejo. Cuando la mente comprende el significado de los conceptos, y se ejerce la voluntad simultáneamente, estos conceptos serán activados y el mantram funcionará. Si se dice sinceramente cada día, crecerá en ti una comprensión de tu verdadero Ser.

(Publicada por primera vez en *Share International*, Septiembre 1988.)

# Libros de Benjamin Creme

(Ordenados según fecha de publicación en inglés)

## *La Reaparición del Cristo y Los Maestros de Sabiduría*

El primer libro de Benjamin Creme proporciona la información básica y pertinente en relación al regreso de Maitreya, el Cristo. Colocando el acontecimiento más profundo de los últimos 2.000 años en su correcto contexto histórico y esotérico, Creme describe los efectos que tendrá la presencia del Instructor del Mundo tanto en las instituciones del mundo como en la persona normal y corriente. Los temas abarcan desde el alma y la reencarnación, a la energía nuclear, los ovnis, y un nuevo orden económico.

*1ª Edición 1989. 2ª Edición 1994. 3ª Edición 2020 ISBN Nº 84-89147-56-0 (Share Ediciones)*. (Traducción de la 2ª Edición Inglesa)

## *Mensajes de Maitreya el Cristo*

Durante los años de preparación para Su emerger, Maitreya dio 140 mensajes a través de Benjamin Creme durante conferencias públicas, utilizando el adumbramiento mental y la conexión telepática que surge de ello. Los Mensajes de Maitreya inspiran al lector para divulgar la noticia de Su reaparición y para trabajar de forma urgente en el rescate de las millones de personas que sufren de pobreza y hambruna en un mundo de abundancia. Cuando se leen en voz alta, los mensajes invocan la energía y bendición de Maitreya.

*2ª Edición 2020. ISBN Nº 84-89147-57-7 (Share Ediciones)*. (Traducción de la 2ª Edición Inglesa)

## *Transmisión: Una Meditación para la Nueva Era*

La Meditación de Transmisión es una forma de meditación grupal con el propósito de 'reducir' (transformar) energías espirituales que así se hacen asequibles y útiles para el público en general. Es la creación, en cooperación con la Jerarquía de Maestros, de un vórtice o estanque de energía superior para el beneficio de la humanidad.

Describe un proceso dinámico, presentado al mundo por el Maestro de Benjamin Creme en 1974. Grupos dedicados al servicio al mundo transmiten energías espirituales dirigidas a través de ellos por los Maestros de nuestra Jerarquía Espiritual. Aunque el principal motivo de este trabajo es el servicio, también es un poderoso medio de crecimiento personal. Se dan directrices para la formación de grupos de transmisión, junto con respuestas a muchas preguntas relacionadas con el trabajo.

*2ª Edición 2020. ISBN Nº 84-89147-59-1 (Share Ediciones).* (Traducción de la 6ª Edición Inglesa)

### Un Maestro Habla, Tomo I

La Humanidad está guiada, desde detrás del escenario, por un grupo de hombres altamente evolucionados e iluminados que nos han precedido en el sendero de la evolución. Estos Maestros de la Sabiduría, como son llamados, raramente aparecen abiertamente, sino que en general trabajan a través de Sus discípulos – hombres y mujeres que influencian a la sociedad a través de su trabajo en ciencia, educación, arte, religión y política.

El artista británico Benjamin Creme es un discípulo de un Maestro con El cuál está en estrecho contacto telepático. Desde el inicio de la publicación de Share International, la revista de la cual Benjamin Creme es uno de los dos editores jefes, su Maestro ha contribuido con una serie de artículos inspiradores sobre una amplia variedad de temas: Razón e Intuición, La Nueva Civilización, Salud y Curación, El Arte de Vivir, La Necesidad de Síntesis, La Justicia es Divina, El Hijo del Hombre, Los Derechos Humanos, La Ley del Renacimiento – y muchos más.

El principal propósito de estos artículos es llamar la atención sobre las necesidades actuales y las de un futuro inmediato. Otra función es dar información sobre las enseñanzas de Maitreya, el Maestro de todos los Maestros, que está en Londres desde 1977 preparándose para Su misión como Instructor del Mundo para toda la humanidad. Esta nueva y ampliada edición contiene todos los 222 artículos de los primeros 22 volúmenes de Share International.

*2ª Edición 2020. ISBN Nº 84-89147-58-4 (Share Ediciones).* (Traducción de la 3ª Edición Inglesa)

*Un Maestro Habla, Tomo II*

La Humanidad está guiada, desde detrás de la escena, por un grupo de hombres altamente evolucionados e iluminados que nos han precedido en el sendero de la evolución. Estos Maestros de la Sabiduría, como son llamados, raramente aparecen abiertamente, sino que en general trabajan a través de Sus discípulos – hombres y mujeres que influencian a la sociedad a través de su trabajo en ciencia, educación, arte, política y cada esfera de la vida.

El artista británico Benjamin Creme era un discípulo de un Maestro con el cuál estaba en estrecho contacto telepático. Desde el lanzamiento en 1982 de la publicación de Share International, la revista de la cual Benjamin Creme era el editor fundador, su Maestro ha contribuido con una serie de artículos inspiradores sobre una amplia variedad de temas: La fraternidad del hombre, El fin de la guerra, Unidad en la diversidad, Salvar el planeta, Las ciudades del mañana, y muchos más.

El propósito de estos artículos es, en las propias palabras del Maestro, "presentar a los lectores de esta revista un retrato de la vida que está por delante, inspirar un enfoque positivo y feliz a ese futuro y equiparles con las herramientas de conocimiento con las que tratar correctamente los problemas que a diario surgen en el camino. Desde Mi situación de privilegio en experiencia y visión, he buscado actuar como 'vigilante' y guarda, para advertir del peligro cercano y permitirte a ti, el lector, actuar con valor y convicción en el servicio al Plan."

Un Maestro Habla, Tomo II, contiene todos los artículos publicados en la revista Share International de Enero de 2004 hasta Diciembre de 2016.

*1ª Edición 1995. ISBN Nº 84-89147-53-9 (Share Ediciones).* (Traducción de la 1ª Edición Inglesa)

*La Misión de Maitreya, Tomo I*

El primer libro de una trilogía que describe con amplitud adicional el emerger de Maitreya. Este tomo puede considerarse como una guía para la humanidad mientras realiza su viaje evolutivo. Se cubre una amplia gama de temas, como: las nuevas enseñanzas del Cristo, meditación, karma, vida después de la muerte, curación, transformación social, iniciación, papel del servicio, y los Siete Rayos.

*2ª Edición 2020. ISBN Nº 84-89147-60-7 (Share Ediciones).* (Traducción de la 3ª Edición Inglesa)

### La Misión de Maitreya, Tomo II

Este volumen contiene una variada colección de las enseñanzas de Maitreya a través de Su colaborador, Sus muy precisas predicciones de acontecimientos mundiales, descripciones de Sus apariciones personales milagrosas, e información de fenómenos y señales relacionados. También contiene entrevistas únicas con el Maestro de Benjamin Creme sobre temas actuales. Tópicos relacionados con el futuro incluyen nuevas formas de gobierno, colegios sin muros, energía y pensamiento, la Tecnología de la Luz venidera, y el arte de la realización del Ser.

*2ª Edición 2020. ISBN Nº 84-89147-61-4 (Share Ediciones).* (Traducción de la 1ª Edición Inglesa)

### Las Enseñanzas de la Sabiduría Eterna

Una perspectiva general del legado espiritual de la humanidad, este libro es una introducción concisa y fácil de entender de las Enseñanzas de la Sabiduría Eterna. Explica los principios básicos del esoterismo, incluyendo: la fuente de la Enseñanza, el origen del hombre, el Plan de evolución, renacimiento y reencarnación, y la Ley de Causa y Efecto (karma). También incluye un glosario esotérico y una lista de lectura recomendada.

*2ª Edición 2020. ISBN Nº 978-84-89147-69-0 (Share Ediciones).* (Traducción de la 1ª Edición Inglesa)

### La Misión de Maitreya, Tomo III

Benjamin Creme presenta una visión convincente del futuro, con Maitreya y los Maestros ofreciendo abiertamente Su orientación e inspiración. Los tiempos venideros verán la paz establecida; el compartir de los recursos mundiales como norma; la conservación de nuestro medio ambiente como la máxima prioridad. Las ciudades del mundo se convertirán en centros de gran belleza. Creme también analiza a 10 famosos artistas – incluyendo a da Vinci, Miguel Angel y Rembrandt – desde una perspectiva espiritual.

*2ª Edición 2020. ISBN Nº 84-89147-62-1 (Share Ediciones),* 682 páginas. (Traducción de la 1ª Edición Inglesa)

### El Gran Acercamiento: Nueva Luz y Vida para la Humanidad

Aborda los problemas de nuestro mundo caótico y su cambio gradual bajo la influencia de Maitreya y los Maestros de Sabiduría. Cubre temas como compartir, EEUU en un dilema, conflictos étnicos, crimen, medio ambiente y contaminación, ingeniería genética, ciencia y religión; educación, salud y curación. Predice extraordinarios descubrimientos científicos venideros y muestra un mundo libre de guerra donde las necesidades de todas las personas son satisfechas.

Primera Parte: "La Vida Futura para la Humanidad"; Segunda Parte: "El Gran Acercamiento"; Tercera Parte: "La Llegada de una Nueva Luz".

*2ª Edición 2020. ISBN 84-89147-63-8 (Share Ediciones).* (Traducción de la 1ª Edición Inglesa)

### El Arte de la Cooperación

Trata de los problemas más acuciantes de nuestros tiempos, y sus soluciones, basándose en las Enseñanzas de la Sabiduría Eterna. Encerrados en la vieja competencia, intentamos solucionar los problemas utilizando métodos anticuados, mientras que la respuesta –la cooperación– yace en nuestras manos. El libro muestra el sendero hacia un mundo de justicia, libertad y paz a través de un creciente aprecio por la unidad que subyace toda vida.

Primera Parte: "El Arte de la Cooperación"; Segunda Parte: "El Problema del Espejismo"; Tercera Parte: "Unidad".

*2ª Edición 2020. ISBN 84-89147-64-5 (Share Ediciones).* (Traducción de la 1ª Edición Inglesa)

### Las Enseñanzas de Maitreya: Las Leyes de la Vida

Presenta las Leyes de la Vida, la visión directa, simple, no doctrinaria y profunda de Maitreya. Revelando la Ley del Karma, o Causa y Efecto, estas extraordinarias predicciones de sucesos mundiales fueron dadas por Maitreya entre 1988 y 1993, publicándose por primera vez en la revista *Share International*. Editadas por Benjamin Creme.

Pocas personas podrían leer estas páginas sin experimentar un cambio. Para algunos, los extraordinarios comentarios sobre temas de actualidad les serán de gran interés, mientras que para otros conocer los secretos de la realización del ser, la sencilla descripción de la verdad experimentada, será toda una revelación. Para las personas que busquen comprender las Leyes de la Vida, estas sutiles y profundas revelaciones les conducirán rápidamente hasta el centro de la vida misma, y les ofrecerán un simple sendero que conduce hasta la cumbre de la montaña. La unidad esencial de toda vida se desvela de un modo claro y significativo. Jamás las leyes según las que vivimos se han descrito de una forma tan natural y liberadora.

*2ª Edición 2020. ISBN 84-89147-65-2 (Share Ediciones).* (Traducción de la 1ª Edición Inglesa)

### El Arte de Vivir: Vivir dentro de las Leyes de la Vida

En la Primera Parte, Benjamin Creme describe la experiencia de vivir como una forma de arte, como la pintura o la música. Alcanzar un nivel elevado de expresión requiere tanto el conocimiento como el cumplimiento de ciertos principios fundamentales como la Ley de Causa y Efecto y la Ley del Renacimiento, todo descrito con detalle. La Segunda y Tercera Parte explican cómo podemos emerger de la niebla de la ilusión para convertirnos en un todo y una conciencia despierta de uno mismo.

Primera Parte: "El Arte de Vivir"; Segunda Parte: "Los Pares de Opuestos"; Tercera Parte: "Ilusión".

*2ª Edición 2020. ISBN 978-84-89147-66-9 (Share Ediciones),* 272 páginas. (Traducción de la 1ª Edición Inglesa)

### Maitreya, el Instructor del Mundo para Toda la Humanidad

Presenta una perspectiva general del retorno al mundo cotidiano de Maitreya y Su grupo, los Maestro de Sabiduría; los enormes cambios que la presencia de Maitreya ha suscitado; y Sus recomendaciones para el futuro inmediato. Describe a Maitreya como un gran Avatar espiritual con un amor, sabiduría y poder inconmensurables; y también como un amigo y hermano de la humanidad que está aquí para liderarnos hacia la Nueva Era de Acuario.

*2ª Edición 2020, ISBN 978-84-89147-67-6 (Share Ediciones)*. (Traducción de la 1ª Edición Inglesa)

### El Despertar de la Humanidad

Un libro asociado a El Instructor del Mundo para Toda la Humanidad, que resalta la naturaleza de Maitreya como la Personificación del Amor y la Sabiduría. Mientras que El Despertar de la Humanidad se centra en el día en que cual Maitreya se declarará a Sí mismo abiertamente como el Instructor del Mundo para la era de Acuario. Describe el proceso del emerger de Maitreya, los pasos que conducirán al Día de la Declaración, y la respuesta anticipada de la humanidad a este momento trascendental.

*2ª Edición 2020, ISBN 978-84-89147-68-3 (Share Ediciones)*. (Traducción de la 1ª Edición Inglesa)

### La Agrupación de las Fuerzas de la Luz: Ovnis y Su Misión Espiritual

*La Agrupación de las Fuerzas de la Luz* es un libro sobre ovnis, pero con una diferencia. Está escrito por alguien que ha trabajado con ellos y tiene conocimiento desde dentro. Benjamin Creme ve la presencia de ovnis como planeada y de inmenso valor para las personas de la Tierra.

Según Benjamin Creme, los ovnis y las personas dentro de ellos están consagrados a una misión espiritual para aliviar la suerte de la humanidad y salvar a este planeta de una destrucción adicional y veloz. Nuestra propia Jerarquía planetaria, liderada por Maitreya, el Instructor del Mundo, que ahora vive entre nosotros, trabaja incansablemente con sus Hermanos del Espacio en un proyecto fraternal para restablecer la cordura en esta Tierra.

Los temas tratados en este libro incluyen: el trabajo de los Hermanos del Espacio en la Tierra; George Adamski; círculos de las cosechas; la nueva Tecnología de la Luz; el trabajo de Benjamin Creme con los Hermanos del Espacio; los peligros de la radiación nuclear; salvar el planeta; la 'estrella' que anuncia el emerger de Maitreya; la primera entrevista de Maitreya; educación en la Nueva Era; intuición y creatividad; familia y karma.

Primera Parte: "Ovnis y Su Misión Espiritual"; Segunda Parte: "Educación en la Nueva Era"

*2ª Edición 2020. ISBN 978-84-89147-70-6 (Share Ediciones)*. (Traducción de la 1ª Edición Inglesa)

### *Unidad en la Diversidad: el Camino Adelante para la Humanidad*

Necesitamos una visión nueva y esperanzadora para el futuro. Este libro presenta tal visión: un futuro que abarca un mundo en paz, armonía y unidad, mientras que la cualidad y el enfoque de cada individuo son bienvenidos y necesarios. Es visionario, pero expresado con una lógica convincente e irresistible.

*Unidad en la Diversidad: El Camino Adelante para la Humanidad* incumbe al futuro de cada hombre, mujer y niño. Trata del futuro de la misma Tierra. La humanidad, indica Creme, está en una encrucijada y tiene que tomar una gran decisión: seguir hacia adelante y crear una nueva y brillante civilización en la cual todos son libres y la justicia social reina, o continuar como estamos, divididos y compitiendo, y presenciar el fin de la vida en el planeta Tierra.

Creme escribe para la Jerarquía Espiritual en la Tierra, cuyo Plan para la mejora de toda la humanidad presenta. Él muestra que el sendero hacia adelante para todos nosotros es la realización de nuestra unidad esencial sin el sacrificio de nuestra igualmente diversidad esencial.

*2ª Edición 2020. ISBN 978-84-89147-71-3 (Share Ediciones)*. (Traducción de la 1ª Edición Inglesa)

Los libros de Benjamin Creme han sido traducidos del inglés y publicados en alemán, castellano, francés, holandés y japonés por grupos que han respondido a este mensaje. Algunos de estos libros también han sido traducidos al chino, croata, esloveno, finlandés, griego, hebreo, italiano, portugués, rumano, ruso y sueco. Están proyectadas más traducciones. Estos libros están disponibles en librerías locales como también online.

# Revista Share International

Una revista única que publica cada mes: información actualizada sobre la reaparición de Maitreya, el Instructor del Mundo; un artículo de un Maestro de Sabiduría; ampliación de la enseñanza esotérica; respuestas de Benjamin Creme a una variedad de preguntas de actualidad y esotéricas; artículos y entrevistas con personas a la vanguardia del cambio progresista del mundo; noticias de agencias de la ONU e informes de progresos positivos en la transformación de nuestro mundo.

*Share International* reúne las dos líneas más importantes del pensamiento de la Nueva Era: el político y el espiritual. Muestra la síntesis que sirve de base a los cambios políticos, sociales, económicos y espirituales que están ocurriendo actualmente a escala global, y busca estimular acciones prácticas para reconstruir nuestro mundo con unas bases más justas y compasivas.

*Share International* cubre noticias, sucesos y comentarios relacionados con las prioridades de Maitreya: un suministro adecuado de alimentos apropiados, vivienda y cobijo adecuados para todos, sanidad como un derecho universal, el mantenimiento de un equilibrio ecológico en el mundo.

*Share International* se publica en inglés. Existen también versiones en alemán, esloveno, francés, holandés y japonés.

Para más información:

**www.share-es.org**

# Sobre el Autor

Benjamin Creme, pintor y esoterista de origen escocés, ha estado durante casi 40 años preparando al mundo para el acontecimiento más extraordinario de la historia humana – el regreso de nuestros mentores espirituales al mundo cotidiano.

Ha sido entrevistado por cadenas de televisión, radio y películas documentales de todo el mundo, y ofrece conferencias regularmente por toda Europa Oriental y Occidental, los EEUU, Japón, Australia, Nueva Zelanda, Canadá y México.

Entrenado y supervisado durante muchos años por su propio Maestro, comenzó su trabajo público en 1974. Él anunció en 1982 que el Señor Maitreya, el por tanto tiempo esperado Instructor del Mundo, estaba residiendo en Londres, preparado para presentarse abiertamente si era invitado por los medios de comunicación. Este suceso es ahora inminente.

Benjamin Creme continuó llevando a cabo su tarea como mensajero de esta noticia esperanzadora hasta su fallecimiento en octubre de 2016. Sus varios libros, diecisiete, han sido traducidos a numerosos idiomas. Él era también editor jefe de la revista *Share International*, que circula en más de 70 países. Él no aceptaba dinero por ninguno de estos trabajos.

Benjamin Creme vivía en Londres, estaba casado, y tenía tres hijos.

# Índice alfabético